王淑雯 ◎ 著

中美硕博学位论文摘要的语类特征对比研究

四川大学出版社
SICHUAN UNIVERSITY PRESS

图书在版编目（CIP）数据

中美硕博学位论文摘要的语类特征对比研究 / 王淑雯著. — 成都：四川大学出版社，2023.7
ISBN 978-7-5690-6179-6

Ⅰ．①中… Ⅱ．①王… Ⅲ．①学位论文－语言学－对比研究－中国、美国 Ⅳ．①H0

中国国家版本馆CIP数据核字（2023）第111940号

书　　名：中美硕博学位论文摘要的语类特征对比研究
　　　　　Zhong-Mei Shuo-bo Xuewei Lunwen Zhaiyao de Yulei Tezheng Duibi Yanjiu
著　　者：王淑雯

选题策划：梁　平
责任编辑：李　梅
责任校对：杨　果
装帧设计：裴菊红
责任印制：王　炜

出版发行：四川大学出版社有限责任公司
　　　　　地　址：成都市一环路南一段24号（610065）
　　　　　电　话：（028）85408311（发行部）、85400276（总编室）
　　　　　电子邮箱：scupress@vip.163.com
　　　　　网　址：https://press.scu.edu.cn
印前制作：四川胜翔数码印务设计有限公司
印刷装订：四川盛图彩色印刷有限公司

成品尺寸：170 mm×240 mm
印　　张：18.5
字　　数：359千字

版　　次：2023年7月 第1版
印　　次：2023年7月 第1次印刷
定　　价：88.00元

本社图书如有印装质量问题，请联系发行部调换

版权所有 ◆ 侵权必究

扫码获取数字资源

四川大学出版社
微信公众号

前　　言

　　学术语类是一个比较年轻的研究领域。1981年，Tarone等学者首次提出语类（genre）概念，指出语言的形式与功能是统一的，认为语类强调交际功能、内在信息与语言表达之间的关系。随后，语类分析成为语言学界话语研究的一个热点课题，更是EAP（English for Academic Purposes）领域的研究焦点，旨在探究某一特定语类在宏观结构层面和微观语言层面的特征。作为未来从事学术研究的主要人群，我国硕博士生需要尽快熟练掌握所学学科领域的学术语类规范要求，用英语与学科领域的同行进行学术交流，用英语撰写和发表高级别论文，从而提高我国学术研究的国际融入程度，不断改善我国在国际学术界的"学术失语"现象。本书在全面梳理学术语类及相关理论的基础上，基于大量真实自然的语料，对中美实验/实证型硕博学位论文英语摘要的宏观语步结构和微观语言形式展开跨文化、跨学科和跨学位等维度的对比研究，发现其同质性和异质性特征并予以深度剖析和全面解读，以期为我国高等教育和学科建设提供理论支撑和实证支持，为学生提高学术英语能力、突破学术英语写作瓶颈提供借鉴，为推动我国学术成果从"积极"走出去到"高效"走出去提供参考，为增强我国国际学术话语权提出决策建议。

　　本书具有以下特征：

　　内容翔实。本书可分为学术语类的理论探讨和实证研究两个宏观章节，循序渐进，理论联系实践，相互参照，彼此佐证。本书从理论层面论证了学术语类研究的合理性、科学性和可行性，从实证研究层面建构了中美实验/实证型硕博学位论文英语摘要的宏观语步结构，以及情态动词、自称语和认知副词等微观语言形式在中美硕博士群体中所呈现出的跨文化、跨学科和跨学位等维度的同质性和异质性特征，能够为读者提供较为全面、前沿、实用的学术语类研究信息。

　　章节合理。以学术语类统领全书，各章节彼此关联，但主要内容依然相对独立。读者可以根据需要，自选学术语类研究的理论探析，或了解实证研究的整体研究设计方法，或开展宏观语步结构研究，或探析微观语言形式（包括情态动词、自称语和认知副词），从而举一反三，开展更广泛、更深入的学术语类研究。此外，每个章节都有引言和小结/结语，便于读者了解和回顾主要内容。第四至第七章的实证研究章节都是完整的独立模块，均有各自相应的引言、文献综述、研究设计、研究结果与讨论、小结与启示、参考文献等，便于读者开展相关研究或引申拓展研究。

设计严谨。为避免变量干扰，本书严格限定了研究语料的类型，以自然科学和人文社会科学领域较为普遍的实验/实证型研究为研究对象，选取国内外学界少有探讨的硕博学位论文英语摘要作为研究语料，自建大型语料库，将定量研究与定性研究相结合，保证研究结果的信度和效度，在一定程度上丰富学术语类研究的多样性，也可保证研究的时效性、可比性、可操作性、可复制性，以及研究结果的实用性和适用性。

语料库分类详细。本书按国家（中国、美国）、学科（人文社会学科、自然科学学科）、学位（硕士和博士）等标准严格分类，自建28个中美实验/实证型硕博学位论文英语摘要语料库的子库，总库容量高达1561799形符，便于开展跨文化、跨学科和跨学位的对比研究，为同行学者或学生建设并运用语料库开展相关研究或拓展提供思路和借鉴。例如，可以按照研究类型再建设思辨型、述评型、书评型等学术论文语料库，开展跨语类对比研究。

语言平实。本书力求用平实易懂的语言阐释学术语类领域比较晦涩难懂的理论术语和研究理念，解析案例的基本涵义、意义和功能等，帮助读者"知其然"，更"知其所以然"，也可作为国内英语学术论文写作教学的参考资料。

本书第四章第三节和第四节内容是在作者早先发表论文（王淑雯，常志怡. 实验型硕博士学位论文英语摘要的语步研究——以石油天然气工程类论文为例［J］. 西南石油大学学报（社会科学版），2020，22（4）：103－111.）的基础上调整改写的。

第四章第五节所涉及的语言学实证研究部分由作者所指导的2020级研究生余秋言完成。

第七章内容是在作者与她所指导的2020级研究生鲍家宇共同完成的论文基础上修改补充的（该论文已被《中国ESP研究》录用）。

本书的撰写得到了以下基金资助：

教育部人文社会科学研究规划项目"中美硕博学位论文摘要的语类特征对比研究"（19XJA740008）

中国学位与研究生教育学会面上项目"实验型英语学术论文语料库建设

及其在 EAP 写作教学中的应用研究"（2020MSA51）

西南石油大学人文社科专项基金"杰出人才"项目"实验类英语学术论文语料库的建设及其在 EAP 写作教学中的应用研究"（2020RW038）

四川石油天然气发展研究中心项目"西方主流媒体视野中的特朗普能源新政相关报道的积极话语分析"（川油气科 SKB18-08）

西南石油大学国际油气资源区语言文化研究中心项目"中西方主流媒体关于能源危机的新闻话语研究——以俄乌冲突为例"（YQWH2022001）

西南石油大学一带一路多语言服务科技资源共享平台项目"中国主流英语媒体'一带一路'新闻报道的话语分析"（2022PT02）

本书的写作历时三年多，作者查阅了大量的国内外文献，从理论梳理建构到实证研究分析，最终确定了研究重点和突破点。建设和净化语料库耗时耗力，大数据处理更是非常烦琐，需要反复校对验证。本书在内容和编写上未必能尽如人意，如有不当之处，欢迎大家批评指正。书中如有错误，概由作者负责。

最后，感谢四川大学出版社梁平编辑和李梅编辑，他们细致专业的编校工作确保了本书的质量。西南石油大学国际合作与交流处陈国梁老师为本书收集筛选了研究语料，本书作者所指导的西南石油大学外国语学院 2020 级 MA 研究生鲍家宇、余秋言、颜镇源和孙悦帮助净化语料并处理了部分数据。他们都为本书的最终完成付出了很大努力，在此也向他们表达最诚挚的谢意。

王淑雯

2022 年 12 月

目 录

第一章 概 论 ········· 1
    第一节 研究背景 ········· 1
    第二节 研究目的与价值 ········· 2
    第三节 全书结构 ········· 4

第二章 学术语类研究综述 ········· 7
    第一节 引言 ········· 7
    第二节 学术语类的概念属性 ········· 8
    第三节 学术语类分析的学派 ········· 13
    第四节 学术语类的文本分析法 ········· 16
    第五节 学位论文摘要的语类研究 ········· 21
    第六节 小结 ········· 23

第三章 研究设计 ········· 34
    第一节 研究内容 ········· 34
    第二节 语料库建设 ········· 35
    第三节 研究方法 ········· 39
    第四节 小结 ········· 41

第四章 中美硕博学位论文摘要的宏观语步结构对比研究 ········· 43
    第一节 引言 ········· 43
    第二节 文献综述 ········· 44

第三节 语步和步骤的识别与统计⋯⋯⋯⋯⋯⋯⋯⋯⋯⋯⋯⋯⋯ 54
第四节 中国石油与天然气工程实验型硕博学位论文摘要的语步研究
⋯⋯⋯⋯⋯⋯⋯⋯⋯⋯⋯⋯⋯⋯⋯⋯⋯⋯⋯⋯⋯⋯⋯⋯⋯⋯ 57
第五节 中美硕博学位论文摘要语步模式的对比研究
——以化学工程与技术、语言学和教育学为例⋯⋯⋯⋯⋯ 64
第六节 小结⋯⋯⋯⋯⋯⋯⋯⋯⋯⋯⋯⋯⋯⋯⋯⋯⋯⋯⋯⋯⋯⋯ 105

第五章 中美硕博学位论文摘要中的情态动词对比研究
——以计算机和教育学为例⋯⋯⋯⋯⋯⋯⋯⋯⋯⋯⋯⋯ 114
第一节 引言⋯⋯⋯⋯⋯⋯⋯⋯⋯⋯⋯⋯⋯⋯⋯⋯⋯⋯⋯⋯⋯⋯ 114
第二节 文献综述⋯⋯⋯⋯⋯⋯⋯⋯⋯⋯⋯⋯⋯⋯⋯⋯⋯⋯⋯⋯ 115
第三节 研究设计⋯⋯⋯⋯⋯⋯⋯⋯⋯⋯⋯⋯⋯⋯⋯⋯⋯⋯⋯⋯ 130
第四节 研究发现⋯⋯⋯⋯⋯⋯⋯⋯⋯⋯⋯⋯⋯⋯⋯⋯⋯⋯⋯⋯ 132
第五节 分析与讨论⋯⋯⋯⋯⋯⋯⋯⋯⋯⋯⋯⋯⋯⋯⋯⋯⋯⋯⋯ 156
第六节 小结⋯⋯⋯⋯⋯⋯⋯⋯⋯⋯⋯⋯⋯⋯⋯⋯⋯⋯⋯⋯⋯⋯ 168

第六章 中美硕博学位论文摘要中的作者自称语使用特征对比研究
——以人文社会学科和自然科学学科为例⋯⋯⋯⋯⋯⋯⋯ 179
第一节 引言⋯⋯⋯⋯⋯⋯⋯⋯⋯⋯⋯⋯⋯⋯⋯⋯⋯⋯⋯⋯⋯⋯ 179
第二节 文献综述⋯⋯⋯⋯⋯⋯⋯⋯⋯⋯⋯⋯⋯⋯⋯⋯⋯⋯⋯⋯ 180
第三节 研究设计⋯⋯⋯⋯⋯⋯⋯⋯⋯⋯⋯⋯⋯⋯⋯⋯⋯⋯⋯⋯ 190
第四节 研究结果⋯⋯⋯⋯⋯⋯⋯⋯⋯⋯⋯⋯⋯⋯⋯⋯⋯⋯⋯⋯ 192
第五节 研究讨论⋯⋯⋯⋯⋯⋯⋯⋯⋯⋯⋯⋯⋯⋯⋯⋯⋯⋯⋯⋯ 225
第六节 小结⋯⋯⋯⋯⋯⋯⋯⋯⋯⋯⋯⋯⋯⋯⋯⋯⋯⋯⋯⋯⋯⋯ 243

第七章 中美博士学位论文摘要中的认知副词对比研究
——以语言学与石油天然气工程学科为例⋯⋯⋯⋯⋯⋯⋯ 251
第一节 引言⋯⋯⋯⋯⋯⋯⋯⋯⋯⋯⋯⋯⋯⋯⋯⋯⋯⋯⋯⋯⋯⋯ 251
第二节 文献综述⋯⋯⋯⋯⋯⋯⋯⋯⋯⋯⋯⋯⋯⋯⋯⋯⋯⋯⋯⋯ 252

第三节　研究设计…………………………………………… 253
　　第四节　结果与讨论………………………………………… 256
　　第五节　小结………………………………………………… 271

第八章　结　论………………………………………………… 277
　　第一节　引言………………………………………………… 277
　　第二节　结果与启示………………………………………… 277
　　第三节　研究创新…………………………………………… 280
　　第四节　研究展望…………………………………………… 281

第一章 概 论

第一节 研究背景

随着经济全球化进程以及高等教育国际化的加快,英语已经成为重要的国际学术交流工具。在全球学术领域的 5000 多种 SCI 来源期刊中,有 95% 以上的论文是用英语发表的(Hyland,2006),英语已经发展成为传播学术知识和开展学术交流的主要语言媒介。这也改变了学习者的学习经历,因为他们只有熟练掌握了英语学术环境下的规范性技能,才能真正了解所学学科的知识(Hyland & Hamp-Lyons,2002)。

因而,在科学研究、学术交流、教育教学等领域,学术英语(English for Academic Purposes,简称 EAP)的地位日益突显。"EAP 注重特定群体在学术环境中的专门交际需求和实践的语言研究与教学,根据认知、社会和语言要求设置特定学科的教学"(English for Academic Purposes refers to language research and instruction that focuses on the specific communicative needs and practices of particular groups in academic contexts. It means grounding instruction in an understanding of the cognitive, social and linguistic demands of specific academic disciplines)(Hyland & Hamp-Lyons,2002),旨在帮助学生更好地进行专业学习,培养学生在某一学科领域内的学术交流能力。作为未来从事学术研究的主体,我国硕博士生若能尽快熟练掌握所学学科领域的规范要求,用英语与学科专业领域内的同行进行学术交流,用英语撰写和发表高级别论文,将提高我国学术研究的国际融入程度,逐步改善我国在国际学术界的"学术失语"现象。鉴于学术英语教育教学的重要性,很多国内学者自 20 世纪末开始就不断呼吁将英语教学与某一个方面的专业知识相结合,并指出 EAP 教学要成为 21 世纪英语教学的发展方向(卫乃兴、周俊英,1994;刘润清,1996;秦秀白,

2003；蔡基刚，2004、2006、2010、2021；王守仁，2010；龙芸，2011；等等）。2014年，教育部颁发的《硕士博士学位研究生英语教学大纲》明确指出，研究生英语教学的宗旨是使学生能够进行本专业的学习研究与国际交流。国内许多高校也陆续为硕博士生开设了学术英语写作课程，并要求硕博学位论文必须提供英汉双语摘要，旨在培养学生用英语撰写学术论文并参与学术活动的能力，帮助其尽快适应高等教育国际化的趋势。然而，随着近年来研究生招生规模的不断扩大，以及部分高校本科阶段英语课程设置不合理，大部分硕博士生普遍缺乏学术英语的系统学习、学术语类意识不足（王淑雯、常志怡，2020）、学术英语能力薄弱、学术规范知识堪忧（蔡基刚，2012）。此外，邓鹂鸣和周韵（2020）对2007年至2016年间国际权威期刊论文进行可视化分析后指出，现有学术语篇研究范围有待拓展，尤应增加有关硕博士论文的体裁研究。

第二节 研究目的与价值

一、研究目的

本书在全面梳理深化语类学和相关理论的基础上，采用语料库研究范式，基于大量真实自然的语料，采用定量研究和定性研究相结合的混合法，对中美硕博学位论文摘要的宏观语步结构和微观语言形式展开跨文化、跨学科和跨学位等维度的对比研究，发现其同质性和异质性特征并予以深度剖析和全面解读，以期为我国高等教育和学科建设提供理论支撑和实证支持，为培养学生的学术英语能力、突破学术写作瓶颈提供借鉴，为推动我国学术成果从"积极"走出去到"高效"走出去提供参考，为增强我国国际学术话语权提出决策建议。

二、研究价值

本研究成果具有理论价值和应用价值。

（一）理论价值

1981年，Tarone等学者首次提出语类（genre）概念，指出语言的形式与功能是统一的，强调交际功能、内在信息与语言表达之间的关系。语类是话语社团实现特定交际目的的语言载体，语言的规范性、语言形式和功能之间的各种关系都主要源于特定的语类（Swales，1981）。随后，语类分析（genre analysis）成为语言学界话语研究的一个热点课题，更是EAP领域的研究焦点，旨在探究某一特定语类在宏观结构层面和微观语言层面的特征。前者通过语步分析，探究学术论文及其组成部分的结构、步骤和层次；后者主要通过分析自称语、模糊限制语、语态、时态、情态动词等的使用情况，探索语言形式的特征和功能。但目前鲜有研究涉及语句特征。学术期刊论文的语类研究占据主导地位，且多为同学科或跨文化研究，少有跨学科研究。对于学术论文的子语类——学位论文摘要的研究相对较少，尤其是跨学位、跨学科、跨文化的对比研究匮乏。学位论文是学生完成学位必须撰写的论文，是检验高等教育学术培养质量的最重要指标之一。摘要是学位论文的提炼和浓缩，有其独特的逻辑结构、语法特征和表述规范，其质量高低直接影响论文的受关注程度和被检索率。为了扩大国际学术交流，国内高校的硕博学位论文普遍要求撰写中英文摘要。因而，通过与科研和教育大国——美国的硕博学位论文摘要展开对比，研究中美硕博学位论文摘要的宏观语步结构和微观语言形式在跨文化、跨学科和跨学位等维度的同质性和异质性语类特征，挖掘其背后的认知、文化和功能动因，既可以丰富学位论文的研究成果，拓展语类学的理论内涵和外延，也可以为我国高等教育和学科建设提供理论支撑，为增强我国国际学术话语权提供借鉴。

（二）应用价值

学位论文有着繁杂的亚语类。按照研究领域不同，可分为人文科学、社会科学和自然科学三个亚语类；按研究方法不同，可分为理论型、实验/实证型和描述型三个亚语类；根据所申请的学位不同，则分为学士、硕士和博士三类；受语言文化背景的影响，中美硕博士生撰写的学位论文摘要亦存在语类异同性。由此可见，学位论文内部仍存在多种亚语类，同语类同学科、同学位跨学科、同学位跨文化、同学科跨文化、跨学位跨学科跨文化等不同类别的学位论文摘要在享有学术话语的语言共核成分的同时，必然也有差异性。只有不断细化研究，才能挖掘出中美硕博学位论文摘要的语类特征，研究结果的信度和效度才具有通用价值。此外，研究结果还可以用于课程教学实践，帮助硕博士生掌握学术交际目的和学科文化，建构语言、意义、认知、知识和身份之间的内在关系，从而尽快融入学术共同体，成为学科社团所期待的成员。本研究所建立的28个语料库子库的库容量比较大，为今后开展更大规模基于外语学习者和母语学习者的跨文化、跨学科和跨学位等维度的对比研究提供了理论和方法论上的启示，具有较为广阔的应用前景。

概而言之，开展中美硕博学位论文摘要的语类特征对比研究，从学术角度看，可以通过语类学的基本理论和方法研究，结合对比语言学、社会语言学、系统功能语言学、语义学、语用学、认知语言学、二语习得等多学科和多理论视角，进一步深化和完善语类学理论研究，并为我国高等教育和学科建设提供理论支撑。从文化角度看，通过研究中美硕博学位论文摘要在语步、语句和词汇等方面的特征，挖掘其背后的认知、文化和功能动因，可促进学术文化交流，为增强我国国际学术话语权提供借鉴。从教育教学角度看，将研究成果用于指导教学，将教学反馈用于拓宽完善学术研究，可以实现科研与教学的有效互动，为研究生课程设置和教学改革提供实证支持。

第三节　全书结构

本书共八章，分别从理论阐释（第二章）和实证研究（第四章至第七章）两个方面深入探讨中美硕博学位论文摘要语类特征的内涵、研究设计、宏观语步结构和微观语言形式，并展开文化、认知、学科、语类等层面的多元挖掘。

第一章，概论。本章主要介绍研究背景、研究目的与价值以及本书各章节的具体安排。

第二章，学术语类研究综述。本章详细述评了国内外学者在学术语类领域的研究成果，包括学术语类的概念属性和共性特征、学术语类分析的学派及研究方法、学位论文摘要的语类学研究成果等，旨在勾勒出学术语类研究的概貌和研究图式全景。

第三章，研究设计。本章重点介绍了研究内容、语料库建设、研究工具和研究方法等，为第四章至第七章的实证研究奠定方法论基础。

第四章，中美硕博学位论文摘要的宏观语步结构对比研究。本章首先全面评述语步理论以及相关研究成果（第二节）。其次描述了语步和步骤的识别与统计（第三节）。再次，第四节和第五节为实证研究（分别包括语料库建设、研究问题、结果讨论和结语），其中，第四节以中国石油天然气工程专业领域的实验型硕博学位论文英语摘要为例，开展跨学位语步结构研究；第五节以化学工程与技术、语言学和教育学为例，就中美硕博学位论文摘要的语步结构展开跨文化、跨学科和跨学位对比研究。最后是小结。

第五章至第七章的实证研究聚焦中美硕博学位论文摘要的微观语言形式特征。

第五章，中美硕博学位论文摘要中的情态动词使用特征对比研究——以计算机和教育学为例。本章首先全面回顾述评了情态和情态动词的理论成果和实证研究成果；其次介绍了研究设计，包括语料库建设、分析框架和研究问题；再次从跨文化、跨学科和跨学位等三个维度探讨了研究发现；最后是小结。

第六章，中美硕博学位论文摘要中的作者自称语使用特征对比研究——以人文社会学科和自然科学学科为例。本章首先全面梳理评述了国内外学者对自称语的理论探讨和相关实证研究成果；其次介绍了研究设计，包括语料库建设（涉及语言学、教育学和法学等三个人文社会学科，以及医学、化学工程与技术、石油与天然气工程等三个自然科学学科）、分析框架和研究问题；再次从跨文化、跨学科和跨学位等三个维度探讨了中美学生使用自称语及其三个子类（包括第一人称代词、第三人称和抽象主体）的同质性和异质性特征；最后是小结。

第七章，中美博士学位论文英语摘要中的认知副词对比研究——以语言学与石油天然气工程为例。本章首先述评了认知副词的理论和实证研究成果；其次介绍了研究设计，包括语料库建设、自构分析框架和研究问题；再次结合语义学、语用学、二语习得等理论，从跨文化和跨学科两个维度深度剖析了中美博士生在认知副词及其四个子类（确信、态度、频率和言据）方面的使用特征，并提出了教学建议；最后是小结。

第八章，结论。本章首先全面回顾总结了研究结论与启示；其次自我审视了创新之处；最后对未来的研究方向提出了展望和可行性建议。

参考文献

HYLAND K, 2006. English for academic purposes: an advanced resource book [M]. Oxford: Routledge.

HYLAND K, HAMP-LYONS L, 2002. EAP: issues and directions [J]. Journal of English for academic purpose (1): 1-12.

SWALES J M, 1981. Aspects of article introductions [M]. Birmingham: University of Aston in Birmingham.

TARONE E, DWYER S, GILLETTE S, et al., 1981. On the use of the passive in two astrophysics journal papers [J]. English for specific purposes (1): 123-140.

蔡基刚，2004. ESP与我国大学英语教学发展方向 [J]. 外语界（2）：22-28.

蔡基刚, 2006. 大学英语教学回顾、反思和研究 [M]. 上海: 复旦大学出版社.
蔡基刚, 2010. 关于我国大学英语教学重新定位的思考 [J]. 外语教学与研究 (4): 306-308.
蔡基刚, 2012. "学术英语" 课程需求分析和教学方法研究 [J]. 外语教学理论与实践 (2): 30-35, 96.
蔡基刚, 2021. 专门学术英语教学实践: 中国大学生 5 分钟科研英语演讲大赛 [J]. 外语教育研究前沿 (3): 43-48.
邓鹂鸣, 周韵, 2020. 基于 CiteSpace 的国际学术语篇研究可视化分析 [J]. 外语教学 (1): 54-58.
刘润清, 1996. 21 世纪的英语教学——记英国的一项调查 [J]. 外语教学与研究 (2): 1-8.
龙芸, 2011. 学术英语课程在大学英语应用提高阶段的定位研究——网络环境下的 EAP 课程实践 [J]. 外语界 (5): 48-55.
秦秀白, 2003. ESP 的性质、范畴和教学原则——兼谈在我国高校开展多种类型英语教学的可行性 [J]. 华南理工大学学报 (社会科学版) (12): 79-83.
王守仁, 2010. 发展中国 ESP 教学, 推进中国 ESP 研究——王守仁教授在《中国 ESP 研究》创刊研讨会开幕式上的致词 [J]. 中国 ESP 研究 (1): 5-6.
王淑雯, 常志怡, 2020. 实验型硕博士学位论文英语摘要的语步研究——以石油天然气工程类论文为例 [J]. 西南石油大学学报 (社会科学版), 22 (4): 103-111.
卫乃兴, 周俊英, 1994. 也谈 ESP 与大学英语教学 [J]. 外语界 (2): 33-36.

第二章 学术语类研究综述

第一节 引言

  Genre①（一词源自拉丁语 genus，英语释义为 a class, kind, or group marked by common characteristics or by one common characteristic，https://www.merriam-webster.com/dictionary/genus），即享有共同特征的种类或群体；后来成为法语借入词，意为"类型""种类"，尤指某种文学或艺术作品（a kind of literary or artistic work）。1981年，Tarone等学者在研究天体物理学期刊论文的被动语态用法时指出，语言的形式与功能是统一的，我们应该更加关注科技论文的交际功能和论文内在的信息结构以及语言表达方式之间的关系，从而准确地将形式与功能结合起来。在该研究中，他们首次提出语类（genre）概念，认为语类不仅仅是考察文本语言特征的方式，而且也是了解这些语言特征所要实现的修辞功能和交际功能的一种方式，并由此将其引入语言学及学术话语研究领域。语类分析（genre analysis）关注学术语篇中语言学行为研究（Bhatia, 2001），力求解释语篇建构的理据，探索语篇结构背后隐含的社会文化因素和心理认知因素，揭示不同语类语篇（genre text）实现交际目的的语篇结构规范、语言形式特点和使用策略（Swales, 1990）。目前，语类分析已经日益发展成一种多学科、多视角、多维度（Bhatia, 2012）交叉的研究方法，被广泛应用到学术语类研究领域，并取得了丰硕的研究成果。

---

  ① 国内对于 genre 的翻译并不统一，如高明凯（1980）译为"言语风格"，胡壮麟（1988）翻译为"文类"和"语体"，方琰（1998）译为"语类"，李美霞（2000）翻译为"话语类型"，秦秀白（2000）译为"体裁"。本书选择"语类"这一翻译。

第二节 学术语类的概念属性

genre 一词最初一直用于文学、艺术和修辞研究领域。例如，Collins Dictionary 对于该词的释义为 A genre is a particular type of literature, painting, music, film, or other art form which people consider as a class because it has special characteristics (https://www.collinsdictionary.com/dictionary/english/genre)。20世纪 20 年代，俄罗斯学者 Bakhtin 将 genre 的概念和研究扩大到非文学领域，用于指各种语篇形式，包括促销话语、法律文件、学术报告等。继 Tarone 等学者（1981）将语类概念与语言形式和语篇功能相结合并引入学术话语研究领域之后，愈来愈多的语言学界学者开始关注语类研究并就其概念属性和特征展开更加广泛深入的探讨。国外语言学学者对于学术语类概念属性的界定主要有两大视域：交际事件视域和社会文化视域。

一、交际事件视域

1981 年，著名学者 Swales 在分析英语学术期刊论文引言部分的特征时，将语类定义为"一种标准化的、由参与者共享交际目的的交际事件，生成于功能背景下，而非社会或人际背景下"（By genre, I mean a more or less standardized communicative event with a goal or set of goals mutually understood by the participants in that event and occurring within a functional rather than a social or personal setting）。只有在某种语类中，语言才能获得足够的规范性，交际目的也才能更明确，才有可能概括出语言形式和功能之间的各种联系。1990 年，Swales 再次强调语类是交际事件的一种分类，是实现交际目的的一种工具或媒介，并将其更加清晰地界定为话语社团专家公认的具有相同交际目的的一组交际事件，强调共同的交际目的决定了话语有相同或相似的图式结构、语言特征和内容风格，而不同的交际目标会催生多元的语类。但他同时也指出，由于交际目的是变化发展的，语类范例也随之处于动态变化中，可以随着其语类原型发生改变，即属于同一语类的语篇可以在某些方面存在差异。因此，作者可以在遵循某一语类规范要求的同时，有所变通，以实现个人的交际目的，有效传递观点立场。Ventola（1994）也认为语类是生成特定语篇结构的符号系统，是一种具有可辨认步骤的社会交际过程，且具有一定的规范性。

Bhatia（1993）认同 Swales（1990）的概念界定，认为"语类是一组可辨认的交际事件，其交际目的能够为所属学术和职业话语社团成员所共同识别和理解"（genre is a recognizable communicative event characterized by a set of communicative purpose（s）identified and mutually understood by members of the professional or academic community in which it regularly occurs）（Bhatia, 1993：13）。语类在话语社团中定期出现，且由于受到内容、目的、读者群体、形式和功能等因素的影响，"语类通常是具有高度结构化和规约化的交际事件"（it most often is a highly structured and conventionalized communicative event）（Bhatia, 1993：14）。这些规约通常被言语社团的专家成员用于传达社团公认目标体系下的个人交际意图。他进而指出，尽管影响语类的因素是多元的，但"区分语类的重要标准是交际目的"（it is primarily characterized by the communicative purpose（s）that it is intended to fulfil. This shared set of communicative purpose（s）shapes the genre and gives it an internal structure）（Bhatia, 1993：13）。"交际目的的重大变化会产生不同的语类，而小范围的变化和调整则有助于我们识别区分子语类。"（Any major change in the communicative purpose（s）is likely to give us a different genre; however, minor changes or modifications help us distinguish sub‑genres.）（Bhatia, 1993：13）话语社团的专家成员所掌握或制订的某种语类规范标准被视为该语类的原型，因为他们不仅了解所属社团的共同交际目的，而且更熟悉该语类的结构。这也就意味着，同一社团的成员在自由选择语言资源来实现交际目的的同时，必须遵循特定语类的规范标准，只不过其专家成员可以更为灵活地利用这些规范标准来表达个人意图，实现交际目的。

Hyland（2000、2004）认为语类概念既是社会的，也是认知的，是人们在特定语境下对特定的交际事件所作出的期待和反应，是高效做事的一种话语方式和策略选择。因此，语类建立在一个基本概念之上，即话语社团成员可以轻松识别语篇的相似性，并且从不断积累的经验中学习阅读、理解和建构语篇。所以，Hyland 强调语类知识的重要性，指出语类知识包括有关语类旨在实现的交际目的，构建和解释语篇所需要的适当形式、内容和语域，以及语类常见语境等方面的知识（Hyland, 2000）。

二、社会文化视域

Martin（1984）认为语类与社会文化因素相关联，用语言做事或如何做事都是语类。1986 年，Martin 再次强调，与我们文化中的每一个语类相关联的是一种独特的"开头—中间—结尾"结构。该结构可以以语步方式推进，逐渐实现特定目标。而所有的语类，无论是书面的还是口语的，都包含步骤或图式结构成分。这些步骤帮助我们逐渐实现自己的目的（Martin，1986）。随后，Martin 和 Rothery（1986）认为语言形式实现了某种文化因素。Martin（1992：505）再次强调语类是文化的一部分，将其界定为"是一个通过语域来实现的有步骤的、有一定目的的社会过程"（a staged, gogal-oriented social process realized through register）。其中，语类为语域（包括语场、语式和语旨）提供语境，表现为语篇的图式结构（schematic structure，即本书所探讨的语步构成要素和语步模型——宏观结构特征）；语域的体现方式是语言（包括内容层面的语篇语义、词汇句法等。即本书所研究的微观语言形式特征）。Martin（2009：13）聚焦语类的社会性特征，认为语类是"一个有步骤的、有目的的社会过程"（a staged goal-oriented social process），并进一步解读了语类概念的核心要素。其中，"有步骤"是"因为我们要经历不止一个意义阶段去解读某一语类"（staged：because it usually takes us more than one phase of meaning to work through a genre），"有目的"是"因为呈现阶段需要完成某个事件，如果未完成则会令我们感到失望或不完整"（goal-oriented：because unfolding phrases are designed to accomplish something and we feel a sense of frustration or incompleteness if we are stopped），"社会性"是"因为我们通过语类与他人互动"（social：because we undertake genres interactively with others）（Martin，2009：13）。因而，语类从社会文化语境的视角来整体讨论并解释特定语篇的社会交际目的及其生成原因（Martin，1997）。生活在特定文化中的社会主体都会经历这一社会过程（这为本书展开中美硕博学位论文摘要的跨文化对比研究提供了理论和方法论基础）。

Eggins（2004）认同 Martin（1984、1992）的观点，即语类与文化密切相关，"作为这一特定的（语类）文化成员，我们明白人们是如何借助语言做不同事情的，我们熟悉很多语类的图式结构及其特定的实现方式：语类各个阶段的特定意义以及用以表达意义的典型词汇和结构"（as members of this culture, we have somehow acquired a knowledge about how people use language to achieve different things. When called upon, we find ourselves familiar with not only the schematic structure of many genres, but also the typical words and structures that get used to express them）（Eggins，2004：84）。他进而划分了各种子语类（sub-genre），包括文学语类（literary genres）、通俗小说语类（popular fiction genres）、通俗非小说语类（popular non-fiction genres）、教育语类（educational genres）等。其中，文学语类又分为短篇小说（short stories）、自

传（autobiographies）、民谣（ballads）、十四行诗（sonnets）、寓言故事（fables）、悲剧作品（tragedies）等子语类；通俗小说语类包括爱情小说（romantic novels）、侦探小说（whodunits）、情景喜剧（sitcoms）；通俗非小说语类包括使用手册（instructional manuals）、新闻报道（news stories）、概述（profiles）、评介（reviews）、食谱（recipes）、入门指南（how-to features）；教育语类又可分为讲座（lectures）、报告论文（reports/essay writing）、前沿研讨会（leading seminars）、测试（examinations）、教材编写（text-book writing）。另外还有诸多日常生活中大量使用的多种语类，如买卖货品（buying and selling things）、寻求或提供信息（seeking and supplying information）、讲故事（telling stories）、闲聊（gossiping）、约会（making appointments）、交换意见（exchanging opinions）、面试（going to interviews）、和朋友聊天（chatting with friends）。这一界定和分类实际上与Merriam Webster对于genre的阐释一致：

  Genre, as you might guess from the way it sounds, comes straight from French, a language based on Latin. It's closely related to genus, a word you may have encountered in biology class. Both words contain the *gen-* root because they indicate that everything in a particular category (a genre or a genus) belongs to the same "family" and thus has the same origins. So the main genres of classical music would include symphonies, sonatas, and opera, and the major genres of literature would include novels, short stories, poetry, and drama. But within the category of novels, we could also say that detective novels, sci-fi novels, romance novels, and young-adult novels are separate genres. (https://www.merriam-webster.com/dictionary/genre)

  正如Devitt（2015）所指出的，语类既有同质性特征，又有异质性特征，语类研究既要发现语篇中共同的原型结构，也不能忽视单一语篇的特殊性。尽管同一语类的范例会随着该语类的原型发生变化，但它们所具有的相似的交际目的、语篇结构、内容风格以及受众群体会使语类呈现出相似的特征。因此，同一语类下的子语类可能会呈现出同质性和异质性共存的特征，这使得跨文化、跨学科、跨学位和跨语类等对比研究成为可能。例如，学位论文与期刊论文都属于学术论文这一宏观语类，但因其社团成员和交际目的的不同，虽分属于不同的子语类，可仍然会在语篇的图式结构和语言形式方面呈现一定程度的同质性和异质性特征，可以专门研究某一特定子语类，也可以展开跨语类对比研究。其次，虽然硕士学位论文与博士学位论文都是为了获取学位而撰写的论文，具有相同既定目标和目的的社会行为，会在语步结构和语言形式方面呈现出同质性特征，但又因作者的教育程度、知识储备、认知水平等不同会呈现出一定程度的异质性特征。因此，它们属于学位论文的不同子语类，可以展开跨学位对比研究。论文摘要与论文整体或论文的引言部分、文献综述部分、研究设计部分、结果讨论部分、结论部分以及致谢语等也都属于不同的语类，在语篇的图式结构和语言形式方面会呈现出同质性特征和异质性特征共存的现象，既可以作为单一子语类研究，也可以展开跨语类对比研究。不同学科之间可能会因学科文化、学科属性、研究类型的影响而呈现语类异质性和同质性特征，同一学科内也会受到交际目的、研究方法、研究类型等因素的影响而呈现语类差异性（为避免这些变量因素的干扰，本研究以研究方法作为语料选取的重要标准之一），可以展开跨学科研究。尽管中美硕博士生所撰写的英语摘要有着相同的既定目标和目的，但受社会文化因素和思维认知倾向的影响，必然会在语步结构和语言形式方面呈现出语类异同性特征，可以展开跨文化对比研究。

综上所述，尽管国外学者从交际事件视域和社会文化视域探讨了语类的概念属性，但两者之间并不矛盾，因为交际是在社会文化中生成的，社会文化活动的目的是实施交际。交际的成败与社会文化语境之间彼此依赖、相互影响。因此，这两个视域对于语类概念属性的探究只是侧重点不同而已。Bhatia（2004：23）归纳了语类的六大同质性特征：

1）语类是学术话语社团理解并接受的一种可识别的、内部结构特征鲜明、高度约定俗成的一系列交际事件（Genres are recognizable communicative events, characterized by a set of communicative purposes identified and mutually understood by members of the professional or academic community in which they regularly occur）。

2）语类是高度结构化和规范化的建构模型，在表达意图、结构以及词汇句法等方面受到一定程度的限制，作者可以利用这些资源赋予语篇特定的形式特征（Genres are highly structured and conventionalized constructs, with constraints on allowable contributions not only in terms of the intentions one would like to give expression to and the shape they often take, but also in terms of the lexico-grammatical resources one can employ to give discoursal values to such formal features）。

3）与特定专业社团的学徒、新成员和外行相比，老成员更熟悉语类知识，并能进一步发展语类（Established members of a particular professional community will have a much greater knowledge and understanding of the use and exploitation of genres than those who are apprentices, new members or outsiders)。

4)尽管语类被视为规约化建构,但学科和专业社团的专家经常会利用语类资源在建构"社会可识别的交际目的"时来传递"个人"或组织的交际目的(Although genres are viewed as conventionalized constructs, expert members of the disciplinary and professional communities often exploit generic resources to express not only "private" but also organizational intentions within the constructs of "socially recognized communicative purposes")。

5)语类是学科和组织文化的反映,关注根植于学科、专业或其他机构的实践的社会行为(Genres are reflections of disciplinary and organizational cultures, and in that sense, they focus on social actions embedded within disciplinary, professional and other institutional practices)。

6)所有学科和专业语类都具有自己典型的完整性,可以综合语篇、话语和语境等因素被解释掌握(All disciplinary and professional genres have integrity of their own, which is often identified with reference to a combination of textual, discursive and contextual factors)。

这些研究成果为我们就学术话语展开跨语类、跨文化、跨学科、跨学位等维度的宏观语步结构特征和微观语言形式特征的对比研究奠定了扎实的理论基础。

第三节 学术语类分析的学派

语类分析主要研究学术语篇中的语言行为,是多学科交叉研究的产物,涉及文本分析和语篇分析,既分析语篇内特征[包括语境特征、篇际互文性特征和语篇特征(如词汇、语法、修辞等)],也分析语篇外特征(包括话语过程、学科文化和话语行为等)。概而言之,语类分析旨在研究交际目的和语言使用策略,解释语篇建构的理据,探究语篇结构背后的社会文化因素和心理认知因素,揭示实现交际目的的特殊方式和语篇建构的规范性(Swales,1990、2004)。

Bhatia(1993)认为,语类分析既要采用语言学分析方法,又要将其与社会学和心理学领域相结合。其中,语言学分析方法主要用于描述语篇的语言特征;社会学研究将语篇作为社会现象和社会行为予以研究,探讨语篇的社会性和规范性特征，以揭示特定语类结构所隐含的社会文化因素；心理学研究则分析语篇的认知结构和建构策略，讨论特定交际目的是如何在特定语篇中得以实现的。2004年，Bhatia 提出了语类分析的多维分析视角，即文本视角（分析语篇的表面特征，包括基于文本数据库中有统计学意义的词汇语法特征分析、语篇修辞结构分析、篇内互文性分析和篇际互文性分析）、交际人种学视角（分析社会结构和某一职业社团的历史、信念、观点、目标等）、社会认知视角（分析影响语类建构的参与者的态度、信念、目标、目的、社会语境和修辞策略）以及社会批评视角（研究语言与意识形态和权力的关系、语言与社会结构的互动关系）。

近年来，语类分析逐渐成为语言学界话语研究的热点问题。依据不同的研究主题和教育教学理念，语类分析主要分为三个学派：北美新修辞学派（NR：North American New Rhetoric Studies）、专门用途英语/学术用途英语学派（ESP：English for specific purposes/EAP：English for academic purposes）和系统功能语言学学派（SFL：Systemic Functional Linguistics）（Hyon，1996）。

一、北美新修辞学派

新修辞学派将语类视为语境化的社会行为（genre as situated action）（Hyland，2004），是一种典型的社会活动形式（Miller，1994），与社会语境相互建构（Devitt，2004）。因此，语类分析应与修辞研究相结合，与真实的语境相关联，结合语义、句法和语用三个方面进行分析（Miller，1994）。相关研究也都聚焦于语类生成的社会语境，如目的、功能以及话语社团的态度、信念、行为等。此外，该学派认为，语类是动态变化的修辞方式，是作者与读者之间的对话，也涉及对形式和内容的认知（Kent，1993；Coe，1994、2002；Freedman & Medway，1994；Berkenkotter & Huckin，1995），语类与其产生的情景之间相互影响、彼此改变。然而，新修辞学派的研究报告几乎是以倡导者本身的个案分析研究为基础的，并没有将其理论精神推广到更大范围的教学实践中去（温植胜，2005：50），也未能提出具体清晰的分析框架，文本分析着重关注"专家型"学者如何运用语类实现社会目的，以及语类生成和发展的方式；相关的实证研究对象多为以英语为母语的大学生和研究生，"对于二语写作教学实践的贡献较小"（its contribution to L2 writing instruction has been minimal）（Hyland，2003：22）。

二、专门用途英语/学术用途英语学派

该学派始于 Swales 在 1981 年的研究成果。他将语类视为具有共同目的的某一话语社团参与的一系列结构化的言语交际事件，共同的交际目的决定了话语的图式结构以及语言内容和写作风格的选择（Swales，1990），从而将语类概念与语篇交际功能相结合，并将其引入了 ESP/EAP 领域。该学派的代表人物 Swales（1981、1990、2004）、Bhatia（1993）和 Tardy（2011）等认为交际目的是以一种有顺序的方式来实现的，语篇可以通过一系列的语步和步骤逐渐得以建构，而语步和步骤的不同交际功能又表现为具有规范性的语言形式。1990 年，Swales 建构了学术期刊论文引言部分的 CARS 模式，指出这一模式表明语篇的表层形式服务于语篇的交际功能，从而开启了宏观语步结构研究的先河，为后期研究奠定了扎实的理论和方法论基础。1993 年，Bhatia 再次强调语类描述应以语步为出发点，并提出了语类分析的七大步骤：将语类语篇置于特定的语境中，查找已有的相关文献，分析语境，选择语类，分析机构语境，分析不同层次的语言特征（包括词汇语法特征、语篇模式以及语类语篇结构），专家咨询。这一语步分析法也成为该学派最常用、最有效的语类研究方法。

概而言之，该学派呼吁将语类分析运用于学术和专业语篇，聚焦语类的交际目的、宏观语步结构和微观语言表现形式。Martin（2003）认为，语类能力是后天习得的，可以通过不同的策略和方法来进行培养。学术话语语类分析的目标就是在对某一学科领域进行大量语言取样的基础上，归纳该领域学术语篇所特有的形式和内容，从而手把手地指导学生熟悉学术论文的语类规约，并在规定的模式下掌握有效的学术交际方式（Swales，1981）。国内外一些学者所展开的教学实证研究表明，语类教学活动有助于培养学习者的语类意识，有效提高本族语学生和非本族语学生的学术读写能力，快速掌握学科和职场语类语篇的功能及语言规范（Swales，1990、1994；Bhatia，1993；Swales & Feak，1994、2000；Macken‐Horarik，2002；Martin，2003；Devitt，2004；Hyland，2004；Cheng，2008；Stoller & Robinson，2013；熊淑慧、邹为诚，2012；黄洁等，2016；周祥，2017）。

三、系统功能语言学学派

系统功能语言学学派的领军人物 Halliday 和 Hasan（1976）认为语类是一定语境下意义表达的一种语篇形式。Halliday（1985）指出，语类结构由语境配置（contextual configuaration）决定，包括语场（field）、语旨（tenor）和语

式（mode），这三个变量又分别对应了语言的三大元功能（meta-functions），即概念功能（ideational function）、人际功能（interpersonal function）和语篇功能（textual function）。其中，概念功能指说者/作者作为观察者的功能，可以通过及物性、语态和归一性等语言形式表达人们的社会经历、内在心理经验以及事物之间的各种逻辑关系。人际功能指说者/作者作为闯入者（intruder）的功能，反映了与听者/读者之间的互动关系，以及说者/读者对其所说/写内容的态度、意见和评价，可以通过语气、情态和语调等三个语言形式子系统得以实现。语篇功能指说者/作者作为组织者的功能，通过主位结构、信息结构、衔接等语言手段得以实现。该功能根据情景语境将概念功能和人际功能在语篇中组成一个整体，共同在语境中发挥作用。这三种功能都在语篇中同时存在，作者/说者可以根据情景语境做出选择倾向。概而言之，该学派从语言的形式结构特征和功能出发，把语言现象与语篇产生的社会文化语境和语篇的功能相结合，注重反映在语类中的交际目的的词汇语法实现方式，关注语篇的各种语言特征及其社会功能，将语类视为某一特定语境下表达意义的一种语篇形式，且受到社会文化因素的影响（Halliday，1978、1985）。该学派认为，语篇的总体交际目标是通过一系列的步骤来实现的。有着相同交际目的的语篇通常也会具有相同的语篇图式结构，图式结构一般表现为一系列可以预测的步骤，社团成员可以通过这些必要步骤（obligatory steps）和可选步骤（optional steps）来识别语类（Macken-Horarik，2002）。该学派注重对语篇宏观结构和微观词汇语法的分析，其研究成果也被广泛用于外语读写教育教学中。

综上所述，尽管各学派对于语类的界定存在争议，在理论主张、分析视阈、研究重点、研究方法和实践应用等诸多领域各有侧重，但一致认为，语篇具有交际功能，特定语篇社团成员需遵循特定的规范规约以实现特定的交际目的。语类分析法不再局限于简单描述语篇语言特征，而是从语境、文化、认知等视角，力求分析语篇的规范性特征，阐释语篇的生成理据，探讨语篇背后所隐含的更深层次的社会文化因素和心理认知因素。正如 Swales（2011）所指出的，自 Hyon（1996）提出语类研究的三大流派以来，这三个流派呈现出融合趋势。目前国内外的学术语类研究也更倾向于三个学派之间的互补。

第四节　学术语类的文本分析法

"学术论文是学者和研究者以书面语方式向学术共同体成员提出新问题、

新思想、新观点、新论断、新理论和新动态的手段"（王淑雯，2017：72），其目的是说服读者接受或认同其学术研究的正确性和有效性，进而接受其学术观点和学术理论，最终实现学术思想的传播以及学术地位的确定。从语言层面看，学术语篇要求使用正式语体。从语篇层面看，学术论文具有客观严谨的特点。因此，作者通常会尽量客观地陈述事实，避免表达个人观点和态度。但是近年来，越来越多的研究发现，学术论文是作者高度参与的社会性言语行为，"为实现其个人和学术目的，作者需要将其写作置于特定的社会环境中"（in pursuing their personal and professional goals, writers seek to embed their writing in a particular social world）（Hyland，2000：1）。这就意味着，作者、主题及读者之间要进行动态交互，从而传递作者个人意图或实现交际目的（Bhatia，2008）。因此，学术论文"关注学术语境中特定群体的具体交际需要和实践"（focuses on the specific communicative needs and practices of particular groups in academic contexts）（Hyland & Hamp-Lyons，2002：2）。学术"语类是学术话语社团理解并接受的一种可识别的、内部结构特征鲜明、高度约定俗成的一系列交际事件"（Genres are recognizable communicative events, characterized by a set of communicative purposes identified and mutually understood by members of the professional or academic community in which they regularly occur.）（Bhatia，2004：23）。

学术语篇研究始于20世纪60年代的语域分析（register analysis）。20世纪80年代以来，其研究重心逐渐调整为语篇分析或修辞分析（textual or rhetorical analysis），最后发展为语类分析。Bhatia（1993）提出了语类研究的文本分析法，包括语步结构分析（阐释文本的语类结构，揭示特定领域作者如何组织语言以实现自己的交际目的）、语言特征分析（描述具有统计意义的词汇和语法特征）和文本化模式分析（了解特定语言特征在话语社团的意义，以及语言形式与功能之间的关系）。目前，国内外学者在构建学术语篇的宏观语步结构和透视学术语篇的微观语言形式特征方面都取得了丰硕成果。

一、宏观语步结构

宏观语步结构研究采用的语步分析法始于Swales（1990）所建构的英语学术期刊论文（research articles）引言部分（Introduction）的分析框架——CARS模式（Create A Research Space）。他指出，不同功能的语步构成要素和语步构成了完整的语篇结构，在特定的话语社团内部，语步具有高度相似性和稳定性。因此，交际目的相对一致的语类通常都拥有相对一致或相似的语步结构。

语步分析法被认为是"至今 ESP 领域最具影响力的语言使用分析方法"（the most influential approach to the analysis of language use in ESP to date）（Basturkmen，2010：44）。

国内外诸多学者利用语步分析法对学术语篇展开了语步模型的建构研究，包括论文的整体组织结构、引言、文献综述、研究方法、讨论、结果、结论、致谢语、摘要等部分，语料涵盖语言学、动物学、生物医学、文学、科学技术、经济学与商学、社会科学、计算机科学、生物化学、教育学、视觉与行为艺术学、材料工程等学科领域。还有一些学者利用语步分析法展开了跨文化、跨语类、跨学科研究，同一学科论文不同部分的对比研究、历时变化研究（详见本书第四章第二节的文献综述部分）。研究表明，语步构成要素和语步模式因文化因素、学科因素、论文类型、论文各个部分以及子语类等因素的影响而呈现出同质性和异质性特征共存的现象。语步分析法不仅可以让学术群体成员从宏观结构上了解作者如何在语篇组织上实现自己的交际意图和修辞目的，而且还在微观层面上显示了语篇各个组成部分之间的关联，体现了语篇社团的常规特征，从而帮助学术新手尽快掌握学术论文的语篇结构以及实现每个修辞功能的语言手段。

然而，相关研究主要集中于对期刊论文的宏观语步结构建构的探讨，对于学位论文及其摘要部分的宏观语步结构的研究成果严重不足。

二、微观语言形式

语言及其体现方式是实现学术话语社团共同交际目的的工具，不仅能表达概念意义和语用意义，而且还能传递其所隐含的意识形态、社会功能和交际意图。国内外对于学术语篇中微观语言形式层面的研究主要是统计分析时态、语态、自称语、模糊限制语、情态动词、情态副词、立场标记语、言据性、评价语、元话语等的使用频率和分布状况，以探究语言形式的功能，以及文化语境与学术语类的关系（Salager‒Meyer，1992；Crismore et al.，1993；Hyland，1994、2004；Biber et al.，1999；Kuo，1999；Hyland & Tse，2005；Pho，2008；Kuhi & Behnam，2011；Tseng，2011；McGrath & Kuteeva，2012；Mu et al.，2015；Jiang & Hyland，2017；Tanko，2017；Swales，2019；杨玉晨，1998；何瑞清，2004；藤真如、谭万成，2004；冯茵、周榕，2007；马刚、吕晓娟，2007；杨林秀，2009、2015；赵娟、吴涛，2009；吴格奇，2010、2013；徐宏亮，2011；鞠玉梅，2013；马跃珂、牛桂玲，2013；龙绍赟，2014；龙绍赟等，2016；徐江等，2014；周岐军，2014；仇桂珍，2015；刘海萍、徐玉臣，

2015；徐昉，2015；王淑雯，2016、2017、2018；曹忠芹，2017；彭芹、张海峰，2017；郑新民、景飞龙，2017；娄宝翠、王亚丽，2019；娄宝翠、姚文婷，2019；张瑞红等，2020；赵永青等，2021；韩金龙、罗钦杨，2022；等等）。研究发现，同一语类学术语篇的言语表达手段，如词汇选择、句法特征、修辞手段等语言形式具有相似性，但又受到学科、文化、认知、交际目的、研究方法等因素的影响而呈现出异质性特征。然而，已有成果的研究对象不均衡，相关研究依然主要集中于对期刊论文或成熟作者的探讨，对于学位论文（尤其是摘要部分）或学术新手的语言形式的研究成果并不丰富，且已有研究的语料库库容量都比较小，研究效度有待提高。

本研究选择情态动词、自称语和认知副词等三种微观语言形式对中美硕博学位论文摘要展开跨文化、跨学科和跨学位对比研究。选择这三种形式是基于以下考虑：

其一，情态动词因其"句法、语用和语篇功能的复杂性"（the complexity of their grammatical, pragmatic and contextual functions）（Hinkel，2009：670），在所有的英语语法体系中，"情态系统是最重要的，但同时也是最难的语法"（There is, perhaps, no areas of English grammar that is both more important and more difficult than the system of the modals）（Palmer，1990：x）。之所以"最重要"，是由于在不同的文体中，情态动词的出现频率都很高，传递了说者/作者的情感和意象；之所以"最难"，则是因为情态动词的语义具有多义性和不确定性（Palmer，1979；Mindt，1993；Aijmer，2002），可以表达不同的人际意义（Palmer，1979、1986；Halliday 1985；Biber et al.，1999）。从语用看，情态动词因所处语境的不同，可以表达说话人或作者对所述内容的判断和态度，进而完成人际意义的构建（Mindt，1993；Hunston & Francis，2000）。而且，情态动词的使用情况受到语类、学科、认知、研究类型、说者/作者语言文化背景的影响（Nakamura，1993；Hinkel，1995；Aijmer，2002；Thompson，2002；刘华，2004；王金铨，2006；梁茂成，2008；汪云，2008；何燕、张继东，2011；李莉华，2011；何力等，2017；王淑雯，2017；王淑雯、何晟，2018；高霞，2020）（详见本书第五章内容）。

其二，自称语（self-referencing）是建构学术作者身份的重要语言实现方式（Ivanič，1998）。作为一种作者高度参与的社会实践活动，学术论文作者以论文为媒介与潜在读者进行学术互动、协商和交流，共同完成知识定义的过程（Myers，1989；Nystrand，1989；Swale，1990；Thompson & Thetela，1995；Hoey，2001；Thompson，2001；Hyland，2004）。在这一过程中，作者需要利用多种修辞手段，建立适切的作者身份，不断平衡自己的写作意图与读者期待之间的关系，与读者保持一定程度的个人接触，判断读者对其内容可能做出的反应，预测读者对其作品的印象，以及在理解和领会作者意图时可能遇到的困难，并予以回应，寻求认同（Widdowson，1979；Nystrand，1989；Voloshinov，1995；Ivanič，1998；Hyland，2001），从而建构恰当的作者身份（authorial identity）（Ivanič，1998；Kuo，1999；Tang & John，1999；Hyland，2001、2002；Duenas，2007；Candarli et al.，2015），树立学术形象（Hyland，2002）。而潜在读者也参与了作者在文本中的身份建构，他们并不是文本意义的提取者，而是文本意义的积极建构者（Hatch et al.，1993），在阅读学术论文时不断揣测判断作者所传递的信息和观点，确定是否接受、认同作者观点（Hyland，2001）。概而言之，自称语是语篇作者在学术写作中有效地建构作者身份、实现作者与读者以及学术共同体之间有效交流的语言策略之一（Ivanič，1998；Kuo，1999；Tang & John，1999；Hyland，2001、2002、2003、2008；Hyland & Tse，2005；Duenas，2007；Kuhi et al.，2013；Hyland & Jiang，2017；Zareva，2013；柳淑芬，2011；李娜、李忠庆，2013）。恰当使用自称语能够推动作者在学术领域中展现学术成果，"树立学术权威，成为所在学科共同体中可以信赖的成员"（portray themselves as expert, reliable members of a given disciplinary community）（Duenas，2007：144）（详见本书第六章内容）。

其三，副词是作者传递其观点、立场、态度和评价的主要手段之一（Biber et al.，1999；Biber，2006）。然而，"英语副词具有较强的异质性，是传统词类中最模糊不清、最令人困惑不解的一种词类"（Because of its great heterogeneity, the adverb class is the most nebulous and puzzling of the traditional word classes）（Quirk et al.，1985：438）。在学术研究领域，"副词仍然是语法领域保存得最好的秘密，其真实身份尚未得到揭示"（Adverbs are the best-kept secret of the grammar world. Their true identity is cleverly hidden in plain view）（Casagrande，2010：37）。对于非英语母语者而言，副词更是难以习得掌握（Hyland & Milton，1997；De Haan，1999；Götz & Schilk，2011）。在学术话语领域，"认知"反映作者对其所言内容的承诺或对知识的态度（Palmer，1986；Chafe，1986），认知手段（epistemic devices）是作者用来评价命题并与持怀疑态度的读者磋商知识主张的重要媒介。恰当的认知表达有助于建构语篇的评价性和互动性，传递作者对命题信息的态度和立场，实现学术交流的目的。其中，认知副词（epistemic adverb）是重要的认知手段之一，在表达命题信息及来源的同时，还传递了作者对命题信息的确定性、可靠性和局限性的评价态度，或对知识及信息来源的态度，构建观点的可能性和必要性（Chafe，1986；Palmer，1986；Hoye，1997；Huddleston & Pullum，2002；Hyland，1998；Biber et al.，1999；Nuyts，2001、2006；Ojea，2005；Wierzbicka，2006；Simon-Vandenbergen & Aijmer，2007），在一定程度上有助于作者将其立场态度客观化，暗示其立场是基于一定证据的，传递期待其立场被视为合理的愿望（Wierzbicka，2006），具有隐性劝说功能，有助于实现人际意义（Lyons，1977；Palmer，1990；Halliday，1994）（详见本书第七章内容）。

尽管国内外学者对于情态动词、自称语和副词的研究已经取得了丰硕的成果，但在研究对象、研究方法、研究内容、变量控制等方面仍存在不足。主要表现为：其一，研究对象不均衡。已有研究多聚焦成熟作者和期刊论文，对于学生作者及学位论文的研究较少。其二，尽管从总体上看，研究方法较为合理，但还可以进一步丰富优化。随着语料库语言学的迅速发展，越来越多的实证研究开始采用语料库研究范式，使得研究数据更加客观并具有较高的信度和效度。但从目前的检索情况看，目前已有的硕博学位论文及其摘要的语料库库容量都比较小，研究效度有待进一步提高。其三，研究内容略显单一。检索显示，已有成果主要是单一学科、单一语言、单一文化背景下的研究，其次是跨文化对比研究和跨学科对比研究，但跨学位对比研究非常罕见。其四，变量控制有待进一步严格。已有研究对于研究对象的变量控制主要集中于期刊选择、作者母语背景、学科限制等，很少控制同一学科领域中的论文类型，如述评、书评、思辨、理论、实证、实验等。Samraj（2002）指出，同一种语类为很多学科所共有，尽管研究内容和领域不同，但语言各层面的特征会有很多相同点。同学科跨语类研究或同语类跨学科研究的学术语篇都具有同质性和差异性，专业方向完全不同的语篇之间存在同质性特征，而专业方向非常接近的语篇之间也会存在差异性。

第五节　学位论文摘要的语类研究

学位论文是学生获取学位的必要条件之一，是检验本科生、硕士生、博士生培养质量的重要标准之一，也是检验学生对其所学学科专业的熟悉和掌握程度的重要手段。作为学术语篇的一种重要子语类，学位论文在宏观语步结构和微观语言形式这两个维度上，既有着与学术论文相似的语类特征和明确的交际目的，必须符合特定学科文化的期待和以言行事的规范，但同时又因写作主体、写作要求、写作目的、身份特征等的不同，与学术论文存在一定程度的语类差异性。

摘要是论文的提炼和精华，也被称为"论文的微缩版"（miniature version of the paper）（Gastel & Day，2016：55），信息高度密集，在内容和结构上对正文语篇具有预示作用（Swales，1990）。摘要是衡量研究论文质量的重要标准，直接影响到学术成果能否被准确地理解、顺利地接受和成功地传播（Swales，1990；Hyland，2000）。"摘要的完整性是判断一篇摘要优劣的一个重要标准"（牛桂玲，2013：152），如果摘要概括得足够全面，也许就可以替代全文阅读，如要解决的问题、采用的研究方法、研究结果/发现、研究结论等，读者可以迅速做出阅读取舍，提高交流的效率（王淑雯、何晟，2021）。英语是目前学术领域最常用的语言形式，一些科技文献检索系统不提供全文检索，而只收录英语摘要，这就使得摘要比论文更具有检索价值。ISO 214-1976（E）归纳了摘要的三种功能：确定相关性、便于查找和用于计算机检索。

学位论文同样需要提供摘要，而且我国大部分高校的研究生培养方案都要求硕博学位论文提供中英文摘要。因而，学位论文摘要的语类研究也吸引了越来越多的关注，相关研究也主要集中在两个层面：宏观语步结构特征和微观语言形式特征。

检索发现，对于学位论文摘要的宏观语步结构的研究成果并不丰富，且多为单一学科研究（Bunton，1998、2002、2005；邓鹂鸣，2010；冯茵、周榕，2007；等等），或同一文化背景下的跨学科博士学位论文摘要的对比研究（叶云屏、柳君丽，2013；俞碧芳，2016；等等），或跨文化、跨学位的中美硕博学位论文摘要对比研究（王淑雯、常志怡，2020）。而基于大型语料库，就中美硕博学位论文摘要展开的跨学科、跨文化、跨学位综合性对比研究尚属空白（详见本书第四章第二节文献综述部分）。

对于学位论文的微观语言形式特征研究主要涉及元话语、情态动词、自称语、立场标记语、言据性等，包括本族语学生博士论文的跨学科对比研究（Thompson，2002），跨语类对比研究（Hyland，2002、2008），单一学科的跨文化对比研究（Petch-Tyson，1998；杨欣然，2015；王淑雯，2016；等等），单一学科的跨文化和跨语类对比研究（秦枫、陈建林，2013；娄宝翠、姚文婷，2019；娄宝翠、王莉，2020；等等），单一学科的跨文化和跨学位对比研究（李小坤，2012；王淑雯，2017；等等），单一学科的跨文化、跨语类和跨学位对比研究（徐昉，2013、2015）以及跨学科、跨语类和跨文化对比研究（王晶晶、吕中舌，2017）。但这些研究都以学位论文主体部分为研究对象，鲜有以学位论文英语摘要为研究对象；而且从跨学科、跨文化、跨学位等多元视角探讨中美硕博学位论文摘要中的微观语言形式特征的研究极为匮乏（姚俊，2010；胡春雨，2012；孙莉，2015；等等）（详见本书第五、六和七章的文献综述部分）。

综上所述，选取学术英语语篇中研究成果相对较少的硕博学位论文英语摘要为研究对象，展开基于大数据的宏观语步结构和微观语言形式两个维度的跨文化、跨学科和跨学位对比研究，有利于推动英语学术语篇语类研究的多样性和创新性，可以发现我国硕博士生的英语学术论文写作质量以及存在的问题，从而为我国硕博士生掌握学位论文英语摘要的基本模式和语言特征提供重要参考，为摘要的读写教学提供重要依据，使不同学科硕博士生所写的学位论文英语摘要在宏观语步结构和微观语言形式上都更趋合理。

第六节　小结

本章详细述评了国内外学者在学术语类领域的研究成果，包括学术语类的概念属性和共性特征、学术语类分析的学派及研究方法等理论层面的探讨，以及学位论文摘要的语类学实证研究成果。语类作为一组可辨认的交际事件，其交际目的能够为所属学术和职业话语社团成员所共同识别和理解，通常具有高度结构化和规约化特征（Bhatia，1993）。因此，人们对交际行为的组织是否得体或成功，部分取决于对语类掌握和运用的熟练程度（Swales，1990）。作者必须具备语类知识才能在特定领域或学科话语社团积极、得体、成功地进行交流（Tardy，2009）。而交际目的相对一致的语类通常会拥有相对一致或相似的宏观结构特征和微观语言特征，掌握这些特征有助于学习者理解特定语篇并提高写作质量（Kintsch & van Dijk，1978）。而且，语类意识、语类知识和语类能力都是可以培养、习得的（Martin，2003）。所以，语类分析法有助于挖掘学术语篇在宏观结构维度和微观语言形式维度所呈现的语类特征，解释语篇建构和语言选择的理据及功能，探索其背后隐含的社会文化因素和心理认知因素，揭示不同语言文化、教育程度和学科背景下实现交际目的的语篇结构规范、语言形式特点和使用策略，对促进我国 ESP/EAP 教学具有一定的启发和借鉴作用。

参考文献

AIJMER K, 2002. Modality in advanced Swedish learners written interlanguage [C] //GRANGER S, HUNG J, PETCH – TYSON S (eds.). Computer learner corpora, second language acquisition and foreign language teaching. Amsterdam: John Benjamins, 55 – 76.

BAKHTIN M, 1981. The dialogic imagination [M] // HOLQUIST M. (ed.). Four essays by M. M. Bakhtin. EMERSON C, HOLQUIST M. trans. Austin: University of Texas.

BASTURKMEN H, 2010. Developing courses in English for specific purposes [M]. London: Palgrave Macmillan.

BERKENKOTTER C, HUCKIN T N, 1995. Genre knowledge in disciplinary communication—cognition/culture/power [M]. Hillsdale, NJ: Lawrence Erlbaum Associates.

BHATIA V K, 1993. Analyzing genre: language use in professional settings [M]. London: Longman Press.

BHATIA V K, 2001. Analyzing genre: Some conceptual issues [C] // HEWINGS, M (ed.). Academic writing in context: implications and applications. Birmingham: The University of Birmingham Press, 79 – 92.

BHATIA V K, 2004. Worlds of written discourse: a genre – based view [M]. London: Continuum.

BHATIA V, 2008. Genre analysis, ESP and professional practice [J]. English for specific purposes (27): 161 – 174.

BHATIA V K, 2012. Critical reflections on genre analysis [J]. Iberica (24): 17 – 28.

BIBER D, 2006. Stance in spoken and written university registers [J]. Journal of English for academic purposes, 5 (2): 97 – 116.

BIBER D, JOHANSSON S, LEECH C, et al., 1999. Longman grammar of spoken and written English [M]. Beijing: Foreign Language Teaching and Research Press.

BUNTON D, 1998. Linguistic and textual problems in Ph. D and M. Phil thesis: an analysis of genre moves and metatext [D]. Hong Kong: The University of Hong Kong.

BUNTON D, 2002. Generic moves in Ph D thesis introductions [C] // FLOWERDEW J (ed.). Academic discourse. Harlow: Pearson Education, 57 – 75.

BUNTON D, 2005. The structure of PhD conclusion chapters [J]. Journal of English for academic purposes (4): 207 – 224.

CANDARLI D, BAYYURT Y, MARTI L, 2015. Authorial presence in L1 and L2 novice academic writing: cross – linguistic and cross – cultural perspectives [J]. Journal of English for academic purposes (20): 192 – 202.

CHAFE W, 1986. Evidentiality in English converstaion and academic writing [C] //CHAFE W, NICHOLAS J (eds.). Evidentiality: The linguistic coding of epistemology. Norwood, NJ:

Ablex, Pub Corp, 261-272.

CASAGRANDE J, 2010. It was the best of sentences, it was the worst of sentences: A writer's guide to crafting killer sentences [M]. Berkeley: Ten speed Press.

CHENG A, 2008. Analyzing genre exemplars in preparation for writing: The case of an L2 graduate student in an ESP genre-based instructional framework of academic literacy [J]. Applied linguistics, 29 (1): 50-71.

COE R M, 1994. Teaching genre as process [C] //FREEDMAN A, MEDWAY P (eds.). Learning and teaching genre. Portsmouth, NH: Boynton/Cook, 157-169.

COE R M, 2000. The new rhetoric of genre: Writing political briefs [C] // JOHNS A M (ed.). Genre in the classroom: Multiple perspectives. Mahwah, NJ: Lawrence Erlbaum Associates, 197-210.

CRISMORE A, Markkanen R, Steffensen M, 1993. Metadiscourse in persuasive writing: A study of texts written by American and Finnish university students [J]. Written communication, 10 (1): 39-57.

DE HAAN F, 1999. Evidentiality and epistemic modality: Setting boundaries [J]. Southwest journal of linguistics (18): 83-101.

DEVITT A, 2004. Writing genres [M]. Carbondale, IL: Southern Illinois University Press.

DUENAS M P, 2007. "I/we focus on …": A cross-cultural analysis of self-mentions in business management research articles [J]. Journal of English for academic purposes (6): 143-162.

EGGINS S, 2004. An introduction to systemic functional grammar [M]. 2nd ed. London: Continuum.

FREEDMAN A, MEDWAY P, 1994. Locating genre studies: Antecedents and prospects [C] // FREEDMAN A, MEDWAY P (eds.). Genre and the new rhetoric. Bristol, PA: Taylor & Francis, 1-20.

GASTEL B, DAY R A. 2016. How to write and publish a scientific paper [M]. Santa Barbara, California: Greenwood.

GÖTZ S, SCHILK M, 2011. Formulaic sequences in spoken ENL, ESL and EFL: Focus on British English, Indian English and learner English of advanced German learners [C] //MUKHERJEE J, HUNDT M (eds.). Exploring second-language varieties of English and learner Englishes: bridging a paradigm gap. Amsterdam: John Benjamins, 79-100.

HALLIDAY M A K, 1978. Language as social semiotic: The social interpretation of language and meaning [M]. London: Edward Arnold.

HALLIDAY M A K, 1985. An introduction to functional grammar [M]. London: Edward Arnold.

HALLIDAY M A K, 1994. An introduction to functional grammar [M]. 2nd. London: Edward.

HALLIDAY M A K, HASAN R, 1976. Cohesion in English [M]. London: Longman.

HATCH J A, HILL C A, HAYES J R, 1993. When the messenger is the message: Readers' impressions of writers' personalities [J]. Written communication, 10 (4): 569 – 598.

HINKEL E, 1995. The use of modal verbs as a reflection of culture values [J]. TESOL quarterly (2): 325 – 343.

HINKEL E, 2009. The effects of essay topics on modal verb uses in L1 and L2 academic writing [J]. Journal of pragmatics (41): 667 – 683.

HOEY M, 2001. Textual interaction [M]. London & New York: Routledge.

HOYE L, 1997. Adverbs and modality in English [M]. New York: Addison Wesley Longman Limited.

HUDDLESTON R, PULLUM G K, 2002. The Cambridge grammar of the English language [M]. Cambridge: Cambridge University Press.

HUNSTON S, FRANCIS G, 2000. Pattern grammar: A corpus – driven approach to the lexical grammar of English [M]. Amsterdam: John Benjamins.

HYLAND K, 1994. Hedging in academic writing and EAP textbooks [J]. English for specific purposes, 13 (3): 239 – 256.

HYLAND K, 1998. Boosting, hedging and the negotiation of academic knowledge [J]. Text, 18 (3): 349 – 382.

HYLAND K, 2000. Disciplinary discourses: Social interactions in academic writing [M]. London: Longman.

HYLAND K, 2001. Bringing in the reader: Addressee features in academic writing [J]. Written communication (4): 549 – 574.

HYLAND K, 2002. Authority and invisibility: Authorial identity in academic writing [J]. Journal of pragmatics (34): 1091 – 1112.

HYLAND K, 2003. Genre – based pedagogies: A social response to process [J]. Journal of second language writing, 12 (1): 17 – 29.

HYLAND K, 2004. Metadiscourse in academic writing [J]. Applied linguistics, 25 (2): 156 – 177.

HYLAND K, 2008. Persuasion, interaction and the construction of knowledge: representing self and others in research writing [J]. International journal of English studies, 8 (2): 1 – 23.

HYLAND K, HAMP – LYONS L, 2002. EAP: Issues and directions [J]. Journal of English for academic purposes, 1 (1): 1 – 12.

HYLAND K, JIANG F, 2017. Is academic writing becoming more informal? [J]. English for specific purposes, 9 (45): 40 – 51.

HYLAND K, MILTON J, 1997. Qualification and certainty in L1 and L2 student's writing [J]. Journal of second language writing (3): 341 – 367.

HYLAND K, TSE P, 2005. Evaluative that construction—Singnaling stance in research abstracts [J]. Functions of language (1): 156 - 177.

HYON S, 1996. Genre in three traditions: implications for ESL [J]. TESOL quarterly (4): 693 - 722.

IVANIČ R, 1998. Writing and identity: The discousal construction of identity in academic writing [M]. Amsterdam: John Benjamins.

JIANG F, HYLAND K, 2017. Metadiscursive nouns: Interaction and cohesion in abstract moves [J]. English for specific purpose (46): 1 - 14.

KENT T, 1993. Paralogic rhetoric: A theory of communicative interaction [M]. Lewisburg: Bucknell University Press.

KINTSCH W, VAN DIJK T A, 1978. Toward a model of text comprehension and production [J]. Psychological review, 85 (5): 363 - 394.

KUHI D, BEHNAM B, 2011. Generic variations and metadiscourse use in the writing of applied linguistists: A comparative study and preliminary framework [J]. Written communication (1): 97 - 141.

KUHI D, TOFIGH M, BAHAIE R, 2013. Writers' self - represntation in academic writing: The case of computer engineering research articles by English versus Iranian writers [J]. International journal of research studies in language learning, 2 (3): 35 - 48.

KUOC H, 1999. The use of personal pronouns: Role relationships in scientific journal articles [J]. English for specific purposes, 18 (2): 121 - 138.

LUZÓN M J, 2009. The use of "we" in a learner corpus of reports written by EFL engineering students [J]. Journal of English for academic purposes (8): 192 - 206.

LYONS J, 1977. Semantics [M]. Cambridge: Cambridge University Press.

MARTIN J R, 1984. Process and text [C] //BENSON J D, GREAVES W S (eds.). Systemic perspectives on discourse (Vol. 1). Norwood, NJ: Ablex, 248 - 274.

MARTIN J R, 1986. Systemic functional linguistics and an understanding of written texts [R]. Working papers in linguistics. Department of Linguistics, University of Sydney.

MARTIN J R, 1992. English text: System and structure [M]. Philadelphia/Amsterdam: John Benjamins.

MARTIN J R, 2009. Genre and language learning: A social semiotic perspective [J]. Linguistics and education, 20 (1): 10 - 21.

MARTIN J R, ROTHERY J, 1986. Social processes in education: A reply to Sawyer and Watson (and others) [C] //REID I (ed.). The place of genre in learning: Current debates. Geelong: Centre for Studies in Literacy Education, Deakin University, 46 - 57.

MARTIN P M, 2003. A genre analysis of English and Spanish research paper abstracts in experimental social sciences [J]. English for specific purposes (1): 25-43.

MACKEN-HORARIK M, 2002. Something to shoot for: A systemic functional approach to teaching genre in secondary school science [C] //JOHNS A M (ed.). Genre in the classroom: Multiple perspectives. Mahwah, NJ: Lawrence Erlbaum, 17-46.

MCGRATH L, KUTEEVA M, 2012. Stance and engagement in pure mathematics research articles: Linking discourse features to disciplinary practices [J]. English for specific purposes (3): 161-173.

MILLER C R, 1994. Genre as social action [J]. Quarterly journal of speech (70): 151-167.

MINDT D, 1993. An empirical grammar of the English verbs: Modal verbs [M]. Berlin: Cornelson.

MU C, ZHANG L, EHRICH J, et al., 2015. The use of metadiscourse for knowledge construction in Chinese and English research articles [J]. Journal of English for academic purposes (20): 135-148.

MYERS G, 1989. The pragmatics of politeness in scientific articles [J]. Applied linguistics (10): 3-35.

NAKAMURA J, 1993. Quantitative comparison of modals in the Brown and the LOB corpora [J]. ICAME journal (17): 29-48.

NUYTS J, 2001. Epistemic modality, language and conceptualization: A cognitive-pragmatic perspective [M]. Amsterdam: John Benjamins.

NUYTS J, 2006. Modality: Overview and linguistic issues [C] // FRAWIEY W (ed.). The expression of modality. Berlin: Mouton deGrulter, 1-26.

NYSTRAND M, 1989. A social-interactive model of writing [J]. Written communication, 6 (1): 66-85.

OJEA A, 2005. A syntactic approach to logical modality [J]. Atlantis, 27 (1): 53-64.

PALMER F R, 1979. Modality and the English modals [M]. London & New York: Longman.

PALMER F R, 1986. Mood and modality [M]. Cambridge: Cambridge University Press.

PALMER F R, 1990. Modality and the English modals [M]. 2nd ed. London: Longman.

PETCH-TYSON S, 1998. Writing/reader visibility in EFL written discourse [C] //GRANGER S (ed.). Learner English on computer. London: Addison-Wesley, Longman, 107-118.

PHO P D, 2008. Research article abstracts in applied linguistics and educational technology: A study of linguistic realizations of rhetorical structure and authorial stance [J]. Discourse studies, 10 (2): 231-250.

QUIRK R, GREENBAUM S, LEECH G, et al., 1985. A comprehensive grammar of the English language [M]. New York: Longman.

Salager-Meyer F, 1992. A text-type and move analysis study of verb tense and modality distribution in medical English abstracts [J]. English for Specific Purposes, 11 (2): 93 – 113.

SAMRAJ B, 2002. Disciplinary variation in abstracts: The case of wildlife behavior and conservation biology [C] //FLOWERDEW J (ed.). Academic discourse. London: Pearson Education Limited, 40 – 56.

SIMON – VANDENBERGEN A – M, AIJMER K, 2007. The semantic field of modal certainty: a corpus – based study of English adverbs [M]. Berlin: Walter de Gruyter.

STOLLER F, ROBINSON M, 2013. Chemistry journal articles: An interdisciplinary approach to move analysis with pedagogical aims [J]. English for specific purposes, 32 (1): 45 – 57.

SWALES J M, 1981. Aspects of article introductions [M]. Ann Arbor: University of Michigan Press.

SWALES J M, 1990. Genre analysis: English in academic and research settings [M]. Cambridge: Cambridge University Press.

SWALES J M, 2004. Research genres: Explorations and applications [M]. Cambridge: Cambridge University Press.

SWALES J M, 2011. Coda: Reflections on the feature of genre and L2 writing [J]. Journal of second language writing, 20 (1): 83 – 85.

SWALES J M, 2019. The features of EAP studies: A personal viewpoint [J]. Journal of English for academic purposes (38): 82 – 95.

SWALES J M, FEAK C B, 1994. Academic writing for graduate students [M]. Ann Arbor, Michigan: The University of Michigan Press.

SWALES J M, FEAK C B, 2000. English in today's research world: A writing guide [M]. Ann Arbor: The University of Michigan Press.

Tankó G, 2017. Literary research article abstracts: An analysis of rhetorical moves and their linguistic realizations [J]. Journal of English for academic purposes (27): 42 – 55.

TANG R, JOHN S, 1999. The "I" in identity: Exploring writer identity in student academic writing through the first person pronoun [J]. English for specific purposes (18): S23 – S39.

TARDY C M, 2011. The history and future of genre in second language writing [J]. Journal of second language writing, 20 (1): 1 – 5.

TARONE E, DWYER S, GILLETTE S, et al., 1981. On the use of the passive in two astrophysics journal papers [J]. English for specific purposes (1): 123 – 140.

THOMPSON G, 2001. Interaction in academic writing: Learning to argue with the reader [J]. Applied linguistics, 22 (1): 58 – 78.

THOMPSON P, 2002. Modal verbs in academic writing [J]. Language and computers, 7 (1): 305 – 325.

THOMPSON G, THETELA P, 1995. The sound of one hand clapping: The management of interaction in written discourse [J]. Text, 15 (1): 2-38.

Tseng F P, 2011. Analyses of move structure and verb tense of research article abstracts in applied linguistics [J]. International Journal of English Linguistics, 1 (2): 27-39.

VENTOLA E, 1994. Abstracts as an object of linguistic study [M] //HAVTOLA E et al. (eds.). Writing vs speaking. Tubingen: GunterNarr, 333-352.

VOLOSHINOV V N, 1995. Marxism and philosophy of language, bakhtinian thought—An introductory reader [M]. DENTITH S, MATEJKA L, TITUNIK I R, trans. London: Routledge.

WIDDOWSON H G, 1979. Explorations in applied linguistics [M]. London: Oxford University Press.

WIERZBICKA A, 2006. English: Meaning and culture [M]. New York: Oxford University Press.

ZAREVA A, 2013. Self-mention and the projection of multiple identity roles in TESOL graduate student presentations: The influence of the written academic genres [J]. English for specific purposes, 32 (2): 72-83.

曹忠芹, 2017. 基于语料库的语言学和药学论文摘要的体裁分析 [J]. 广东外语外贸大学学报, 28 (4): 83-90.

邓鹂鸣, 2010. 中国学生社科博士论文讨论与结语章节语体研究 [M]. 武汉: 武汉大学出版社.

冯茵, 周榕, 2007. 学术论文摘要中模糊限制语的调查与分析——基于英语专业毕业论文与国外期刊论文的对比研究 [J]. 外国语言文学 (2): 108-112.

高霞, 2020. 基于中西学者学术论文可比语料库的情态动词研究 [J]. 解放军外国语学院学报, 43 (5): 1-9, 127.

何力, 班颖超, 王淑雯, 2017. 基于语料库的中外英语学术语篇情态动词对比研究——以石油天然气类实验性论文为例 [J]. 长江大学学报 (社会科学版) (5): 103-109.

何瑞清, 2004. 中外科技期刊英文摘要比较——语态分布和"头重脚轻"句的使用频率 [J]. 上海科技翻译 (1): 6-18.

何燕, 张继东, 2011. 基于语料库的科技英语情态动词研究 [J]. 东华大学学报 (社会科学版) (1): 73-77.

胡春雨, 2012. 中国英语学习者义务型情态词产出的多纬度研究 [J]. 外语教学与研究, 44 (1): 80-94.

黄洁, 周统权, 王微萍, 2016. 基于语类的英语学术论文写作教学路径研究——以"文献综述"写作教学为例 [J]. 外语界 (2): 69-78.

鞠玉梅, 2013. 英汉学术论文语篇中的元话语研究——从亚里士多德修辞学的角度 [J]. 外语研究 (3): 23-29.

李莉华, 2011. 情态动词 will 和 may 在英语学术论文写作和新闻语体中的使用——一项基于语料库的跨语体研究［J］．外语教学（6）：38－43．

李娜，李忠庆，2013．学术文章中的"写作者声音"——基于语料库的跨学科和语言的对比研究［J］．解放军外国语学院学报（4）：17－23，40．

李小坤，2012．英语学位论文的语类特征研究：以语言学硕士学位论文为例［D］．杭州：浙江大学．

梁茂成，2008．中国大学生英语笔语的情态序列研究［J］．外语教学与研究（1）：51－58．

刘海萍，徐玉臣，2015．人文社科类论文英文摘要文体特征分析——以 SSCI 及 A & HCI 检索学术论文摘要为例［J］．西安外国语大学学报（4）：46－50．

刘华，2004．英语专业高年级学生的情态动词用法［J］．宁波大学学报（教育科学版）（5）：121－125．

柳淑芬，2011．中英文论文摘要中作者的自称语与身份构建［J］．当代修辞学（4）：85－88．

龙绍斌，2014．中国英语专业大学生英语议论文中的情态序列使用特征研究［J］．外国语言文学（2）：90－102．

龙绍赟，付贺宾，陈天真，等，2016．专业学生议论文中情态动词的使用特征［J］．外语学刊（1）：124－131．

娄宝翠，王莉，2020．学习者学术英语写作中自我支撑与与作者身份构建［J］．解放军外国语学院学报（1）：93－99．

娄宝翠，王亚丽，2019．学习者英语学术写作介入标记语使用特征［J］．当代外语研究（4）：58－69

娄宝翠，姚文婷，2019．学习者学术英语写作立场副词的使用特征［J］．河南师范大学学报（3）：114－120．

马刚，吕晓娟，2007．基于中国学习者英语语料库的情态动词研究［J］．外语电化教学（3）：17－21．

马跃珂，牛桂玲，2013．中外医学论文英语摘要的语言分析——基于语料库的研究［J］．郑州航空工业管理学院学报（社会科学版）（4）：76－80．

牛桂玲，2013．学术期刊论文摘要研究的新视角［J］．河南大学学报（社会科学版）（5）：150－156．

彭芹，张海峰，2017．中外岩土类期刊英文摘要的语态与第一人称代词分析［J］．编辑学报（6）：538－840．

秦枫，陈坚林，2013．人际意义的创建与维系——研究生英语科技论文的互动问题研究［J］．外语教学（4）：56－60．

仇桂珍，2015．中美医学期刊英语摘要模糊限制语对比分析［J］．中国科技期刊研究（11）：1212－1216．

孙莉，2015．中国硕士学位论文英语摘要的语用身份建构研究［J］．外语与外语教学（5）：

15-21.

藤真如，谭万成，2004. 英文摘要的时态、语态问题 [J]. 中国科技翻译 (1)：5-7.

王金铨，2007. 基于 SWECCL 的中国英语学习者情态动词使用研究 [J]. 疯狂英语（教师版）(1)：44-47.

王晶晶，吕中舌，2017. 理工科博士生学术英语写作中的作者自我指称语研究 [J]. 外语界 (2)：89-96.

王淑雯，2016. 中美硕士论文的言据性研究 [J]. 当代外语研究 (2)：21-27.

王淑雯，2017. 中美语言学硕博学位论文的言据性对比研究 [M]. 北京：中国水利水电出版社.

王淑雯，常志怡，2020. 实验型硕博士学位论文英语摘要的语步研究——以石油天然气工程类论文为例 [J]. 西南石油大学学报（社会科学版）(4)：103-111.

王淑雯，何晟，2018. 中美学者英语研究论文的语境文化特征对比研究——以石油天然气实验研究论文为例 [J]. 外语界 (1)：88-96.

王淑雯，何晟，2021. 英语石油科技论文写作 [M]. 青岛：中国石油大学出版社.

汪云，2008. 英语情态动词语篇中的对比研究 [J]. 成都大学学报（教育科学版）(4).

温植胜，2005. 新修辞学派体裁研究的社会认知视角 [J]. 天津外国语学院学报 (6)：46-52.

吴格奇，2010. 英语研究论文结论部分作者立场标记语对比研究 [J]. 西安外国语大学学报 (4)：46-50.

吴格奇，2013. 学术论文作者自称与身份构建——一项基于语料库的英汉对比研究 [J]. 解放军外国语学院学报 (3)：6-11.

熊淑慧，邹为诚，2012. 什么是学术英语？如何教？——一项英语专业本科生"学术英语"的课堂实验研究 [J]. 中国外语 (2)：54-64.

徐昉，2013. 二语学术写作介入标记语的使用与发展特征：语料库视角 [J]. 外语与外语教学 (2)：5-10.

徐昉，2015. 二语学术语篇中的作者立场标记研究 [J]. 外语与外语教学 (5)：1-7.

徐宏亮，2011. 中国高级英语学习者学术语篇中的作者立场标记语的使用特点：一项基于语料库的对比研究 [J]. 外语教学 (6)：44-48.

徐江，郑丽，张海明，2014. 基于语料库的中国大陆与本族语学者英语科研论文中模糊限制语比较研究——以国际期刊《纳米技术》论文为例 [J]. 外语教学理论与实践 (2)：46-55.

杨林秀，2009. 英语科研论文中的言据性 [D]. 厦门：厦门大学.

杨林秀，2015. 英语学术论文中的作者身份构建：言据性视角 [J]. 外语教学 (2)：21-25.

杨欣然，2015. 二语学术写作中的自我指称与作者身份建构 [J]. 外语与外语教学 (4)：

50-56.

杨玉晨,1998. 情态动词、模糊语言与学术论文写作风格 [J]. 外语与外语教学 (7): 24-35.

姚俊,2010. 英语论文摘要的语篇模式与作者介入——英语本科毕业论文摘要的实证研究 [J]. 外语教学 (4): 29-33.

叶云屏,柳君丽,2013. 博士学位论文摘要的跨学科语类分析对 EAP 教学的启示 [J]. 外语界 (4): 81-89.

俞碧芳,2016. 基于语料库的跨学科博士学位论文摘要的体裁分析 [J]. 当代外语研究 (1): 31-40, 90.

张瑞红,杨青,王浩勇,郭海波,2020. 基于语料库的农业科技论文英语摘要的语体对比研究 [J]. 宜春学院学报 (2): 86-91.

赵娟,吴涛,2009. 中外医学论文中被动语态、主动语态使用的比较分析 [J]. 中国科技期刊研究 (4): 734-737.

赵永青,刘璐达,邓耀臣,2021. 学科变异视角下文学与语用学期刊论文英文摘要的多维度分析 [J]. 北京第二外国语学院学报 (4): 3-8.

郑新民,景飞龙,2017. 我国外语类学术期刊实证研究论文首尾呼应效果探析——体裁分析和元话语研究的视角 [J]. 外语与外语教学 (4): 42-52.

周岐军,2014. 学术论文摘要中的元话语对比研究 [J]. 外语学刊 (3): 114-117.

周祥,2017. 悉尼学派语类教学法对大学英语写作教学之启示——"以读促学"与王初明"以写促学"的结合 [J]. 西安外国语大学学报 (1): 72-77.

第三章 研究设计

本章重点介绍中美硕博学位论文英语摘要语类特征实证研究部分的研究设计。首先介绍四个实证研究章节的主要研究内容；其次介绍语料库建设和研究工具；再次描述研究方法，包括定性研究、定量研究和统计方法；最后是本章的小结。

第一节 研究内容

本书的实证研究采用语料库研究范式，自建中美实验型/实证型硕博学位论文英语摘要语料库，涉及人文社会学科和自然科学学科两大学科领域。其中，人文社会学科选择了语言学、教育学和法学等三个学科，自然科学学科选取了石油天然气工程、化学工程与技术、计算机科学和医学四个学科。研究将定量数据分析与定性语篇分析相结合，从宏观语步结构和微观语言形式两大维度对中美硕博学位论文摘要展开跨文化、跨学科和跨学位对比研究。其中，宏观语步结构主要从跨学位维度对比分析了中国石油天然气工程学科硕博学位论文英语摘要的语步构成要素和语步模式；从跨文化、跨学科和跨学位等维度对比分析了中美化学工程与技术、语言学和教育学等三个学科领域硕博学位论文摘要的语步构成要素和语步模式的异同，并从文化思维、学科特征与培养方案等方面予以深度解读（详细内容见本书第四章）。微观语言形式研究包括：中美计算机科学和教育学硕博学位论文摘要中情态动词使用特征的跨文化、跨学科和跨学位对比研究（详见本书第五章内容），中美语言学、教育学、法学、医学、化学工程与技术、石油天然气工程六个学科硕博学位论文摘要中自称语及其三个子类（包括第一人称代词、第三人称和抽象主体）的跨文化、跨学科和跨学位对比研究（详见本书第六章内容），中美语言学和石油天然气工程博士学位论文摘要中认知副词及其四个子类（包括确信认知副词、态度认知副词、频率认知副词和言据认知副词）使用特征的跨文化和跨学科对比研究（详见本书第七章内容）。

第二节　语料库建设

现代科学表明，研究方法对任何一门学科都是至关重要的，研究方法的革新往往成为理论发展的契机（桂诗春、宁春岩，1997）。20世纪60年代以来，随着计算机技术的发展和普及，语料库被引入语言学研究领域，为微观语言形式的定量研究和定性研究提供了很大的方便，研究结果的信度和效度也得以提高。

语料库（corpus，其复数形式是 corpora）一词源于拉丁语，意思是 body（文集），指一系列文本的集合体。现代意义中的语料库指"电子文本集"（a collection of texts stored in an electronic database）（王淑雯，2017：79）。

一、语料采集

为保证语料的时效性、充分性和可比性，确保研究数据和结果发现更加可靠，本实证研究以真实语料为研究对象，自建中美硕博学位论文英语摘要语料库，从"CNKI 中国硕博学位论文全文数据库"和"ProQuest 学位论文全文数据库"（http://pqdt.lib.sjtu.edu.cn/SearchResults.aspx?c=29&pm=0）选取了2016—2021年共2800篇自然科学学科（包括石油天然气工程、医学、计算机科学、化学工程与技术）和人文社会学科（包括语言学、法学和教育学）学位论文的英语摘要（中美每个学科硕博学位论文英语摘要各100篇）为语料来源。为了减少变量干扰，所有语料均为实验/实证研究。实验研究是采用实验方法就科学领域的某一个专题进行研究，并对实验数据进行分析推理得出结论（王淑雯、何晟，2018：90），是自然科学最常见的研究类型之一。人文社科领域的实证研究指采用数据、问卷、实验、访谈、收集语料或统计等发现或验证结果的研究，其中常用的定量研究方法源自自然科学的实验研究，如对图表、图例和数据予以表述、阐释和推断等。西方科学的发展基础之一是通过系统的实验找出因果关系（Price，1962），知识的获取需要对事实进行观察、实验、分析、比较、归纳、演绎等。由此可见，实证研究与实验研究都具有理性、分析性、概括性、推断性和系统性等特征。因此，本书的实证研究选取实验研究/实证研究（以定量研究为主，定性研究为辅）的硕博学位论文摘要作为研究对象，以减少语篇类型（如思辨类、述评类、书评类等语类）对研究数据的干扰，提高研究结果的效度。其次，根据作者的姓氏拼写和致谢语判断其母语背景，中国硕博士生的母语为汉语，美国硕博士生则是英语本族语者。

本研究选择了相同或相似研究方法的硕博学位论文摘要建设语料库，主要基于以下几方面的考虑：

第一，就语类而言，学位论文属于学术论文的范畴，学位论文是中美学生在研究生硕士和博士学习阶段必须完成的学术写作任务。摘要是一篇独立于论文正文之外的完整短文，具有独立性、完整性和自明性，有其独特的逻辑结构、语法特征和表述规范，也被视为特定语类。全世界公开发表的科技论文，不管用何种文字写成，都必须附有一篇简练的英文摘要。由此可见，英语摘要是国际学术信息传播、交流与合作的重要媒介，在论文的撰写、发表、检索、收录等方面发挥着关键作用。国内大部分高校都要求研究生在撰写硕博学位论文时，必须提供中英文摘要。那么，如何写出符合学术规范和要求的英语摘要，实现学术思想和学术成就的顺利交流，成为广大硕博士生亟需解决的问题（王淑雯、何晟，2021）。此外，我们要开展中美硕博学位论文的跨文化对比研究，就只能选择其英语摘要部分作为语料来源。

第二，硕士和博士研究生经过三年至六年（或以上）的系统学术学习，具备了较为扎实的基础理论知识和科学合理的研究方法，与本科生相比，他们的毕业论文更接近学术期刊论文的规范要求；当然也会因交际目的和所属社团的不同而呈现出一定的特殊性。

第三，语料来自人文社会科学和自然科学学科两大领域，涵盖七个专业，研究方法都为实证研究或实验研究。这样平衡限制语料有助于开展跨学科对比研究。Hyland 等（2012）指出，学术话语不是简单的同质性语类，不同学科有各自的研究背景、方法、目的和手段。然而，王淑雯（2016，2017，2020）的研究发现，研究方法会影响学位论文（摘要）中微观语言形式和宏观语步结构的使用特征，且有可能会缩小因学科差异和文化差异所带来的影响。因此，限定语料来源所采用的研究方法有助于减少因不同研究方法而导致的变量影响，所得到的统计数据也更具有说服力，研究结果更为可靠。最重要的是，我国高校面向非英语专业学生开设的英语学术论文写作课程基本上都是混合了多个学科专业的学生，而实验研究和实证研究是大多数学科专业学生在撰写论文时普遍采用的研究方法。另外，实验/实证研究论文也会涉及理论阐释、思辨讨论和文献综述，是涵盖面较大的语类，在学术论文中更具有普遍适用性。所以，本实证研究假设，相同或相似的研究方法可能会有助于学术新手更高效地掌握英语学术论文写作的规范要求,更快地融入学科社团。

第四,语料来源考虑其语言学习背景,主要是为了更好地从跨文化和对比语言学视域,对比分析我国七个学科专业的硕博学位论文英语摘要与以英语为母语的同学科硕博学位论文摘要之间在宏观语步结构和微观语言形式维度所呈现出的异同,这对提高我国学生的英语学位论文写作具有指导作用。此外,我国绝大多数学生都是在国内完成英语学习的,所选取的语料更能直观反映当前我国硕博士生的真实英语水平。选择美国硕博学位论文摘要是因为美国是科研大国,很多学科领域的高级学术期刊都属于美国学术机构。目前国内的英语教育多选用美式英语,大部分英语测试也都采用美式英语,如大学英语四级、六级考试和研究生入学的英语测试中的部分语料便选自美国的一些报纸杂志,美式英语在中国有较大的影响力。美式英语与其他英语变体,如英式英语、加拿大英语、澳大利亚英语等,在词汇、搭配、语义、语用、功能等方面存在语言变体差异,如果变量过多,会影响本研究的信度。

第五,硕博士生代表了我国英语学习的较高或最高水平,他们所撰写的学位论文英语摘要更能观察出近年来我国学术英语教育所取得的成果和依然存在的问题。将之与本族语硕博学位论文摘要展开对比,有助于发现我国学术英语教和学所存在的具体问题,以及需要进一步完善提高的内容,从而有的放矢地展开学术英语教学。另外,硕博士生也是未来学术研究领域的主力军,对于其英语学术写作质量的评价分析可以为其他学术共同体成员的学术发展提供直观的参考依据。

概而言之,本研究共收集了 2800 篇语料,依据国家(中国和美国)、学科(两个宏观学科及其下属的七个专业)和学位(硕士和博士)分别建立了 28 个子语料库(具体描述见本书第四章至第七章的实证研究内容),用于开展跨文化、跨学科和跨学位对比研究。

二、语料整理与净化

由于所选取确定的学位论文都是 pdf 或 caj 格式,我们用 FineReader 软件将其转化为纯文本格式,并加以整理。在文本整理中删除了一些空行、换行符、不符合规范的符号、格式、非英语字符等,使用 UTF-8 对文本进行了编码保存。所有语料均仅限于学位论文的英语摘要部分,其中的语言错误、格式错误一律保存,不做修改。

三、语料标注

语料标注是重要的检索依据，研究完备的标注设计为后期研究的信度提供了重要保障。本实证研究采用人工标注。根据语言呈现方式，结合语境，对语料库的研究内容进行赋码标注。制定赋码方案和码集（tagset），并在设计前进行了先导分析，设计后实施了试验性赋码（trial tagging），以确认无误。为了保证标注的正确性，我们正式标注前对四位标注人员进行了反复培训和试验赋码。在标注过程中，不断抽查，检验信度。对于标注过程中存在争议的部分，反复探讨达成一致。在标注结束后，再次抽样检查，确保标注的准确率。

综上所述，本研究所建立的语料库具备以下三个特点。第一，严格控制变量。研究语料来自2016—2021年的中美硕博士生撰写的实验/实证类学位论文英语摘要，避免了研究方法、论文类型、母语背景等变量对研究结果的影响。第二，以国家、学科和学位为标准建立28个子语料库，为开展跨文化、跨学科和跨学位对比研究提供方便，既可以纵向考查中国硕博士阶段学生学位论文英语摘要的写作能力和中介语的跨学位发展情况，或美国硕博士阶段学位论文摘要的跨学位发展特征，也可以横向展开跨文化、跨学科的交叉对比研究。第三，所有的语料都进行了语步构成要素和微观语言形式（包括情态动词、自称语和认知副词）的赋码，并进行了信度检测，保证了研究统计的严谨性和科学性，也为本研究的可复制性提供了可靠的依据。

四、研究工具

本研究采用日本早稻田大学 Laurence Anthony 设计的语料库分析工具 AntConc3.2.0 作为检索和统计工具，用 SPSS 16.0 和 Excel 作为数据分析工具，Excel 作为出图工具。

语言项目在语篇中的出现频率是语言学家公认的一个重要特征。英国心理学家 Ellis（2002）认为，频率是语言习得的关键，因为语言规则源自学习者对语言输入分布特征的分析。语言学家 Leech（2011）指出，凡是涉及学习者语言输入、语言使用和语言评估的研究都应该以频率信息为指导。而言语社区成员在使用特定的词汇、语法形式、句式结构的频率方面十分相似，这种相似不仅仅是使用了什么，还包括使用了多少。因此，对比分析中美硕博学位论文英语摘要中的宏观语步要素和微观语言形式的使用特征，就可以按照其出现频率来统计其分布情况，并借此归纳出使用特征。鉴于28个子语料库的库容量不同，为了使统计数据具有可比性，我们对所观察语料的频数进行了标准化处理，即根据库容和实际频数的多少，按照每一万或十万个词出现某一词汇或短语等语言单位的频数来统计，即万词频或十万词频。标准化前的词汇出现频数用"频数"（occurrences）表示，标准化后的频数用"频率"（frequency）来表示。

由于语境会影响到语步构成要素和微观语言形式的属性，为了确保统计数据的正确率，我们将经过软件 AntConc3.2.0 统计的数据进行人工筛选。根据内容分析法介绍的信度检测方法，本研究的人工筛选分别由三个评判者独立完成，要求他们按照事先确定的分析维度，对 28 个子语料库样本中的相关研究内容进行独立评判分析，然后根据信度测试公式 $R = n + K/[1 + (n-1) + K]$ 进行计算，其中，R 为信度，K 是平均相互同意度，n 是评判者人数。计算后得到的评判信度值均大于 0.90（具体见本书第四章至第七章的内容），因此，本实证研究所采用的统计数据具有可信度。最后，用数据统计分析工具 SPSS 16.0 和 Excel 对 AntConc3.2.0 检索统计和人工筛选后最终确定并核实的数据进行卡方检验和独立样本 t 检验，观察并判断中美硕博士论文英语摘要中宏观语步要素及结构和微观语言形式所呈现出的异同性，探究其中隐含的社会文化、学科特征、培养方案、认知思维等要素（王淑雯，2017：82-83）。

第三节　研究方法

现代语言学的一个鲜明特征是学科的交叉性。本书的实证研究章节均基于语料库研究范式，采用定量研究与定性研究相结合的混合法。

定量研究方法在广义社会语言学里的典型应用是研究语言差异、语言维持和转换、语言态度等方面的问题。其优点在于经济可行、精密准确，易于分析，其信度、效度、可信度等都可以量化，结论有力，令人信服。从本体论的角度看，定量研究认为世界是客观存在的，研究要摆脱主观看法来认识世界；从认识论的角度，定量研究认为真知源于实验，研究就是要确定因果关系，研究结论要具有普遍性和概括性（Bryman，2015；Creswell，2015；陈向明，2000；刘润清，2015）。本实证研究要对 28 个子语料库中的语步构成要素、语步模型、情态动词、自称语和认知副词等进行统计观察，运用形式化的手段，如数字、图形、图表等，了解中美硕博学位论文英语摘要在宏观语篇结构和微观语言形式维度的统计学特征，研究语言现象和事实之间的内在联系，在联系中寻找事实的系统性成因。但是，定量研究关注的是比较单一的数字，牺牲了语料的特殊性和独特性，得到的是更为抽象概括的事物间的相互关系，却无法对这种关系进行深入具体的探究。

　　定性研究认为世界上并不存在绝对客观的事物，任何实验的研究都会受到研究者自身所处的社会文化等因素的影响。从本质上讲，研究者自身就是研究工具的一部分，实际上，他们主观介入了自己所从事的研究，如对于研究对象的选择、变量选择控制、研究设计、取样等。因此，在学术研究过程中，他们不可能做到绝对的客观。这就意味着，在学术研究中，仅仅依靠定量研究，难以揭示语言的复杂性、动态性及不确定性，而定性研究可以弥补定量研究的不足（Flick，2014；Taylor et al.，2016）。定性研究所收集的数据主要是词汇、短语或结构等微观语言形式，而不是数字。这些微观语言形式能直接、具体、生动地说明现象，相较于单一的数字能获得更多的信息和启发，说服力更强。此外，定性研究更注重研究者对研究对象的深度描述和阐释，以了解事件发生的过程和变化轨迹（Bryman，2015；Creswell，2015；陈向明，2000）。其优势在于能够全面反映所调查事物的背景和各方面影响因素，将注意力集中于事物的复杂性、各因素的相互作用以及环境的影响、独特性，可以进行差异对比。相较于定量研究，定性研究强调的是真实性和可信度，而不是普遍性和推广性（Denscombe，2014）。定性研究的局限性在于研究样本较小，不具备普遍性。本书的实证研究部分采用定性研究是基于以下考虑：首先，语言和其他行为是相互依存的，不能孤立地研究语言。其次，本研究是跨文化、跨学科和跨学位对比分析，需要对存在于这三个方面的同质性和异质性特征做出更为具体的描述、阐释和解读。再次，语言理论有可能从自然语料调查和对语言功能的分析中得到提炼、深究、完善、验证。

　　因而，本研究采用兼具定量研究和定性研究的混合法，可以将两种研究方法进行优势互补。定量分析依靠的数据处理起来比较方便，统计结果具有普遍性规律，但无法从微观视域对词语或语言进行具体分析。定性分析依赖的是语言形式，但语言比数字复杂，且一词多义，对语境依赖较大。混合法能够较好地扬其长避其短，定量研究与定性研究相辅相成，互相补充，从不同的角度探究同一语言现象，相互引证，由表及里，深入事物的本质，使观察更为全面深入，提高观察的信度和效度，有助于我们更加全面、深刻地认知世界。

　　综上所述，我们认为，基于语料库研究范式提供的大量真实自然的语料，采用定量研究和定性研究相结合的混合法对中美硕博学位论文英语摘要展开跨文化、跨学科和跨学位对比研究，有助于提高研究结果的信度和效度。

第四节　小结

本章重点介绍了研究设计，包括研究内容、语料库建设、研究工具和研究方法等。为了提高研究结果的效度，我们采用了语料库研究范式，将定量研究与定性研究相结合的混合法。随着计算机和网络技术的发展，语料库以大规模真实语料检索和数据驱动等优势，逐渐成为目前人文社会科学研究的主要研究范式。依据较大库容的语料库所提供的翔实、自然、真实的证据，研究者关于语言的本质、构成、意义、功能等领域的研究摆脱了依赖直觉和主观臆断的分析模式，开启了基于大数据的客观统计以及科学而全面的描述和阐释。本研究所建立的28个子库的库容量比较大（高达1561799个形符），为今后开展更大规模基于外语学习者和母语学习者的跨文化、跨学科和跨学位等维度的对比研究提供了理论和方法论上的启示，具有较为广阔的应用前景。

为了更加全面深入地探究中美硕博学位论文英语摘要的宏观语步结构和微观语言形式在跨文化、跨学科和跨学位等维度的同质性和异质性特征，本研究采用了定量研究和定性研究相结合的混合法。借助计算机对数据的超强处理能力，基于数据的客观判断或推测，对大批量自然语言的数据进行归纳和高度概括，从中发现统计学特点和使用规律，从特殊到一般，倾向于演绎，使定量研究结果更为精确可靠；通过对具体的宏观语步结构和微观语言现象进行充分性解释，揭示其背后所隐含的社会、文化、认知等本质，从一般到特殊，深入现象的本质，侧重于归纳，使定性研究结果更具说服力。

参考文献

BRYMAN A, 2015. Social Research Methods ［M］. 5th ed. Oxford：Oxford University Press.

CRESWELL J W, 2015. Educational research：Planning, conducting, and evaluating quantitative and qualitative research ［M］. 4th ed. Boston：Pearson.

DENSCOMBE M, 2014. The good research guide：For small－scale social research projects ［M］. 5th ed. England：Open University Press.

ELLIS N, 2002. Frequency effects in language processing：A review with implications for theories of implicit and explicit language acquisition ［J］. Studies in second language acquisition, 24 (2)：143－188.

FLICK U, 2014. An introduction to qualitative research ［M］. 5th ed. London：Sage.

HAMMERSLEY M, ATKINSON P, 2007. Ethnography：Principles in practice ［M］. 3rd ed.

New York: Routledge.

HYLAND K, CHAU M H, HANDFORD M, 2012. Corpus applications inapplied linguistics [M]. London: Continuum.

LEECH G, 2011. Why frequency can no longer be ignored in ELT? [J]. Foreign language teaching and research, 43 (1): 3-20.

NIGLAS K, 2010. The multidimensional model of research methodology: An integrated set of continua [C] //TASHAKKORI A M, TEDDLIE C B (eds.). Sage handbook of mixed methods in social & behavioral research. 2nd ed. Thousand Oaks: Sage, 215-236.

TAYLOR S J, ROGDAN R, DEVAULT L, 2016. Introduction to qualitative research methods: a guidebook and resource [M]. 4th ed. New Jersey: Wiley.

VAN MAANEN J, DABBS J M, FAULKNER R R, 1982. Varieties of qualitative research [M]. Beverly Hills: Sage.

陈向明, 2000. 质的研究方法与社会科学研究 [M]. 北京: 教育科学出版社.

桂诗春, 宁春岩, 1997. 语言学研究方法 [J]. 外语教学与研究 (3): 14-20, 80.

刘润清, 2015. 外语教学中的科研方法 (修订版) [M]. 北京: 外语教学与研究出版社.

王淑雯, 2016. 中美硕士论文的言据性研究 [J]. 当代外语研究 (2): 21-27.

王淑雯, 2017. 中美语言学硕博学位论文的言据性对比研究 [M]. 北京: 中国水利水电出版社.

王淑雯, 常志怡, 2020. 实验型硕博士学位论文英语摘要的语步研究——以石油天然气工程类论文为例 [J]. 西南石油大学学报 (社会科学版) (4): 103-111.

王淑雯, 何晟, 2018. 中美学者英语研究论文的语境文化特征对比研究——以石油天然气实验研究论文为例 [J]. 外语界 (1): 88-96.

王淑雯, 何晟, 2021. 英语石油科技论文写作 [M]. 青岛: 中国石油大学出版社.

第四章 中美硕博学位论文摘要的宏观语步结构对比研究

第一节 引言

语步（Move）是一个语言学概念，由 Swales（1981）最早用于语类研究，是"书面话语或口语话语中实现连贯交际功能的一个语篇或修辞单位"（a discoursal or rhetorical unit that performs a coherent communicative function in a written or spoken discourse）（Swales，2004：228），也是作者/说话者用来实现语篇内部某一特定目的而采用的语篇单位（Henry & Roseberry，1998）。一个语步可以是一个或多个传递相似或相同交际信息的句子（Swales，1990），"是功能单位，而非形式单位"（It is a functional, not a formal, unit.）（Swales，2004：229）。属于同一语类的语篇通常会呈现相同或相似的内部结构——语步构成要素及语步模式。作为一种特殊的语类，硕博学位论文摘要有其特定的内部结构。通过分析同一语类的多个语篇，就可以总结出该语类的原型结构。因此，作为学术语类研究主流研究方法的语步分析（move analysis）（Swales，1981），旨在通过分析语篇结构，发现语类是如何通过语步和步骤被组织起来并实现特定交际目的（Bhatia，1993）的。语步分析法被认为是"ESP 领域至今最具影响力的语言使用分析方法"（the most influential approach to the analysis of language use in ESP to date）（Basturkmen，2010：44）。Swales（2019）指出未来的学术英语语步分析可以更多地关注句法和措辞，提高学生论文的流畅度。邓鹂鸣和周韵（2020）对 2007 年至 2016 年间的国际权威期刊论文进行可视化分析，认为"现有学术语篇研究范围有待拓展，尤应增加有关硕博士论文的体裁研究"（邓鹂鸣、周韵，2020：57）。

本章将在全面评述国内外语步研究成果的基础上，采用语料库研究范式，将定量研究与定性研究相结合，自建中美石油天然气工程（仅有中国）、化学工程与技术、语言学（中国语料选取外国语言学及应用语言学）和教育学等硕博学位论文英语摘要语料库，采用语步分析法，从跨文化、跨学科和跨学位等三个维度就中美硕博学位论文英语摘要的语步构成要素和语步模型展开对比研究，以期为培养和提高中国硕博士生的学术英语写作能力，突破学术写作瓶颈提供借鉴。

第二节　文献综述

一、语步的概念界定

学术话语类的整体交际目标是通过一系列组成部分，由规约性的表述结构与序列得以达成的。为了进一步明晰这一序列，一些学者从语言学视阈出发，提出了"语步和步骤"（move and step）概念（Swales, 1990; Bhatia, 1993; Nwogu, 1991、1997; Santos & Hyland, 1996; Dudley-Evans & St. John, 1998; Swales & Feak, 2010; 等等）。

语步概念最早是由 Swales 于 1981 年提出的。他将其界定为"实现连贯交际功能的一个语篇或修辞单位"（a discoursal or rhetorical unit that performs a coherent communicative function）（Swales, 2004: 228）。一个"语步"可以是一个或多个传递相似或相同交际信息的句子（Swales, 1990）。Nwogu（1991: 114）基于实现语步的语言特征，将语步界定为"一个由一些语言特征（如词汇意义、命题意义、言外行为等）组成的语篇片段。这些语言特征使得语篇片段具有了一致的语言定位，共同传递语篇内容。每一个语步都包含许多成分或子语步，这些子语步通过可以识别的方式共同传递语步信息。尽管部分语步及其许多成分需由上下文推测确定，但大部分还是取决于语篇中的语言线索"[By the term "move" is meant a text segment made up of a bundle of linguistic features (lexical meanings, propositional meanings, illocutionary forces, etc.) which gave the segment a uniform orientation and signal the content of discourse in it. Each "move" is taken to embody a number of "constituent elements" or submoves which combine to constitute information in the move. Moves and their constituent elements are determined partly by inferencing from context, but mostly by reference to linguistic clues in the discourse]。这就意味着，显性的语言线索是识别语步的重要方式，每个语步都能体现出相同交际功能的语言特征（Nwogu, 1997）。

Dudley-Evans 和 St. John（1998）则认为语步主要是一个功能性概念，用以联系作者交际意图与表达内容。不同功能的语步构成了完整的语篇结构。Swales 和 Feak（2010）认同 Dudley-Evan 和 St. John（1998）的观点，并进一步完善了语步概念，指出语步是一组完成特殊任务的文字，是一个功能性概念，而不是语法概念。语步的长度不同，可以是一个短语，也可以是一个段落。因此，每一个语步都可以从语篇功能和语境出发，通过语篇中的语言线索予以辨认。而且，特定的话语社团内部的语步具有高度相似性和稳定性。所以，交际目的相对一致的语类通常都拥有相对一致或相似的语步结构。"步骤"是语步功能的具体体现，呈现了作者凸显语步信息的选择。每个"语步"既可以由一个或多个"步骤"来实现，也可以不借助"步骤"完成。

二、语步分析法

交际目的相对一致的语类通常会拥有相对一致或相似的宏观结构和语言特征，掌握宏观结构有助于学习者理解特定语篇并提高写作质量（Kintsch & van Dijk，1978）。语步分析旨在通过分析语篇结构，发现语类是如何通过语步和步骤被组织起来并实现特定交际目的的（Bhatia，1993）。了解并掌握特定语类的语篇组织结构既能够极大促进作者写作时的篇章组织能力，又可提高读者阅读时对语篇连贯的整体把握（Swales，1990）。因此，语步分析法被认为是"至今 ESP 领域最具影响力的语言使用分析方法"（Basturkmen，2010：44）。

首位利用语步分析法建构语步模式的是 Swales（1981）。他通过对48篇英语学术期刊论文摘要部分的宏观结构分析，提出了 IMRD 四语步模式，即"介绍目的"（Introduction）→"描述方法"（Method）→"陈述结果"（Results）→"讨论结果"（Discussion）（Swales，1981）。随后，Swales（1990）在对110篇来自不同学科领域的学术期刊论文"引言"部分展开细致分析后，发现这类语类的目的是确定某项研究在某一特定领域的意义，弥补该领域相关研究的不足，其修辞结构体现了建立这一研究空间的需求。他称这种宏观结构为"沙漏"型（Swales，1990），并称之为"创建研究空间"（CARS：Creating A Research Space），据此提出了引言部分的语步模型——CARS 模式，共3个语步，11个步骤，每一个语步包括不同的步骤（Swales，1990）（详见表4-1）。

表 4-1　CARS 模式（Swales, 1990）

Move（语步）	Step（步骤）
Move 1　Establishing a territory （语步 1　建立研究领域）	Step 1　Claiming centrality （步骤 1　确立中心议题）
	Step 2　Making topic generalization（s） （步骤 2　概括主题）
	Step 3　Reviewing items of previous research （步骤 3　回顾已有研究成果）
Move 2　Establish a niche （语步 2　建构研究空间）	Step 1　Counter-claiming （步骤 1　反驳已有观点）
	Step 2　Indicating a gap （步骤 2　指出研究差距）
	Step 3　Question-raising （步骤 3　提出研究问题）
	Step 4　Continuing a tradition （步骤 4　继承前人/期研究）
Move 3　Occupying the niche （语步 3　填补研究空间）	Step 1　Outlining purposes （步骤 1　概述研究目的）
	Step 2　Announcing present research （步骤 2　报告当前研究状况）
	Step 3　Announcing principle findings （步骤 3　报告主要研究结果）
	Step 4　Indicating RA structure （步骤 4　介绍论文结构）

表 4-1 展示了如何通过分析同一语类的多个语篇，发现该语类语篇的语步结构以及语步的语言特征。在这种层级结构（hierarchical structure）中，语步通常由下一级单位"步骤"或"子语步"构成。不同的"语步"按照一定顺序实现整个语篇的功能和目的，不同的"步骤"则体现了实现语步功能的具体修辞手段。这种语步分析法不仅可使我们在宏观上了解作者如何根据自己的交际意图来组织语篇，而且还可以在微观上展示语篇各组成部分之间的相互联系。Swales 的这一研究成果为学术语类的宏观语步结构研究奠定了良好的方法论基础。自此，学术话语研究从传统单纯关注词汇语法特征转向了同时研究修辞结构及其语言实现方式（Tardy, 2011）。

国内外诸多学者利用语步分析法对学术语篇展开了语步模型的建构研究，包括论文的整体组织结构（Nwogu，1997；Stotesbury，2003；Yang & Allison，2004；Li & Ge，2009；Basturkmen，2012；Kanoksilapatham，2015；Ye，2019；等等）、引言部分（Swales & Najjar，1987；Dudley－Evans & Henderson，1990；Swales，1990、2004；Bunton，2002；Samraj，2002、2005；Lim，2006；Ozturk，2007；Hirano，2009；郑新民、景飞龙，2017；等等）、文献综述部分（Kwan，2006；Rdidley，2008；Thompson，2009；等等）、研究方法部分（Lim，2006）、讨论部分（Holmes，1997；Hopkins & Dudley－Evans，1998；Yang et al.，2003；Skelton & Edwards，2000；等等）、结果部分（Thompson，1993；Brett，1994；等等）、结论部分（Yang & Alison，2003；Basdturkmen，2009；郑新民、景飞龙，2017；等等）、致谢语部分（Giannoni，2003；Hyland，2004；姜亚军、赵明炜，2008；宋华，2017）、摘要部分（Swales，1981；Santos & Hyland，1996；Melander et al.，1997；Huckin，2001；Stotesbury，2003；Hyland，2004；Lorés－Sanz，2004；Samraj，2005；Cross & Oppenheim，2006；Tseng，2011；Chalak & Norouzi，2013；Hatzitheodorous，2014；Abarghooeinezhad & Simin，2015；Kanoksilapatham，2015；Tanko，2017；史利红、董瑾，2011；叶云屏、柳君丽，2013；俞碧芳，2016；赵永青等，2019；等等），语料涵盖语言学、动物学、生物医学、文学、科学技术、经济学与商学、社会科学、计算机科学、生物化学、教育学、视觉与行为艺术学、材料工程等学科领域。

还有一些学者利用语步分析法展开了跨文化研究（如 Giannoni，2003；Duncan，2008；Hirano，2009；Alharbi & Swales，2011；Sheldon，2011；Adel，2014；Diani，2014；葛冬梅、杨瑞英，2005；康勤、孙萍，2012；肖忠华、曹雁，2014；赵永青等，2018；王淑雯、常志怡，2020；杨玉婷、李志君，2020；等等）、跨语言研究（Loi，2010；Sheldon，2011；等等）、跨语类研究〔硕博士论文之间的对比，如 Hyland（2004），王淑雯、常志怡（2020）；学位论文引言部分与学术期刊引言部分的对比，如 Samraj（2008）；期刊论文与硕士学位论文的结果部分的对比，如 Hopkins & Dudley－Evans（1998）；期刊论文与硕士论文的结果与讨论部分的对比，如 Basdturkmen（2009）；国际核心期刊论文与硕士学位论文的摘要部分的对比，如于强福（2022）；等等〕、跨学科研究（Bhatia，1993；Holmes，1997；Martin，2003；Yang & Allison，2004；Pho，2008；Samraj，2008；Lin & Evans，2012；Kanoksilapatham，2015；葛冬梅、杨瑞英，2005；叶云屏、柳君丽，2013；等等）、同一学科论文不同部分的对比研究［引言与讨论部分的语步模式对比，如 Dudley－Evans（1986）；摘要部分与引言部分的语步模式对比，Samraj（2005）；引言部分与结论部分的语步模式对比，Lin & Evans（2012）］、历时变化研究（Cross & Oppenheim，2006；Li & Ge，2009；等等）。

研究表明，语步分析法是学术语类的主流研究方法，不仅可以让我们从宏观结构上了解作者如何在语篇组织上实现自己的交际意图和修辞目的，而且还在微观层面上显示了语篇各个组成部分之间的关联，体现了语篇社团的常规特征。语步模式可以帮助学术新手尽快掌握学术论文的语篇结构以及实现每个修辞功能的语言手段。然而，语步构成要素和语步模式因文化因素、学科因素、研究类型、论文各个部分以及子语类因素等的影响而呈现出同质性和异质性特征共存的现象。

三、摘要的语步研究

摘要是论文全文的"浓缩体裁"，在内容和结构上对正文语篇具有预示作用（Swales，1990）。为实现特定的交际目的，摘要成为一个步骤性、规约性很强的语类，其语步或步骤都有着独立且完整的交际功能。目前，国内外对研究论文摘要部分的语步研究有三类——期刊论文摘要的语步研究、学位论文摘要的语步研究以及期刊论文摘要与学位论文摘要之间的跨语类对比研究。

（一）期刊论文摘要的语步研究

期刊论文摘要的语步研究主要涉及单一学科语步模式研究、跨文化或跨语言语步模式对比研究以及跨学科语步模式对比研究等三个方面。

第一，国内外学者以不同的单一学科期刊论文摘要为研究对象，建构了多种语步模式。例如，首先提出摘要语步模式的学者 Swales（1981）认为摘要的语步结构反映了语篇的组织结构，应与论文的整体结构保持一致，即 IMRD（Introduction－Methods－Results－Discussion，引言—方法—结果—讨论）模式。然而，Graete（1985）以 41 篇期刊论文摘要为研究对象，在分析语篇结构和语言特征的基础上建构了 PMRC 四语步模式（Problem－Method－Result－Conclusion，问题—方法—结果—结论）。不过，他的研究样本数量较小，且没有科学取样，其信度和效度也受到质疑。随后，Bhatia（1993）修正了 Swales（1981）提出的 IMRD 模式，建构了期刊论文摘要的 IMRC 模式（Introduction－Method－Result－Conclusion，引言—方法—结果—结论）。Lorés－Sanz（2004）对应用语言学和语用学期刊论文的调查发现，语言学领域的摘要表现出 IMRD 和 CARS 兼有的特征。这表明同一学科领域的次学科学术论文摘要的语步模式呈现趋同性特征。Salager-Meyer（1992）和 Nwogu（1997）都以医学论文摘要为研究对象，建构了与 Graete（1985）提出的 PMRC 语步模式相似的 PMRD 四语步模式（Purpose-Method-Result-Discussion，目的—方法—结果—讨论），其中的目的语步与 Swales（1981）及 Bhatia（1993）所提出的引言语步的功能相似。Santos 和 Hyland（1996）、Dahl（2000）、Hyland（2004、2006）、Swales（2004）以及 Swales 和 Feak（2010）在 Bhatia（1993）建构的 IMRC 四语步模式基础上增加了一个语步（即 purpose，目的语步）。例如，Santos 和 Hyland（1996）以 94 篇应用语言学论文为语料，建构了语言学实证研究论文摘要的 IPMPC 五语步模式（Introduction-Purpose-Method-Product-Conclusion）（其中，Product 即 Result），并指出语步 2（Purpose）、语步 3（Method）和语步 4（Product）的出现频率在 80% 以上，是必选语步，而语步 1（Introduction）和语步 5（Conclusion）的出现频率分别是 43% 和 53%，是可选语步。随后，Swales（2004）以语言学期刊论文摘要为研究对象，验证了 Santos 和 Hyland（1996）建构的 IPMRC 五语步模式。Swales 和 Feak（2010）进而再次验证了该模式的科学性和普遍性。但是，按照 Hyland（2000）的分类标准，语步 1 和语步 5 并非稳定的、具有普适性的摘要语步结构，严格来说，他们所建构的应该是 PMP 三语步模式；而如果依据 Lim（2014：70）的分类标准，出现频率大于 50% 的语步是"（准）必要"语步，小于 50% 的则是"选择性"语步，那么他们所建构的实际上是 Graete（1985）所提出的 PMRC 四语步模式。Pho（2008）以及 Chalak 和 Norouzi（2013）对语言学期刊论文摘要的研究也发现，IPMPC 模式中的 Purpose、Method 和 Product 语步是必选语步。Anderson 和 Maclean（1997）对医学论文摘要的研究则发现，语步 1（Introduction）是可选语步。然而，Huckin（2001）对 90 篇生物医学期刊论文摘要的研究发现，IPMPC 五语步模式中的语步 3（Method）、语步 4（Product）和语步 5（Conclusion）的出现频率高于 50%（分别是 63%、88% 和 78%），比较稳定，是准必要语步；但语步 2（Purpose）的频率仅有 22%，属于非必要语步。Cross 和 Oppenheim（2006）对动物学论文摘要的研究却发现，IPMPC 模式中的语步 1（出现频率是 33%）是非必要语步，语步 2（出现频率是 66%）是准必要语步，语步 3 和语步 4（出现频率均为 100%）是必选语步。这些研究表明，单一学科的语步模式呈现出多样性特征，但同质性大于异质性，其异质性特征也许受到了期刊对稿件要求（如摘要字数限制、摘要格式等）的影响，或者是子学科、研究方法、论文类型等因素的影响，以及研究者所选取的研究样本大小的影响。

还有一些学者也建构了不同的期刊论文摘要语步模式，如 Samraj（2002）提出 IMF 三语步模式（Introduction - Method - Finding，引言—方法—结果）。在文学领域，Stotesbury（2003）提出了三语步模式（topic - argument - conclusion，主题—论证—结论）。Tanko（2017）以 4 种国际知名文学期刊的 135 篇摘要为研究对象，提炼出了八语步模式（background - purpose - method - outcome - topic - conclusion - niche - implication，背景—目的—方法—结果—主题—结论—研究不足—研究启示），并指出，背景、目的、方法和结果语步的出现频率在 50% 以上，是稳定语步（stable move），即准必要语步。赵永青等（2019）选取了 8 个文学类国际学术影响力较大期刊的 291 篇摘要为研究对象，建构了四语步模式（background - purpose - conclusion - implication，研究背景—研究目的—研究结论—研究启示），并指出研究内容和研究结论这两个语步的出现频率较高（分别是 38.3% 和 43.4%），传递了摘要部分的重要信息，而研究背景语步和研究价值语步的出现频率都非常低（仅 12.7% 和 5.6%），属于选择性语步。但他们所汇报的语步出现频率数据显示，这四个语步的出现频率都没有超过 50%，依据 Hyland（2009）或者 Lim（2014：70）的分类标准，都属于可选/选择性语步，无法代表比较稳定的、具有普适性的宏观语步结构。由此可见，文学类期刊摘要并没有形成典型或相对统一的语步结构，这可能是因为相关研究并没有限定论文类型。概而言之，即使是单一学科期刊论文的摘要在语步模式上也呈现出多元性和复杂性特征，完全不同的学科领域期刊论文摘要可能会呈现相同或相似的语步模式，且同质性大于异质性，而相关学科间却可能会呈现不同的语步模式。

第二，一些学者对期刊论文摘要的语步模式展开了跨语言或跨文化对比研究。其中，跨语言对比研究包括英语与西班牙语论文摘要（Martin，2003；Lorés - Sanz，2016）、英语与阿拉伯语论文摘要（Alharbi & Swales，2011）、英语与土耳其语论文摘要（Çandarlı，2012）、英语与意大利语论文摘要（Diani，2014）、英语与汉语论文摘要（鞠玉梅，2004；葛冬梅、杨瑞英，2005；杨玉婷、李志君，2020）。这些研究都发现，语言对于摘要的语步模式产生了一定程度的影响，但整体而言还是顺应英语国际期刊论文摘要的常规结构，仅在个别语步的使用频率上出现差异，这可能是本族语和非本族语学科团队成员之间的期待不同所致（Martin，2003）。在跨文化对比研究中，史利红和董瑾

(2011)对比分析了中外计算机领域各 100 篇学术期刊论文摘要的宏观语步结构，发现国际期刊论文摘要的整体结构呈多样化趋势，且更多地使用讨论语步。

第三，一些学者则从跨学科维度对期刊论文摘要的语步模式展开比较研究，旨在探讨不同学科领域期刊论文摘要结构特点的异同。例如，Hyland (2000) 以 8 个学科 (包括硬科学和软科学)、共 800 篇期刊论文摘要为研究对象，建构了 IPMRC 五语步模式 (Introduction – Purpose – Method – Result – Conclusion)，并指出 94% 的摘要都有结果 (Result) 语步，体现了摘要的推销 (promotion) 功能。该模式的科学性、合理性和普遍性也得到了其他学者所开展的跨学科研究的印证，例如，Pho (2008) 对比了应用语言学与教育技术学科，Cavalieri (2014) 对应用语言学与医学学科进行了对比研究，Hatzitheodorou (2014) 比较了法律与商务学科，Saeeaw & Tangkiengsirisin (2014) 选择了应用语言学、教育技术和环境科学作为比较对象，康勤和孙萍 (2012) 比较了语言学、医学和计算机学科。不过，康勤和孙萍 (2012) 还发现，语言学与医学、语言学与计算机科学在摘要的宏观结构上没有明显差异，但医学与计算机科学之间的差异明显。但是，Hanidar (2016) 以多个学科实证研究论文摘要为研究对象，将 IPMRC 五语步模式调整为四语步模式：Scope – Process – Result – Discussion (研究范围—研究过程—研究结果—研究讨论)。其中，Scope 就是 Introduction，可以包括 background 和 purpose。葛冬梅和杨瑞英 (2005) 对比了电气与电子工程、金融学和外科医学领域的英语期刊论文摘要的语步结构特征后，也提出了 ITMRD 五语步修订模式，即：引言—主题—方法—结果—讨论 (Introduction – Topic – Method – Result – Discussion)。曹忠芹 (2017) 对比了语言学和医学领域的 SSCI 和 SCI 期刊摘要后，将语步模型调整为"背景—引言—方法—结果—结论"，即 BIMRC 五语步模式。这些研究表明，学科类型对于期刊论文摘要的语步模式有一定的影响，但学科差异性并不明显。此外，大部分相关研究并没有限定研究对象的研究类型，如思辨研究、实验研究、实证研究、理论研究、综述研究、书评等，只有 Hanida (2016) 将研究对象限定为实证研究，但他所建构的 SPRD 四语步模式是否也适用于学位论文摘要有待进一步验证。

综上所述，摘要因同属于学术期刊论文这一宏观语类因而具有一定的同质性，又因学科特性、语言背景、文化背景、研究实践、研究类型、语料来源、库容大小等的不同而表现出动态变化性 (Swales, 1990; Berkenkotter & Huckin, 1995)，具有不稳定性和多样性。但整体看，语步模式受语言文化和学科领域的影响较小，其同质性特征大于异质性特征。

（二）学位论文摘要的语步研究

关于学位论文摘要语步模式建构研究的成果并不多。国内学者叶云屏、柳君丽（2013）以2007—2009年"ProQuest欧美博硕士学位论文数据库"中的科学技术、经济学与商学、社会科学三大学科共300篇博士学位论文摘要为研究对象，展开跨学科对比研究，建构了博士学位论文摘要的七语步模型——"引言—目的—方法—结构—结果—结论—评价"，并指出，三组博士学位论文摘要的宏观结构具有较大相似性，且均以引言、目的、方法语步使用频率最高。但从她们的数据统计中可以看出，有些语步是非必要语步，如科学技术领域的结论语步（仅5%），经济学与商学领域的评价语步（仅12%）。此外，她们并未考虑研究对象的母语背景以及研究类型（如理论型、综述型、实验型、描述型、实证型）。因此，该七语步模型的有效性和稳定性值得商榷。俞碧芳（2016）采用叶和柳（2013）的语步模型，同样选取"ProQuest欧美博硕士学位论文数据库"（2010—2014年）中400篇语言学、计算机科学、医学和经济学等四学科的博士学位论文摘要进行跨学科对比分析，发现样本的宏观结构同样具有较大的相似性，不过在语步出现顺序和频率方面表现出显著性差异。俞碧芳还汇报了循环语步和逆序语步这两种非常规语步模式。然而，其统计数据同样显示出有些语步为非必要语步，如计算机科学领域的结论语步（仅3%）、经济学的评价语步（16%）和医学的结构语步（21%）。这就意味着，其建构的七语步模式在这四个学科中并不具备普适性和稳定性。王淑雯和常志怡（2020）开展的是跨学位和跨文化对比研究，她们先以200篇我国石油天然气工程专业的实验型硕博学位论文英语摘要为研究对象，发现其构成要素基本一致，没有受到学位差异的影响，均呈现出"引言—目的—方法—结果—结论"的五语步模式，且每个语步都是（准）必要语步，具有较强的稳定性。她们认为，相同的研究类型、社会文化和学科领域可能使语篇具有相同或相似的语步模式；随后，她们将自己建构的五语步模式与叶云屏和柳君丽（2013）就美国博士学位论文摘要所建构七语步模式进行跨文化对比，发现两者的异同性，并指出文化差异以及研究对象的研究类型可能是产生中美（硕）博士学位论文摘要语步模式差异性的重要因素。

综上所述，国内学者对中西方学位论文英语摘要的研究表明，学科差异和语言文化背景对于学位论文摘要部分语步模式的影响较小，国内外硕博生都基本掌握了摘要的规范要求和功能，采用了相同或相似的语步结构，以实现共同的交际目的。

(三) 期刊论文摘要与学位论文摘要之间的跨语类对比研究

El-Dakhs（2018）从语类学视域对比分析了博士学位论文摘要与期刊论文摘要之间的差异性。于强福（2022）随机选取了 2019—2020 年 60 篇西安理工大学材料学科硕士学位论文的英语摘要和 60 篇材料学科领域国际期刊 Advanced Materials 的英语摘要为研究对象，展开跨语类对比研究。他沿用葛冬梅和杨瑞英（2005）建构的 ITMRD 五语步模式，发现国际期刊论文英文摘要语步结构完整，基本上都采用了 ITMRD 模式，且语步循环和语步逆序现象都很少；但我国材料学科硕士学位论文英文摘要中的语步缺失情况比较严重，摘要结构不完整，所缺语步主要为讨论（D）语步，即缺少对研究结果的讨论，且语步循环和语步逆序现象严重，给读者造成阅读障碍。然而，俞碧芳（2016：35）指出，语步循环可以将复杂的实验步骤表述得清晰明确，突出研究者需要重视的工作，明确研究成果。此外，黑玉琴和黑玉芬（2012）认为，整齐划一的语篇类型划分可以作为语类研究的出发点，而现实中的语篇要复杂得多，学术语篇语步构建具有一定的灵活性和变异性。Hyland（2000）认为，必选语步和可选语步反映的都是学科领域内成员对摘要中突显何种信息的侧重。

综上所述，目前国内外学界对同一或单一学科学术论文摘要语步特征的研究较多，从跨学科和跨文化维度探讨摘要语步特征的系统性对比研究成果较少；对期刊论文摘要的语步研究成果较多，而学位论文摘要的相关成果较少，尤其是从跨学科、跨文化和跨学位维度深入探究中美硕博学位论文英语摘要所呈现的语步特征的研究比较匮乏；用大样本、语料库方法综合研究摘要语步模式的研究较少；大部分研究都没有提及对语料研究类型的甄选，只是从期刊或硕博士学位库中筛选了研究对象，这可能会影响研究结果的信度和效度（Lin & Evans，2012；Yang & Allison，2004）。因此，本章第四节和第五节的实证研究将采用语料库研究范式，通过对中美实验型/实证型硕博学位论文英语摘要中的语步和步骤的识别与统计，探究不同学科、不同语言文化背景、不同学位对学位论文摘要语步特征的影响程度及其背后隐含的学科、社会、文化和认知因素。

第三节 语步和步骤的识别与统计

语步和步骤（即构成要素）是学术话语语类分析的出发点，步骤是语步的次级结构，一个语步可能由多个要素实现（Swales，1990）。

语步分析法的关键是语步和步骤的识别。一些学者（Crookes，1986；Holmes，1997；Cross & Oppenheim，2006；Ozturk，2007）认为可以将句子作为识别单位，如果一个句子包含两个语步或步骤，就统计功能最凸显的那个。

Nwogu（1997：123-124）提出了语步识别的五个步骤：①聚焦语篇中的命题，识别重要信息（Focusing on the propositions in the texts and identifying important information）；②寻找语言线索，如功能词、显性词汇、动词形式、衔接词、话语标记词、语篇结构、子标题、总结性句子等（Searching for linguistic clues such as function words, explicit lexemes and expressions, verb forms, discourse conjuncts and markers, structural headings and subheadings, summary statements, etc.）；③根据语言特征划分阐释语境（Classifying and paraphrasing the context of discourse based on the linguistic clues）；④对语篇片段及片段中的成分赋予功能（Assigning discourse functions to the overall information in segments of text as well as constituent elements of information in the segments）；⑤观察每一个功能是否出现在所有语料中，借此判断该功能是否具有普遍性（Establishing whether or not the function identified is general one by reference to other texts in the corpus）。

目前学界常用的语步和步骤识别方式有两种。一种是"自下而上"的方式，即借助语言线索（Dudley-Evans，1994）和语境（Nwogu，1997）来判断确定。大部分情况下，语言线索足以识别语步和步骤；在语言线索缺失时，则需要借助语境和对语篇的理解来确定语步和步骤。另一种是"自上而下"的方式，即基于已有的语步模型，如 CARS、IMF、IMRC、IPMRC、PMRC、PMRD 等，予以验证或修正。

我们采用第二种方式界定语步和步骤，主要参考了叶云屏和柳君丽（2013）提出的七语步模型，结合研究样本以及前人建构的期刊论文摘要语步模式（Graetz，1985；Santos & Hyland，1996；Nwogu，1997；Samraj，2002；Martin，2003；Lorés-Sanz，2004；Swales，2004；Swales & Feak，2010）对各语步及其构成要素（即步骤）进行适当修正。具体信息包括：

1) 引言语步聚焦研究背景，涉及研究领域、中心议题、研究意义、研究差距等步骤。

例1　At present, associated gas recovery technologies in Changqing Oilfield are mainly practical engineering applications **but lack** theoretical supports.（CPGEEMA－13）（注：这是自建中国石油工程硕博学位论文英语摘要语料库中的语料编号，"CPGEEMA"指硕士，"CPGEEDA"指博士；所有语言错误均予以保留。下同）（研究差距）

例2　At present, how to increase the yield of shale oil is still the **main focus**.（CPGEEDA－37）（研究领域）

2) 目的语步旨在表明作者意图，主要包括研究思路、技术设想、研究目的、研究问题、研究重点、研究假设、理论模型等步骤。

例3　This paper **aims at** gas injection and flooding of the fault block 44 of Liuxi Oilfield.（CPGEEMA－29）（研究目的）

例4　In this paper, the change of chemical structure of oil sands during pyrolysis **was studied** by means of modern instrumental analysis...（CPGEEDA－85）（研究问题）

3) 方法语步介绍如何开展研究，主要包括实验设计、数据采集、理论基础、研究方法、样品来源、实验过程等步骤。

例5　The subject chose the density **method** to achieve online real－time measurement of moisture content of crude oil.（CPGEEMA－12）（研究方法）

例6　The pyrolysis experiments on **the oil sands from Kazakhstan** were carried out in a **batch reactor**.（CPGEEDA－97）（样品来源，实验设备）

4) 结构语步主要是勾勒论文框架。

例7　The main works and results are **as follows**...（CPGEEMA－37）

5) 结果语步呈现最重要的结果或发现，如展示数据、分析数据、解决途径等步骤。

例8　When the temperature reached **500℃**, the condensation reaction was completely **dominated** in the pyrolysis process.（CPGEEDA－17）（展示并分析数据）

6）结论语步则是对研究结果的解释、推断或建议。

例 9　From the analysis of FT‐IR spectrum for asphaltene, **it could be seen that** the ultrasound irradiation **could destroy** the molecular structure of asphaltene, ...（CPGEEDA‐47）（研究推断）

7）评价语步强调成果创新意义、应用价值、应用前景或研究局限性。

例 10　Due to its lower sintering temperature（800℃）, the manufacturing cost of the drill bit can be saved, so the pre‐alloyed diamond‐impregnated diamond drill bits **have broad prospects in the future**.（CPGEEMA‐20）（应用前景）

例 11　The work here **enriches** the relevant theories of unstable percolation, and **provides** a certain of theoretical guidance for reasonable and efficient development of tight gas reservoirs.（CPGEEDA‐39）（成果意义）

语篇中某个语步有可能会多次出现，但仅统计为一次（Nwogu, 1997; Kanoksilapatham, 2015; Tessuto, 2015; Ye, 2019）。步骤亦照此统计。

语步在摘要中出现的频率可被分为"必要性语步（obligatory, 出现频率为100%）""准必要性/非常稳定性语步（quasi‐obligatory/largely stable, 出现频率为51%～99%）"和"选择性语步（optional, 出现频率小于50%）"等三种类型（Lim, 2014：70）。本研究将出现频率大于50%的语步或构成要素视为比较稳定的、具有普适性的宏观结构特征，以建构中美实验/实证型硕博学位论文英语摘要的语步模型。

确定语步和步骤的语言识别特征后，我们利用 UAM Corpus Tool 2.8.12 进行标注，然后用 AntConc3.2.1w 提取数据，最后用 SPSS 17.0 和 Excel 呈现数据。为确保语步和构成要素的属性和出现频率的准确性，本研究采用三人交叉与多次评定相结合，要求三个评判者根据事先确定的语步和构成要素的界定条件，独立评判，然后用信度测试公式 $R = n + K/[1 + (n-1) + K]$ 进行计算，其中，R 为信度，K 是平均相互同意度，n 是评判者人数，得到的评判信度是 $R = 0.913 > 0.90$，可证本研究的统计数据具有可信度。

第四节　中国石油与天然气工程实验型硕博学位论文摘要的语步研究[①]

本研究以我国石油天然气工程专业的实验型硕博学位论文英语摘要为研究对象，自建语料库，分析相应的宏观构成要素，建构语步模式，为培养学生的学术英语能力，突破学术写作瓶颈提供借鉴。

一、语料库建设

本研究自建语料库，选取我国 2016—2020 年石油与天然气工程领域（简称"石工"）的 200 篇实验型硕博学位论文英文摘要（各 100 篇）为研究样本。按照学位分建两个子库（分别简称为 CPGEEMA，指硕士；CPGEEDA，指博士）（注：所选用的样本均经过石工领域一位教授的认同；为保证客观性，样本中的语言错误予以保留）。净化后的语料库基本信息见表 4-2。

表 4-2　中国石工实验型硕博学位论文英文摘要基本信息

项目	篇数	形符数	平均词数	最长摘要词数	最短摘要词数	总句数	平均句数	最长摘要句数	最短摘要句数
CPGEEMA	100	40185	402	685	237	1430	14.3	25	7
CPGEEDA	100	70182	703	1274	360	2489	24.9	44	14

每篇摘要都有相应编号，如 CPGEEMA-1 表示硕士库的第一篇摘要，CPGEEDA-100 表示博士库的第 100 篇摘要。

二、研究问题

本研究采用语料库研究范式，结合定量研究和定性研究，对样本进行语步和构成要素的界定、统计和分析；选用叶云屏和柳君丽（2013）对 100 篇美国科学技术领域博士学位论文摘要（简称 ASTDA）的研究发现作为参照。围绕以下三个研究问题，观察我国石工硕博学位论文英语摘要与国外相关领域博士学位论文摘要在语步构成要素和语步模式之间的异同：

[①] 第四节的主体内容由王淑雯和常志怡撰写并发表于《西南石油大学学报》（社会科学版）2020 年第 4 期。

1）中国石工实验型硕博学位论文英语摘要的语步构成要素有哪些？

2）中国石工实验型硕博学位论文英语摘要的语步模式是什么？

3）中国石工实验型硕博学位论文摘要的语步模式与美国科学技术领域博士学位论文摘要的语步模式有何异同？

三、结果与讨论

（一）语步构成要素

数据统计显示，中国石工硕博学位论文摘要与美国科学技术领域博士学位论文摘要的语步构成要素存在共性和差异性（见表4-3）。

表4-3 中国石工硕博士与美国科技博士学位论文摘要的语步及构成要素统计

语步	构成要素（步骤）	中国石工硕士（CPGEEMA）出现频率（%）	中国石工博士（CPGEEDA）出现频率（%）	美国科技博士（ASTDA）出现频率（%）
引言	介绍研究领域	95**	98**	77**
	发现研究问题	85**	86**	67**
	指出研究意义*	60**	53**	/
	寻找研究差距*	20	34	/
目的	表述研究思路	64**	55**	22
	提出技术设想	16	20	20
	确定研究问题	53**	74**	73**
	建立理论模型	2	31	62**
	表明研究目的*	52**	58**	/
	提出研究假设*	6	22	/
方法	介绍研究方法*	89**	96**	/
	描述研究材料*	20	25	/
	介绍数据采集*	21	12	/
	简述实验过程	90**	90**	91**
	介绍理论基础	16	12	/
结构	勾勒论文框架	23	24	40

续表

语步	构成要素（步骤）	中国石工硕士（CPGEEMA）出现频率（%）	中国石工博士（CPGEEDA）出现频率（%）	美国科技博士（ASTDA）出现频率（%）
结果	整理研究数据*	57**	68**	/
	报告实验结果*	100**	100**	60**
	陈述解决途径*	8	0	/
结论	推断实验结果*	84**	86**	/
	得出研究结论	52**	67**	5
	提出相关建议*	5	6	/
评价	呈现创新成果	4	7	22
	强调应用价值	8	23	58**
	预测应用前景	5	10	44
	指出理论价值*	3	21	/

注：*表示本研究新增构成要素，无*构成要素引自叶云屏和柳君丽（2013：86）研究；作为参考对象的美国科学技术领域博士学位论文摘要数据引自叶云屏和柳君丽（2013：85-86）对科学技术领域的统计；**表示出现频率大于50%的构成要素。

表4-3显示，CPGEEMA 和 CPGEEDA 都出现了 ASTDA 中的构成要素，尤其是"研究领域""研究问题""研究思路""实验过程""报告实验结果"和"得出研究结论"的出现频率均高于 ASTDA，且都大于50%，属于"（准）必要"要素，说明它们是科学研究领域的语步共核成分。实验型论文无论是检验已知理论、探究未知信息还是提出新的假说，研究方法和实验过程都是保证实验具备可复制性的必要条件。而"建立理论模型"的出现频率低于50%（分别是2%和31%），且远低于 ASTDA（62%），为"选择性"要素。这可能是研究样本不同所致。实验型研究是基于实验的观察测定，聚焦实践，并不强调理论模型，而叶云屏和柳君丽（2013）的样本中很可能混有思辨型、理论型、综述型、实验型等多元子语类，从而导致该要素成为"准必要"要素（出现频率为62%）。然而，CPGEEMA 和 CPGEEDA 中"应用价值"和"应用前景"的出现频率（分别是8%/23%和5%/10%）远低于 ASTDA（分别是58%和44%）。我们认为，这可能是受中西方思维方式的影响。中国学生受传统思维重视悟性的影响，表现出"读者负责型"写作特征，"书不尽言，言不尽意"，"交际过程强调听者/读者自行填补说者/作者言语中缺失的信息"（王

淑雯、何晟，2018：89）；而美国学生则表现出"作者负责型"的写作特征，显性而充分地传递个人观点。然而，对于本应凸显应用价值的实验型论文而言，这么低的频率显然是不恰当的，这也说明我国硕博士生普遍缺乏对研究成果的合理评判，未能深化研究意义和价值，也未能主动建构个人学术身份，积极推销个人研究成果。

本研究补充的构成要素中，"研究意义""研究方法""研究数据""推断结果"等的出现频率都大于50%，可以认定是实验型论文摘要的"准必要"要素。"研究材料"和"数据采集"可能是描述细节性内容，而没有被我国硕博士生普遍采用。"方法"语步中"理论基础"步骤和"评价"语步中"理论价值"步骤的出现频率（分别是16%/12%和3%/21%）均低于50%，这与"目的"语步中"建立理论模型"的低出现频率相呼应，表明我国石工硕博士生未将其实验结果上升至理论层面，这也与其学习者身份相符。

CPGEEMA 和 CPGEEDA 中各个构成要素的使用频率之间并没有出现"（准）必要"要素和"选择性"要素之间的跨越。这说明我国硕博士生基本上都认同实验型学位论文摘要的宏观结构特征。我们对国内石油高校研究生培养方案的调查发现，硕博学位论文英语摘要的写作要求大同小异，例如，中国石油大学规定"摘要应反映论文所研究的问题及其目的和意义，表明论文的基本思路和逻辑结构，论述论文的主要方法、内容、结果和结论"（中国石油大学硕博士研究学位论文写作指南）。其中，博士论文摘要还要求"突出论文的主要创新之处，包括在选题、研究角度、研究思路、主要观点、研究方法和资料获取等方面所作的创新性或创造性工作"（中国石油大学硕博士研究学位论文写作指南）。但遗憾的是，CPGEEDA 并未凸显"呈现创新成果"（仅7%）。

（二）语步模型

卡方检验结果（$\chi^2 = 22.75$，$df = 20$，$p = 0.301 > 0.05$）显示，CPGEEMA 和 CPGEEDA 在引言、目的、方法、结构、结果、结论和评价这七个语步的使用频率无显著差异，表明实验型论文摘要没有受到学位差异的影响，且因研究类型和母语思维的影响在宏观结构上表现出较大相似性（见图4-1）。

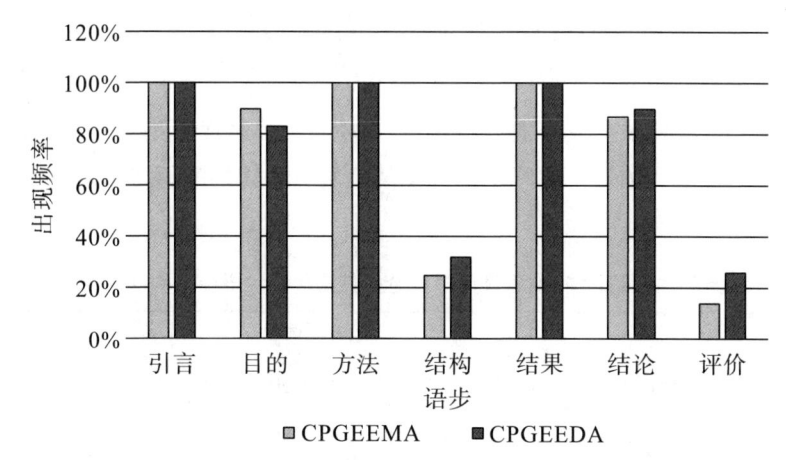

图 4-1　中国石工实验型硕博学位论文摘要语步出现频率统计

首先，从语步使用频率看，CPGEEMA 和 CPGEEDA 中的引言语步、方法语步和结果语步的使用频率全部达到 100%，为"必要"语步。其中，引言语步的高使用频率可能是因为：①硕博士生在撰写英语摘要时受汉语思维和文化的影响。汉语思维方式呈螺旋形，偏向由表及里、循序渐进的论述方式，而国内英文摘要多是中文摘要的照搬和对译，如"外文摘要与中文摘要的内容应完全一致"（西南石油大学研究生专业学位硕士学位论文撰写规范（试行））、"英文摘要的内容必须与中文的内容相对应，但也不是逐字翻译"（中国石油大学硕博士研究学位论文写作指南）。②引言总揽全文，研究背景为引出研究问题做铺垫。尽管在学位论文规范中没有明确规定，但引言已成为国内高校学位论文摘要写作约定俗成的构成要素。

方法语步和结果语步的高使用频率则是因为实验型论文是在特定条件下，研究者通过实验观察、发现、探究相关规律而形成的论文，实验方法是判断实验结果可否被重复的重要因素，实验结果则是特定实验方法下产生的某种现象或结果，两者相辅相成。

其次，目的语步的出现频率均超过 80%，为高频准必要语步，这可能是我国部分高校硕博学位论文写作指南的要求。例如，中国石油大学明确指出"摘要应反映论文所研究的问题及其目的和意义"（中国石油大学硕博士研究学位论文写作指南）。

再次，结构语步和评价语步的出现频率均低于 50%，为选择性语步。这可能是因为，实验型论文摘要的逻辑结构基本上顺应研究设计或实验顺序，没有必要再次勾勒论文框架。评价语步的低频率有可能是作者为了避免主观性而采取的语言策略，但也可能是受汉语思维模式的影响，论文作者未能有效承担

61

自己的义务,显性评价研究的具体价值,从而丧失了建构个人学术身份的机会。

依据 Lim(2014)提出的分类标准,本研究将出现频率大于 50% 的语步或构成要素视为我国石工实验型硕博学位论文英语摘要的语步模型(见表 4-4)。

表 4-4 中国石工实验型硕博学位论文英语摘要的语步结构及构成要素

语步	构成要素
引言	介绍研究领域、描述研究问题、指明研究意义
目的	表述研究思路、表明研究目的、确定研究问题
方法	介绍研究方法、简述实验过程
结果	整理研究数据、报告实验结果
结论	推断实验结果、得出研究结论

概而言之,我国石工实验型硕博学位论文英语摘要没有因学位不同而出现差异,均呈现出五语步模式,即"引言—目的—方法—结果—结论",与一些学者所建构的期刊论文摘要 IPMRC 五语步模式(Introduction - Purpose - Method - Product - Conclusion)一致(Santos&Hyland, 1996; Swales, 2004; Swales & Feak, 2010)。这说明我国石工实验型硕博学位论文英语摘要表现出与英语期刊论文摘要一致的语步共核特征。

(三)中国石工实验型硕博学位论文英语摘要与美国科技领域学位论文摘要语步模式对比

中国石工实验型硕博学位论文英语摘要与美国科学技术领域博士学位论文摘要的语步使用频率存在共性和差异性(见图 4-2)。共核性表现为,在 CPGEEMA、CPGEEDA 和 ASTDA 中,"结构"语步的使用频率均低于 50%,为选择性语步;"引言"、"目的"和"方法"的使用频率均大于 50%,为准必要语步。不过,CPGEEMA 和 CPGEEDA 中的"引言"、"方法"和"结果"语步为必要语步(使用频率均为 100%),而 ASTDA 则视"目的"为必要语步(100%)。我们认为这可能是社会文化背景差异以及研究样本不完全一致所致。我国大多数高校都要求学位论文需首先介绍研究背景,因而"引言"成为必要语步。本研究探讨的石工领域是科学技术的子领域,但从研究内容和研究方法上看,实验型、思辨型、理论型和综述型论文是论文的子语类,其共性和差异性是共存的，尤其是实验型论文摘要应聚焦"方法"和"结果"。而ASTDA的"结果"语步使用频率仅为45%，为选择性语步。CPGEEMA和CPGEEDA中的"结论"语步使用频率都高于50%（分别是86%和90%），而ASTDA的仅有5%，表现出显著性差异。这可能是同一学科领域的子语类差异所致。如前文所说，我们将研究样本控制在同一个子语类下——实验型研究，减少了干扰因素。实验型研究的本质特征就是由个别推出一般，始于观察，终于总结。然而，相较于ASTDA（86%），CPGEEMA和CPGEEDA明显少用"评价"语步（14%和26%）。我们认为这可能是中国石工硕博士生不了解"评价"功能而导致的失误，因为实验型研究通常会具有一定的应用价值或应用前景，适度评价有助于建构良好的个人学术身份，凸显个人学术成果的价值。

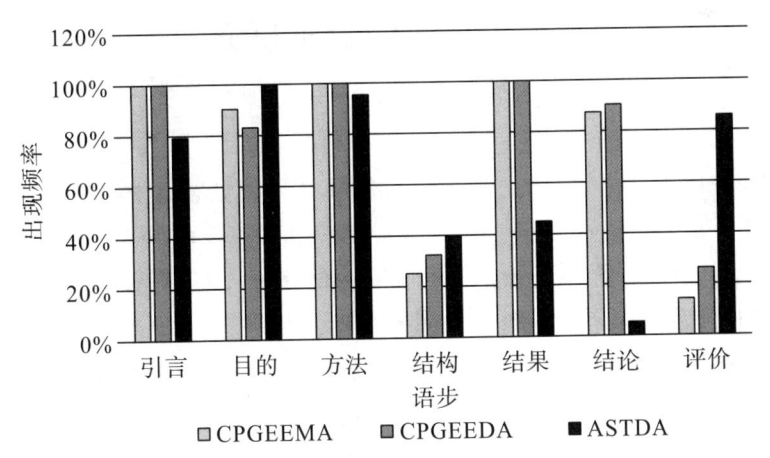

图4-2 中国石工硕博士与美国科技博士学位论文英语摘要的语步出现频率

四、结语

本研究采用语步分析法以及语料库研究范式，以200篇我国石油天然气工程专业的实验型硕博学位论文英语摘要（各100篇）为研究对象，通过识别、统计、分析语步及其构成要素的使用频率，建构了"引言—目的—方法—结果—结论"五语步模式。研究发现：

1）我国石工硕博学位论文英语摘要的构成要素基本一致，没有因学位差异而表现出差异性，可能因同样的社会文化背景、学科领域和研究类型而表现出同质性。

2）我国石工硕博学位论文英语摘要均使用"引言—目的—方法—结果—

结论"的五语步模式。这说明,相同的社会文化、学科领域和研究类型具有相似甚或相同的交际目的,促使作者采用同样的语篇策略,从而使语篇呈现出相同的宏观结构类型和序列。这符合语类分析的初衷——显性描述语篇的组织方式。

3) 本研究建构的中国石工实验型硕博学位论文英语摘要五语步模式与叶云屏和柳君丽(2013)建构的美国博士学位论文摘要七语步模式不同。这可能是受到社会文化差异的影响,也可能是因为本研究严格限定了样本的研究类型。那么,研究类型是否会对相同学科领域或不同学科领域论文摘要的语步模式产生有效影响?这将是本章第五节的研究重点。

第五节 中美硕博学位论文摘要语步模式的对比研究
——以化学工程与技术、语言学和教育学为例[①]

本研究以中美化学工程与技术学科领域(代表自然科学)的实验型硕博学位论文英语摘要以及语言学(代表人文科学)和教育学(代表社会科学)学科领域的实证型硕博学位论文英语摘要为研究对象,自建语料库,采用第三节确定的语步识别与统计方法,参照第四节建构的中国石工实验型硕博学位论文英语摘要语步及构成要素(表4-2),就这三个学科的中美硕博学位论文英语摘要的语步模式展开跨文化、跨学科和跨学位对比研究。

一、语料库建设

本研究自建语料库,以中美硕博士生在自然科学学科(化学工程与技术,简称化工)和人文社会学科(包括语言学和教育学;其中,中国语料选自外国语言学及应用语言学专业的,亦简称语言学)的学位论文英语摘要为语料来源。为保证语料的时效性、充分性和可比性,本研究从"CNKI 中国博士学位论文全文数据库"和"ProQuest 学位论文全文数据库"选取了 2016—2021 年上述 3 个学科共 1200 篇中美硕博学位论文英语摘要。为了减少变量干扰,所有语料均为实验/实证研究;根据作者的姓氏拼写和致谢判断其母语背景,中国硕博士生的母语为汉语,美国硕博士生则是英语本族语者;最短摘要字数

[①] 本节所涉及的语言学学科的研究内容由作者王淑雯所指导的 2020 级研究生余秋言完成。

限定为 300 词，但为保证研究样本的充分性，不限制最长摘要字数；语料中的所有语言错误均予以保留。

净化后的中美硕博学位论文英语摘要语料库库容为 746426 形符，根据国家、学位和学科分建 12 个子库（见表 4-5）。

表 4-5 中国化工、语言学和教育学硕博学位论文英语摘要语料库

学科/国家/学位		中国学位论文英语摘要库		美国学位论文英语摘要库	
		硕士（篇数/库容量）	博士（篇数/库容量）	硕士（篇数/库容量）	博士（篇数/库容量）
人文社会	语言学	100/42605	100/94571	100/22631	100/34769
	教育学	100/43522	100/261288	100/18511	100/28643
	小计	200/86127	200/355859	200/41142	200/63412
自然科学	化工	100/50106	100/83939	100/26212	100/39638
合计		300/136233	300/439789	300/67354	300/103050

注：库容量单位为"形符"。

中美化工、语言学和教育学学科领域硕博学位论文英语摘要的基本信息统计见表 4-6。

表 4-6 中美化工、语言学和教育学硕博学位论文英语摘要的基本信息表

国家/学位/学科		平均词数	最长摘要词数	最短摘要词数	最长句子词数	句子平均词数	平均句数	最长摘要句数	最短摘要句数
中国硕士	化工	488.6	913.0	317.0	152.0	23.3	21.8	47.0	13.0
	语言学	422.1	733.0	309.0	155.0	26.0	17.4	35.0	9.0
	教育学	431.6	1047.0	324.0	239.0	32.6	14.5	28.0	11.0
	平均	447.4	897.7	316.7	182.0	27.3	17.9	36.7	11.0
中国博士	化工	812.7	1757	302.0	280.0	22.9	36.1	80.0	11.0
	语言学	931.1	2167.0	326.0	186.0	25.8	37.2	75.0	9.0
	教育学	906.2	2093.0	335.0	214.0	30.5	32.0	93.0	12.0
	平均	883.3	2005.7	321.0	226.7	26.4	35.1	82.7	10.7

续表

国家/学位/学科		平均词数	最长摘要词数	最短摘要词数	最长句子词数	句子平均词数	平均句数	最长摘要句数	最短摘要句数
美国硕士	化工	358.2	766.0	301.0	82.0	23.0	11.6	40.0	9.0
	语言学	321.6	584.0	308.0	129.0	51.1	9.4	23.0	8.0
	教育学	381.9	406.0	313.0	96.0	41.5	8.1	28.0	10.0
	平均	353.9	583.3	307.3	101.33	38.5	9.7	30.3	9.0
美国博士	化工	387.5	1611.0	311.0	100.0	24.6	16.4	70.0	8.0
	语言学	346.2	948.0	303.0	119.0	28.5	13.5	73.0	7.0
	教育学	328.9	641.0	312.0	103.0	26.4	11.5	51.0	7.0
	平均	354.2	1066.7	308.7	107.3	26.5	13.8	64.7	7.3

二、研究问题

本研究采用语料库研究范式，结合定量研究和定性研究，对样本进行语步和构成要素的界定、统计和分析；选用本章第四节建构的中国石工实验型硕博学位论文英语摘要语步模式和语步构成要素作为参照（由于本节研究增加了人文社会科学学科的语言学和教育学，故将"方法"语步中的"描述研究材料"拓展为"描述研究材料/对象"；"方法"语步中的"简述实验过程"调整为"简述实验/实证过程"；"结果"语步中的"报告实验结果"调整为"报告实验/实证结果"；"结论"语步中的"推断实验结果"拓展为"推断实验/实证结果"）。围绕以下两个研究问题，从跨文化、跨学科和跨学位三个维度，观察中美化工、语言学和教育学等学科领域的实验/实证型硕博学位论文摘要在语步构成要素和语步模式之间的异同：

1）中美实验/实证型硕博学位论文英语摘要的语步构成要素有哪些？
2）中美实验/实证型硕博学位论文英语摘要的语步模式是什么？

三、结果与讨论

（一）语步构成要素

数据统计显示，中美实验/实证型硕博学位论文英语摘要语步构成要素在跨文化、跨学科和跨学位维度存在共性和差异性。

1. 跨文化维度

1）统计显示，中美学生（包括硕士生和博士生，下同）所撰写的学位论文英语摘要的语步构成要素在跨文化维度存在共性和差异性（见表4-7）。

表4-7 中美学生学位论文英语摘要的语步及构成要素统计表

语步	语步构成要素（步骤）	中国学生摘要出现频率（%）均值	美国学生摘要出现频率（%）均值
引言	介绍研究领域	97.7*	92.5*
	发现研究问题	68.5*	39.8
	指出研究意义	69.3*	19.8
	寻找研究差距	36.7	24.7
目的	表述研究思路	51.8*	34.7
	提出技术设想	2.8	5.7
	确定研究问题	69.3*	31.2
	建立理论模型	5.3	1.7
	表明研究目的	96.8*	97.2*
	提出研究假设	2.8	9.0
方法	介绍研究方法	97*	97.2*
	描述研究材料/对象	95.5*	77.7*
	介绍数据采集	55.5*	12.7
	简述实验/实证过程	69.3*	47.0
	介绍理论基础	47.7	37.5
结构	勾勒论文框架	32.8	9.7
结果	整理研究数据	35.7	15.7
	报告实验/实证结果	95.5*	97.5*
	陈述解决途径	7.3	2.0
结论	推断实验/实证结果	34.3	6.7
	得出研究结论	52.5*	34.2
	提出相关建议	43.7	15.2

续表

语步	语步构成要素（步骤）	中国学生摘要出现频率（%）均值	美国学生摘要出现频率（%）均值
评价	呈现创新成果	9.5	18.7
	强调应用价值	25.3	50.5 *
	预测应用前景	2.7	6.5
	指出理论价值	11.8	23.7

注：* 表示出现频率大于50%的构成要素。下同。

表4-7显示，首先，中美学生学位论文摘要中的"准必要"构成要素和"选择性"构成要素呈现跨文化趋同性特征。其中，中美学生的硕博学位论文英语摘要都出现了中国石工硕博学位论文英语摘要中的构成要素（详见本章第四节），尤其是"介绍研究领域""表明研究目的""介绍研究方法""描述研究材料/对象"和"报告实验/实证结果"的平均出现频率均大于50%，属于"准必要"要素，说明它们是实验/实证研究领域学位论文摘要的语步构成要素共核成分，没有受到语言文化因素的影响。这可能是因为，实验/实证型研究无论是检验已知理论、探究未知信息还是提出新的发现，研究方法是保证实验/实证具备可复制性的必要条件。因而，实验/实证型摘要需要在客观陈述做了什么（即研究领域和研究目的）的基础上，进一步介绍如何开展研究（即研究方法和研究对象）以及发现了什么（即研究结果/发现）。

另外，中美学生对于"寻找研究差距""提出技术设想""建立理论模型""提出研究假设""介绍理论基础""勾勒论文框架""整理研究数据""陈述解决途径""推断实验/实证结果""提出相关建议""呈现创新成果""预测应用前景"和"指出理论价值"等摘要构成要素的使用频率都低于50%，属于"选择性"要素。这表明中美学生对于实验型/实证型学位论文摘要的语篇结构特征基本达成一致。例如，"目的"语步中"建立理论模型"步骤的极低出现频率（分别是5.3%和1.7%）可以视为实验/实证型研究的典型结构特征，因为该类型研究是基于实验的观察测定，聚焦实践，可能有理论指导但并不强调建立理论模型。这也与"评价"语步中"指出理论价值"步骤的较低出现频率（分别是11.8%和23.7%）相呼应。这一方面表明中美学生都没有将其研究结果/发现上升到理论层面，但另一方面也与其学术新手身份相吻合。这一调查结果与叶云屏和柳君丽（2013）的研究结果相悖，可能是研究样本不同所致。她们的研究样本中很可能混有论证型（Argumentation，作者通过概念、证明、反驳、阐释、解析、判断、推理等逻辑思维手段，就相关专题的理论、定律、定理、公式、假设、问题等的合理性、适用性、实用性展开辨析讨论，或提出新观点，或反驳理念，或完善理论，或建构分析框架）、综述型（Review，作者在广泛查阅某一研究领域相关文献的基础上，综合介绍、分析、评价、预测该研究领域在特定时期内的发展演变规律和未来的发展趋势，提出建设性意见和合理建议）、实/试验型（Report，作者提出问题或假设，设计研究方案，确定研究方法，描述研究过程，通过实验或试验手段获得准确数据，结合理论予以科学缜密的分析、阐释和推断，或验证理论，或提出新的理论假设）（王淑雯、何晟，2021：2）等多元子语类，这些不同的研究内容和研究类型使得该构成要素成为其所建构的语步模型中的准必要要素。但与王淑雯和常志怡（2020）的研究结果一致，她们的研究样本是中国石油天然气工程领域的实验型硕博学位论文英语摘要。再如，"勾勒论文框架"的低频率出现（分别是32.8%和9.7%）可能是因为实验/实证型论文摘要的逻辑结构基本上顺应研究设计或实验顺序，没有必要再次勾勒论文框架。国内外学界对于"摘要"提出了相似的释义规范（见表4-8）。

表4-8 国内外学术领域给出的摘要（abstract）释义（王淑雯、何晟，2021：29-30）

序号	国家	学术规范来源	释义	特征
1	美国	国际标准化组织 ISO 214-1976（E）（1976）注：国际标准化组织：（International Organization for Standardization，缩略为ISO）	an abbreviated, accurate representation of the contents of a document, without added interpretation or criticism 译文：摘要是对原文献内容准确、扼要而不附加解释或评论的简略表述	简明扼要，准确，客观
2	美国	Educational Resources Information Center （1980：3）	an abbreviated representation of a document, without added interpretation or criticism 译文：摘要是对文献内容不加评论和解释的简略描述	书面语，简略，客观

续表

序号	国家	学术规范来源	释义	特征
3	美国	*Publication Manual of the American Psychological Association* (《APA格式手册》)(第六版)	An abstract is a brief, comprehensive summary of the contents of the article. The abstract needs to be dense with information but also readable, well organized, brief, and self-contained. 译文：摘要是对文章内容简洁概括的描述。摘要需信息密集、可读性强、结构清晰、简洁明了、自含性强。	简洁概括；信息量高，可读性强，结构清晰，自含性强
4	美国	EI 中国信息部 注：EI (The Engineering Index，工程索引)	英文摘要是对原始文献不加诠释或评论的准确而简短的概括，并要求它能反映原始文献的主要信息。	简洁概括，准确，客观，提供主要信息
5	日本	日本科学技术厅	摘要是以迅速掌握文献内容梗概为目的，不加主观评论和解释，简单记述文献重要内容的文字。	论文梗概，客观性，提供重要信息
6	中国	《中国高等学校自然科学学报编排规范》(修订版)	论文都应有摘要（3000字以下的文章可略去）。摘要应具有独立性和自明性，应是一篇完整的短文。摘要应客观地反映论文的主要信息，具有独立性和自含性。	独立性，自明性，完整性，客观性，自含性，提供主要信息
7	中国	中华人民共和国国家标准《文摘编写规则》(GB 6447—86)(1986)	摘要是以提供文献内容梗概为目的，不加评论和补充解释，简明、确切地记述文献重要内容的短文	简洁准确，客观，提供重要信息
8	中国	国家标准《科学技术报告、学位论文和学术论文的编写格式》(GB 7713—87)	摘要是"报告、论文的内容不加注释和评论的简短陈述。摘要应具有独立性和自含性，即不阅读报告、论文的全文，就能获得必要的信息"。	简短，独立性，自含性，客观性

表4-8显示，国内外学术领域基本上就摘要撰写达成共识——不加解释。因而，"结论"语步中"推断实验/实证结果"步骤（出现频率分别是34.3%和4.7%）成为选择性要素。

中美学生学位论文摘要中的构成要素存在跨文化差异性。其中，中国学生在学位论文英语摘要中平均出现频率大于50%的语步构成要素远多于美国学生的，如"发现研究问题""指出研究意义""表明研究思路""确定研究问题""介绍数据采集""简述实验/实证过程"和"得出研究结论"等都属于

"准必要"要素，而美国学生对于这几个构成要素的使用频率均低于50%，是"选择性"要素（具体数据见表4-7）。这可能是中美学生学位论文摘要的篇幅长度不同所致。其中，中国学生的英语摘要平均为655.4个词，最长摘要平均（指硕士和博士学位论文最长摘要的平均值，下同）是1451.7词；而美国学生的摘要平均为354.1词（这与国际期刊的摘要撰写规范要求大致相当：150.0~400.0词），最长摘要平均是825.0词（数据统计见表4-6）。中国学生的摘要长度约是美国学生摘要长度的1.9倍，这就意味着中国学生有足够的空间展开对实验/实证研究的详细阐述。这一摘要语篇长度差异也使得中国学生对于"勾勒论文框架""整理研究数据""推断实验/实证结果"和"提出相关建议"等"选择性"构成要素的使用频率高于美国学生。但是，美国学生在"强调应用价值"步骤的平均出现频率（50.5%）高于中国学生（25.3%），为"准必要"要素。这与叶云屏和柳君丽（2013）对美国科学技术领域博士学位论文摘要中"强调应用价值"构成要素（58%）的调查结果以及本章第四节对中国石工硕博学位论文英语摘要的调查结果（分别为8%和23%）一致。这表明，美国学生呈现出英语学术论文写作的"作者负责型"语篇特征，能够较为显性而充分地推销个人观点和研究成果，符合本应凸显应用价值的实验/实证型论文的语类特征；而中国学生这么低的使用频率显然是不恰当的，也说明我国硕博士生普遍缺乏对研究成果的合理评判，未能深化研究意义和价值，未能主动建构个人学术身份，积极推销个人研究成果。

2) 统计显示，中美学生在化工、语言学和教育学等学科领域的学位论文英语摘要语步构成要素也在跨文化维度呈现同质性和异质性共存的特征（见表4-9）。

表4-9 中美学生化工、语言学、教育学领域学位论文英语摘要的语步及构成要素统计

语步	语步构成要素（步骤）	中国学位论文摘要出现频率均值（%）			美国学位论文摘要出现频率均值（%）		
		化工	语言学	教育学	化工	语言学	教育学
引言	介绍研究领域	98.5*	96.5*	98.0*	95.5*	88.0*	94.0*
	发现研究问题	85.0*	63.0*	57.5*	73.0*	22.0	24.5
	指出研究意义	67.5*	69.5*	71.0*	25.5	14.0	20.0
	寻找研究差距	43.0	36.5	30.5	39.5	16.0	18.5

续表

语步	语步构成要素（步骤）	中国学位论文摘要出现频率均值（%）			美国学位论文摘要出现频率均值（%）		
		化工	语言学	教育学	化工	语言学	教育学
目的	表述研究思路	60.0*	46.0	49.5	71.5*	13.0	19.5
	提出技术设想	8.5	0.0	0.0	15.5	1.5	0.0
	确定研究问题	67.5*	69.0*	71.5*	76.0*	8.0	9.5
	建立理论模型	12.5	1.5	2.0	3.5	0.5	1.0
	表明研究目的	91.5*	99.0*	100.0*	94.5*	97.0*	100.0*
	提出研究假设	4.0	4.5	1.0	13.5	9.0	4.5
方法	介绍研究方法	96.0*	100.0*	95.0*	99.5*	92.0*	100.0*
	描述研究材料/对象	94.5*	100.0*	92.0*	84.0*	72.5*	76.5*
	介绍数据采集	30.0	68.0*	68.5*	11.5	16.0	10.5
	简述实验/实证过程	87.0*	69.5*	51.5*	91.0*	30.5	19.5
	介绍理论基础	15.5	65.0*	62.5*	5.5	54.5*	52.5*
结构	勾勒论文框架	12.0	52.5*	34.0	9.5	9.0	10.5
结果	整理研究数据	64.5*	27	15.5	31.5	7.5	8.0
	报告实验/实证结果	97.5*	92.5*	96.5*	100.0*	94.0*	98.5*
	陈述解决途径	7.0	5.0	10.0	4.5	1.5	0.0
结论	推断实验/实证结果	66.0*	20.5	16.5	8.0	11.0	1.0
	得出研究结论	57.0*	52.0*	48.5	38.0	27.5	37.0
	提出相关建议	5.0	63.5*	62.5*	12.0	17.0	16.5
评价	呈现创新成果	16.0	4.5	8.0	17.0	17.5	21.5
	强调应用价值	27.5	23.5	25.0	76.0*	22.5	53.0*
	预测应用前景	7.5	0.0	0.5	13.0	3.5	3.0
	指出理论价值	12.0	13.5	10.0	13.0	13.0	15.0

表4-9显示，中美化工学位论文摘要中的"准必要"构成要素和"选择性"构成要素呈现跨文化趋同性特征。其中，"介绍研究领域""发现研究问题""表述研究思路""确定研究问题""表明研究目的""介绍研究方法""描述研究材料/对象""简述实验/实证过程"在中美化工学位论文摘要中的

平均出现频率均大于50%（详细数据见表4-9），属于"准必要"要素，说明它们是化工领域实验型研究学位论文摘要的语步构成要素共核成分，表现出跨文化趋同性；"报告实验/实证结果"在中国化工学位论文摘要中平均出现频率是97.5%，是"准必要"构成要素，在美国同学科摘要中的平均出现频率是100.0%，属于"必要"构成要素。另外，中美化工学生对于"寻找研究差距""提出技术设想""建立理论模型""提出研究假设""介绍数据采集""介绍理论基础""勾勒论文框架""陈述解决途径""提出相关建议""呈现创新成果""预测应用前景"和"指出理论价值"等摘要构成要素的使用频率都低于50%（详细数据见表4-9），属于"选择性"构成要素。这表明中美化工学生对于实验型学位论文摘要的语篇结构特征基本达成一致。例如，目的语步中"建立理论模型"步骤、方法语步中"介绍理论基础"步骤以及评价语步中"指出理论价值"步骤在中美化工学位论文摘要中均低频出现（具体数据见表4-9），这可能是因为自然科学实验主要基于实验观察测定，聚焦实践，并不强调理论模型或理论基础。这似乎可以视为自然科学领域实验研究的典型结构特征；不过另一方面也说明，中美化工学生都没有将其研究结果/发现上升到理论层面。中美化工学位论文摘要中的构成要素存在一定程度的跨文化差异性。例如，中国化工学位论文英语摘要中平均出现频率大于50%的语步构成要素远多于美国学生，如"指出研究意义""整理研究数据""推断实验结果"和"得出研究结论"等都属于"准必要"要素，而美国学生对于这几个构成要素的使用频率均低于50%，是"选择性"要素（具体数据见表4-9）。这可能是中美化工学生学位论文摘要的篇幅长度不同所致。中国化工学生的英语摘要平均为650.7词，最长摘要平均是1333.3词；而美国化工学生的摘要平均为372.8词，最长摘要平均是1188.3词（数据统计见表4-6）。中国化工学生摘要长度约是美国学生摘要长度的1.7倍，意味着中国化工学生有足够的空间展开对实验/实证研究的详细阐述。这一摘要语篇长度差异也使得中国学生对"指出研究意义""整理研究数据"和"推断实验结果"等"选择性"构成要素的使用频率高于美国学生。不过，摘要部分应聚焦研究内容梗概，并不强调"推断实验结果"这一补充阐释。但是，美国化工学生在"强调应用价值"步骤的平均出现频率（76.0%）高于中国化工学生（27.5%），为"准必要"要素。这与叶云屏和柳君丽（2013）对美国科学技术领域博士学位论文摘要中"强调应用价值"构成要素（58%）的调查结果以及本章第四节对中国石工硕博学位论文英语摘要"强调应用价值"构成要素的调查结果（分别为8%和23%）一致。这表明，美国化工学生能够较为显性而充分地推销个人观点和研究成果，符合本应凸显应用价值的实验型论文的语类特征。整体看，中美化工学生的学位论文摘要语步构成要素呈现出的跨文化趋同性特征大于异质性特征。

表4-9显示，中美语言学学位论文摘要中的语步构成要素也呈现出跨文化同质性和异质性特征共存的现象。其中，"介绍研究领域""表明研究目的""介绍理论基础"和"报告实验/实证结果"等构成要素在中美语言学学位论文摘要中平均出现频率均大于50%（详细数据见表4-9），属于"准必要"要素，说明它们是语言学领域实证研究学位论文摘要的语步构成要素共核成分；中美语言学学生对于"寻找研究差距""表述研究思路""提出技术设想""建立理论模型""提出研究假设""整理研究数据""陈述解决途径""推断实验/实证结果""呈现创新成果""强调应用价值""预测应用前景"和"指出理论价值"等构成要素的使用频率都低于50%（详细数据见表4-9），属于"选择性"构成要素。这表明中美语言学学生对于实证型学位论文摘要的语篇结构特征基本达成一致，都呈现出IMRD的四语步模式，且都遵循了摘要规范，不对研究结果予以阐释讨论；而且作为学术新手，都没有取得理论层面的突破。然而，中美语言学学位论文摘要在"必要"构成要素和"准必要"构成要素的使用频率上也存在一定程度的文化差异性。例如，方法语步中的"介绍研究方法"和"描述研究材料/对象"构成要素在中国语言学学位论文中出现频率为100%，属于"必要"构成要素，在美国同学科论文中的出现频率分别是92.0%和72.5%，为"准必要"构成要素。在中国语言学学位论文摘要中高频出现的"准必要"构成要素，如"发现研究问题""指出研究意义""确定研究问题""介绍数据采集""简述实验/实证过程""勾勒论文框架""得出研究结论"和"提出相关建议"等，在美国同学科摘要中为低频出现的"选择性"构成要素（具体数据见表4-9）。这表明中国语言学学位论文摘要的语步构成要素更多元、更复杂。这可能是中美语言学学位论文摘要的篇幅长度不同所致：中国语言学学生的英语摘要平均为676.6个词，最长摘要平均是1600.0词；而美国语言学学生的摘要平均为333.9词，最长摘要平均是766.0词（数据统计见表4-6）。中国语言学学生的摘要长度约是美国学生摘要长度的2.0倍，意味着中国语言学学生有足够的空间选用更多的构成要素，并对研究展开详细描述。此外，本书第五章对中美硕博学位论文英语摘要中的情态动词使用情况调查显示，中国语言学硕博士生显著多用should，且多传递责任、义务情态，这与本节发现中国语言学学位论文摘要中高频出现的"提出相关建议"构成要素相吻合。中国语言学学生似乎更倾向于在实证研

究结果的基础上，提出教育教学启示或对未来研究的建议。不过，整体看，中美语言学学位论文摘要语步构成要素所呈现出的跨文化趋同性特征大于异质性特征。

表4-7显示，中美教育学学位论文摘要中的语步构成要素呈现出跨文化维度同质性和异质性特征共存的现象。其中，"表明研究目的"在中美教育学学位论文摘要中的平均出现频率均为100%，为"必要"构成要素；"介绍研究领域""描述研究材料/对象""介绍理论基础"和"报告实验/实证结果"等构成要素的平均出现频率均大于50%（详细数据见表4-9），属于"准必要"要素。这表明它们是教育学领域实验/实证研究学位论文摘要的语步构成要素共核成分；中美语言学学生对于"寻找研究差距""表述研究思路""提出技术设想""建立理论模型""提出研究假设""勾勒论文框架""整理研究数据""陈述解决途径""推断实验/实证结果""得出研究结论""呈现创新成果""预测应用前景"和"指出理论价值"等13个构成要素的使用频率都低于50%（详细数据见表4-9），属于"选择性"构成要素。这表明中美教育学实验/实证型学位论文摘要的语篇结构特征基本一致，都呈现出IMRD的四语步模式，且都遵循了摘要规范，不对研究结果予以阐释讨论；作为学术新手，虽然都没有取得理论层面的突破，但都选择了理论基础或理论视域为实验/实证研究提供支撑，提高研究的科学性、合理性和可信度。然而，中美教育学学位论文摘要在"必要"构成要素和"准必要"构成要素的使用频率上也存在一定程度的文化差异性。例如，方法语步中的"介绍研究方法"构成要素在中国教育学学位论文中属于"准必要"构成要素，而在美国同学科中为"必要"构成要素；在中国教育学学位论文摘要中高频出现的"准必要"构成要素，如"发现研究问题""指出研究意义""确定研究问题""介绍数据采集""简述实验/实证过程"和"提出相关建议"等，则在美国同学科摘要中为低频出现的"选择性"构成要素（具体数据见表4-9）。这表明中国教育学学位论文摘要的语步构成要素更多元、更复杂。这可能还是中美教育学学位论文摘要的篇幅长度不同所致：前者摘要平均为668.9个词，最长摘要平均是1570.0词，而后者摘要平均为312.5词，最长摘要平均是523.5词（数据统计见表4-6）。中国教育学学位论文摘要长度约是美国同类摘要长度的2.9倍，意味着中国教育学学生有足够的空间选用更多的构成要素，并对研究展开详细描述。此外，本书第五章对中美硕博学位论文英语摘要中的情态动词使用情况调查同样显示，中国教育学硕博士生显著多用should，且多传递责任、义务情态，这与本节发现该学科摘要中高频出现的"提出相关建议"构成要素

相吻合——中国教育学学生似乎更倾向于在实验/实证研究结果的基础上,提出教育教学启示或对未来研究的建议。不过,整体看,中美教育学学位论文摘要语步构成要素所呈现出的跨文化趋同性特征大于异质性特征。

概而言之,中美实验/实证型硕博学位论文英语摘要中构成要素的同质性特征大于异质性特征,文化差异对构成要素产生的影响并不十分凸显,且主要是摘要篇幅不同所致。但受西方个人主义文化的影响,美国学生比中国学生更积极地推销个人研究成果、建构个人学术身份。

3) 统计显示,中美硕士生所撰写的学位论文英语摘要的语步构成要素在跨文化维度既存在共性又存在差异性(见表 4-10)。

表 4-10 中美实验/实证型硕士学位论文英语摘要的语步及构成要素统计

语步	语步构成要素（步骤）	中国硕士摘要出现频率（%）				美国硕士摘要出现频率（%）			
		化工	语言学	教育学	平均	化工	语言学	教育学	平均
引言	介绍研究领域	99*	100*	99*	99.3*	91*	100*	100*	97.0*
	发现研究问题	81*	51**	37	56.3*	65*	31	25	40.3
	指出研究意义	70*	79*	83*	77.3*	21	7	9	12.3
	寻找研究差距	33	29	25	29.0	28	22	17	22.3
目的	表述研究思路	52*	15	17	28.0	63*	11	16	30.0
	提出技术设想	9	0	0	3.0	20	0	0	6.7
	确定研究问题	57*	73*	62*	64.0*	73*	10	8	30.3
	建立理论模型	0	0	0	0.0	0	0	0	0.0
	表明研究目的	100*	100*	100*	100.0*	98*	100*	100*	99.3*
	提出研究假设	1	5	3	3.0	5	16	8	9.7
方法	介绍研究方法	100*	100*	100*	100.0*	100*	100*	100*	100.0*
	描述研究材料/对象	100*	100*	100*	100.0*	98*	79*	77*	84.7*
	介绍数据采集	44	84*	73*	67.0*	11	5	6	7.3
	简述实验/实证过程	95*	76*	51*	74.0*	90*	30	22	47.3
结构	介绍理论基础	11	64*	68*	47.7	6	58*	53*	39.0
	勾勒论文框架	13	65*	25	34.3	0	8	12	6.7
结果	整理研究数据	66*	31	23	40.0	30	6	10	15.3
	报告实验/实证结果	99*	95*	100*	98.0*	100*	99*	99*	99.3*
	陈述解决途径	0	0	0	0.0	1	0	0	0.3

续表

语步	语步构成要素（步骤）	中国硕士摘要出现频率（%）				美国硕士摘要出现频率（%）			
		化工	语言学	教育学	平均	化工	语言学	教育学	平均
结论	推断实验/实证结果	44	0	8	17.3	3	4	2	3.0
	得出研究结论	51*	22	25	32.7	35	33	30	32.7
	提出相关建议	9	76*	70*	51.7*	10	21	21	17.3
评价	呈现创新成果	5	0	5	3.3	8	10	16	11.3
	强调应用价值	20	16	13	16.3	67*	12	50*	43.0
	预测应用前景	0	0	0	0.0	9	0	0	3.0
	指出理论价值	8	5	3	5.3	7	8	10	8.3

表4-10显示，中美实验/实证型硕士学位论文英语摘要中的"必要""准必要"和"选择"构成要素都呈现出不同程度的跨文化同质性和异质性特征。首先，中美硕士学位论文英语摘要都出现了中国石工硕士学位论文英语摘要中的构成要素（详见本章第四节）。其中，"介绍研究方法"的平均出现频率都是100%，为"必要"构成要素；"表明研究目的"和"描述研究材料/对象"是中国硕士学位论文摘要的"必要"构成要素（出现频率都是100%），是美国硕士学位论文摘要的"准必要"构成要素（出现频率分别是99.3%和84.7%，高频出现）；"介绍研究领域"和"报告实验/实证结果"在中美硕士学位论文摘要中都高频使用（分别是99.3%/98.0%和97.0%/99.3%），属于"准必要"构成要素。这表明，中美硕士生对于实验/实证型硕士学位论文英语摘要的语步构成要素表现出跨文化趋同性特征。另外，中美硕士生对于"寻找研究差距""表述研究思路""提出技术设想""建立理论模型""提出研究假设""介绍理论基础""勾勒论文框架""整理研究数据""陈述解决途径""推断实验/实证结果""得出研究结论""呈现创新成果""强调应用价值""预测应用前景"和"指出理论价值"等15个构成要素的使用频率都低于50%，属于"选择性"要素。这表明中美实验型/实证型硕士学位论文摘要的语篇结构特征基本一致。尤其是"评价"语步的四个构成要素在中美硕士学位论文摘要中的出现频率都较低（但美国硕士生对"强调应用价值"的使用频率远高于中国硕士生的，达到43.0%），均是"选择性"构成要素。这可能是因为中美硕士生为了追求学术语类的客观性特征，尽可能避免主观评价自己的研究成果，但也丧失了建构个人学术地位、突出个人学术贡献的机会。其次，中美硕士学位论文摘要中的构成要素存在跨文化差异性。中

国硕士学位论文英语摘要中平均出现频率大于50%的语步构成要素远多于美国硕士生的,如"发现研究问题""指出研究意义""确定研究问题""介绍数据采集""简述实验/实证过程"和"提出相关建议"等6个都属于"准必要"要素,语步构成更加复杂化,也表现出更强烈的问题意识和研究过程意识;而美国硕士生对于这几个构成要素的使用频率均低于50%,是"选择性"要素(具体数据见表4-10)。这可能还是中美硕士学位论文摘要的篇幅长度不同所致——中国硕士生的英语摘要平均为447.4个词,最长摘要平均是897.7词;而美国硕士生的摘要平均为353.9词,最长摘要平均是583.3词(具体数据统计见表4-6)。中国硕士学位论文摘要平均长度是美国的2.5倍,意味着中国硕士生有足够的空间展开对研究背景、研究设计和研究结论的详细阐述。

表4-10显示,在化工、语言学、教育学三个学科领域中,中美硕士学位论文摘要语步构成要素也表现出同质性特征大于异质性特征的趋势。

其一,中美化工硕士学位论文摘要中的"必要"构成要素、"准必要"构成要素和"选择性"构成要素都呈现出较大程度的跨文化趋同性特征。例如,"介绍研究方法"都是"必要"构成要素;"介绍研究领域""发现研究问题""表述研究思路""确定研究问题"和"简述实验/实证过程"在中美化工硕士学位论文摘要中平均出现频率均大于50%(详细数据见表4-10),属于"准必要"要素;"表明研究目的"和"描述研究材料/对象"在中国化工硕士学位论文摘要中是"必要"构成要素,在美国同类摘要中是"准必要"构成要素;"报告实验/实证结果"在美国化工硕士学位论文摘要中是"必要"构成要素,在中国同类摘要中则是"准必要"构成要素。这9个构成要素可以被视为化工硕士学位论文摘要的共核语步成分。另外,中美化工硕士生对于"寻找研究差距""提出技术设想""建立理论模型""提出研究假设""介绍数据采集""介绍理论基础""勾勒论文框架""陈述解决途径""提出相关建议""呈现创新成果""预测应用前景"和"指出理论价值"等12个构成要素的使用频率都低于50%(详细数据见表4-10),属于"选择性"构成要素。这表明中美化工硕士生所撰写的实验型学位论文摘要的语篇结构的趋同性特征非常突出。然而,中美化工硕士学位论文摘要中的构成要素存在一定程度的跨文化差异性。例如,中国化工硕士生对于"指出研究意义""整理研究数据"和"得出研究结论"的使用频率都高于50%,属于"准必要"要素,而美国硕士生对于这几个构成要素的使用频率均低于50%,是"选择性"要素

(具体数据见表 4-10)。美国化工硕士生"强调应用价值"步骤的出现频率(67%)高于中国化工学生(20%),为"准必要"要素。这与叶云屏和柳君丽(2013)对美国科学技术领域博士学位论文摘要中"强调应用价值"构成要素(58%)调查结果一致。这表明,美国化工硕士生能够更为积极地推销个人观点和研究成果,符合本应凸显应用价值的实验型论文的语类特征。整体看,中美化工硕士生学位论文摘要的语步构成要素呈现出的跨文化趋同性特征大于异质性特征。

其二,中美语言学硕士学位论文摘要中的语步构成要素呈现出的跨文化维度同质性特征同样大于其异质性特征。其中,"介绍研究领域""表明研究目的"和"介绍研究方法"都是"必要"构成要素;"描述研究材料/对象"在中国语言学硕士生学位论文摘要中是"必要"构成要素(100%),在相应的美国论文摘要中是"准必要"构成要素(79%);高频使用的"介绍理论基础"和"报告实验/实证结果"在中美语言学硕士学位论文都是"准必要"构成要素;而且中美语言学硕士生对"寻找研究差距""表述研究思路""提出技术设想""建立理论模型""提出研究假设""整理研究数据""陈述解决途径""推断实验/实证结果""呈现创新成果""强调应用价值""预测应用前景"和"指出理论价值"等 12 个构成要素的使用频率都低于 50%(详细数据见表 4-10),属于"选择性"构成要素,尤其是在中美语言学硕士学位论文摘要库中都没有检索到"提出技术设想""建立理论模型""陈述解决途径"和"预测应用前景"等 4 个构成要素。这表明,中美语言学硕士生学位论文摘要的语篇共核成分基本一致,且都没有取得理论层面的突破,与其学术新手的身份相吻合;此外,技术和应用层面的陈述似乎不符合语言学这一人文社会科学的学科属性特征,而被中美硕士生摒弃。只是由于摘要篇幅长短不同(具体数据见表 4-6),中国语言学硕士学位论文摘要中高频出现的 7 个"准必要"构成要素,如"发现研究问题""指出研究意义""确定研究问题""介绍数据采集""简述实验/实证过程""勾勒论文框架"和"提出相关建议",在美国同类摘要中是低频出现的"选择性"构成要素。整体看,中国语言学硕士生学位论文摘要的构成要素更加复杂、多元。

其三,中美教育学硕士学位论文摘要中的语步构成要素呈现出跨文化维度同质性和异质性特征共存的现象。其中,"表明研究目的"和"介绍研究方法"在中美教育学硕士学位论文摘要中的出现频率均为 100%,为"必要"构成要素;"介绍理论基础"都是"准必要"构成要素;"介绍研究领域"在美国教育学硕士学位论文摘要中是"必要"构成要素,在相应的中国摘要中也是极高频使用的"准必要"构成要素;"描述研究材料/对象"和"报告实验/实证结果"则在中国教育学硕士生学位论文摘要中是"必要"构成要素,在相应的美国论文摘要中是高频出现的"准必要"构成要素。这表明中美教育学实验/实证研究硕士生对于"引言""目的""方法"和"结果"语步的6个核心构成要素的认识是一致的。此外,中美教育学硕士生对于"发现研究问题""寻找研究差距""表述研究思路""提出技术设想""建立理论模型""提出研究假设""勾勒论文框架""整理研究数据""陈述解决途径""推断实验/实证结果""得出研究结论""呈现创新成果""预测应用前景"和"指出理论价值"等14个构成要素的使用频率都低于50%(详细数据见表4-10),属于"选择性"构成要素。而且,"提出技术设想""建立理论模型""陈述解决途径"和"预测应用前景"的使用频率在中美教育学硕士学位论文摘要中的使用频率都是0%。这表明,他们都没有取得理论层面的突破,与其学术新手的身份相吻合。技术和应用前景层面的陈述似乎因其不符合教育学的学科属性特征,而被中美硕士生摒弃。然而,由于摘要篇幅长短不同(具体数据见表4-6)以及规范要求的差异性,中国教育学硕士学位论文摘要中高频出现的5个"准必要"构成要素,如"指出研究意义""确定研究问题""介绍数据采集""简述实验/实证过程"和"提出相关建议",在美国同类摘要中是低频出现的"选择性"构成要素。本书第五章对中美硕士学位论文英语摘要中的情态动词使用情况调查同样显示,中国教育学硕士生显著多用should,且多传递责任、义务情态,这与本节发现该学科摘要中高频出现的"提出相关建议"构成要素相吻合——中国教育学硕士生似乎更倾向于在实验/实证研究结果的基础上,提出教育教学启示或对未来研究的建议。而美国摘要中高频出现的"准必要"构成要素"强调应用价值"表明该群体能够有意识地推销个人研究成果。整体看,语言文化因素对中美教育学硕士学位论文摘要语步构成要素的影响力并不是很大。

概而言之,中美实验/实证型硕士(也包括三个学科)学位论文英语摘要中构成要素的同质性特征大于异质性特征,文化差异对于构成要素所产生的影响并不十分明显,且主要是摘要篇幅不同所致。不过,中国硕士学位论文摘要的语步构成要素更多更复杂,"指出研究意义"构成要素似乎是受中国文化和学位论文撰写要求的影响而成为"准必要"构成要素。美国硕士生可能受到西方个人主义文化的影响,更加积极地推销个人研究成果、建构个人学术身份。

4)统计显示,中美博士生所撰写的学位论文英语摘要的语步构成要素在跨文化维度存在共性和差异性（见表4-11）。

表4-11 中美实验/实证型博士学位论文英语摘要的语步及构成要素统计

语步	语步构成要素（步骤）	中国博士摘要出现频率（%）				美国博士摘要出现频率（%）			
		化工	语言学	教育学	平均	化工	语言学	教育学	平均
引言	介绍研究领域	98*	93*	97*	96.0*	100*	76*	88*	88.0*
	发现研究问题	89*	75*	78*	80.7*	81*	13	24	39.3
	指出研究意义	65*	60*	59*	61.3*	30	21	31	27.3
	寻找研究差距	53*	44	36	44.3	51*	10	20	27.0
目的	表述研究思路	68*	77*	82*	75.7*	80	15	23	39.3
	提出技术设想	8	0	0	2.7	11	3	0	4.7
	确定研究问题	78*	65*	81*	74.7*	79*	6	11	32.0
	建立理论模型	25	3	4	10.7	7	1	2	3.3
	表明研究目的	83*	98*	100*	93.7*	91*	94*	100*	95.0*
	提出研究假设	5	4	2	3.7	22	2	1	8.3
方法	介绍研究方法	92*	100*	90*	92.0*	99*	84*	100*	94.3*
	描述研究材料/对象	89*	100*	84*	93.0*	70*	66	76*	70.7*
	介绍数据采集	16	52*	64*	44.0	12	27	15	18.0
	简述实验/实证过程	79*	63*	52*	64.7*	92*	31	17	46.7
	介绍理论基础	20	66*	57*	47.7	5	51*	52*	36.0
结构	勾勒论文框架	11	40	43	31.3	19	10	9	12.7
结果	整理研究数据	63**	23	8	31.3	33	9	6	16.0
	报告实验/实证结果	96*	90*	93*	93.0*	100*	89*	98*	95.7*
	陈述解决途径	14	10	20	14.7	8	3	0	3.7
结论	推断实验/实证结果	88*	41	25	51.3*	13	18	0	10.3
	得出研究结论	63*	82*	72*	72.3*	41	22	44	35.7
	提出相关建议	1	51*	55*	35.7	14	13	12	13.0
评价	呈现创新成果	27	9	11	15.7	26	25	27	26.0
	强调应用价值	35	31	37	34.3	85*	33	56*	58.0*
	预测应用前景	15	0	1	5.3	17	7	6	10.0
	指出理论价值	16	22	17	18.3	19	18	20	19.0

表 4-11 显示，中美实验/实证型博士学位论文英语摘要中的"准必要"和"选择性"构成要素呈现跨文化趋同性特征。中美博士学位论文英语摘要都出现了中国石工硕士学位论文英语摘要中的构成要素（详见本章第四节）。其中，"介绍研究领域""表明研究目的""介绍研究方法""描述研究材料/对象"和"报告实验/实证结果"等 5 个构成要素在中美博士学位论文摘要中都高频使用，出现频率均超过了 50%，是"准必要"构成要素（具体数据见表 4-11 的"平均"值）。另外，中美博士生对于"寻找研究差距""提出技术设想""建立理论模型""提出研究假设""介绍数据采集""介绍理论基础""勾勒论文框架""整理研究数据""陈述解决途径""提出相关建议""呈现创新成果""预测应用前景"和"指出理论价值"等 13 个构成要素的使用频率都低于 50%（具体数据见表 4-11"平均"值），属于"选择性"要素。这表明中美博士生实验型/实证型学位论文摘要的语篇结构特征基本一致，文化趋同性特征较为明显。中美博士学位论文摘要中的构成要素也存在一定程度的跨文化差异性。中国博士学位论文英语摘要中平均出现频率大于 50%的语步构成要素多于美国博士生的，如"发现研究问题""指出研究意义""表述研究思路""确定研究问题""介绍数据采集""简述实验/实证过程""推断实验/实证结果"和"得出研究结论"等，都属于"准必要"要素，语步构成更加复杂化；而美国博士生对于这 8 个构成要素的使用频率均低于 50%，是"选择性"要素（具体数据见表 4-11）。这可能还是中美博士学位论文摘要的篇幅长度不同所致。其中，中国博士生的英语摘要平均为 883.3 个词，最长摘要平均是 2005.7 词；而美国博士生的摘要平均为 354.2 词，最长摘要平均是 1066.7 词（具体数据统计见表 4-6）。中国博士学位论文摘要的平均长度大概是美国同类论文平均长度的 2.5 倍，意味着中国博士生有足够的空间展开对研究背景、研究设计和研究讨论的详细阐述。而美国博士学位论文中仅有评价语步的"强调应用价值"这一"准必要"构成要素是中国博士生学位论文中的"选择性"构成要素。这与叶云屏和柳君丽（2013）对美国科技博士学位论文摘要语步构成要素的调查结果及王淑雯和常志怡（2020）对中国石油天然气工程实验类博士学位论文摘要语步构成要素的调查结果一致，即"强调应用价值"是前者的"准必要"构成要素，是后者的"选择性"构成要素。

表 4-11 显示，在表中三个学科领域，中美博士学位论文摘要语步构成要素也表现出同质性特征大于异质性特征的趋势。

其一，中美化工博士学位论文摘要中的"必要""准必要"和"选择性"构成要素呈现跨文化同质性和异质性共存的特征。其中，"发现研究问题""寻找研究差距""表述研究思路""确定研究问题""表明研究目的""介绍研究方法""描述研究材料/对象""简述实验/实证过程"等8个构成要素在中美化工博士学位论文摘要中的出现频率均大于50%（详细数据见表4-11），属于"准必要"要素；"介绍研究领域"和"报告实验/实证结果"在中国化工博士学位论文摘要中是极高频出现的"准必要"构成要素，而在美国同学科摘要中则是100%出现的"必要"构成要素。这10个构成要素是中美化工博士学位论文摘要的共核成分。另外，中美化工博士生对于"提出技术设想""建立理论模型""提出研究假设""介绍数据采集""介绍理论基础""勾勒论文框架""陈述解决途径""提出相关建议""呈现创新成果""预测应用前景"和"指出理论价值"等11个构成要素的使用频率都远低于50%（详细数据见表4-11），属于"选择性"构成要素。这表明中美化工实验型学位博士论文摘要似乎都没有强调理论突破和技术创新；而"简述实验/实证过程"实际上隐含了论文框架展开逻辑，因此，"勾勒论文框架"的出现频率都低于20%。中美化工博士学位论文摘要中的构成要素存在一定程度的跨文化差异性。例如，中国化工博士生在其学位论文英语摘要中出现频率大于50%的语步构成要素多于美国博士生的，如"整理研究数据"、"推断实验结果"和"得出研究结论"等都属于"准必要"要素，呈现出更加复杂和多元的构成特征，而美国同学科博士生对于这3个构成要素的使用频率均低于50%，是"选择性"要素（具体数据见表4-11）。这可能是中美化工博士学位论文摘要的篇幅长度不同所致。前者平均长度约812.7词，最长摘要是1757.0词；而后者平均长度约387.5词，最长摘要是1611.0词（数据统计见表4-6）。这一摘要语篇长度差异也使得中国学生对于"整理研究数据"和"推断实验结果"和"得出研究结论"等"选择性"构成要素的使用频率高于美国学生。不过，摘要部分应以聚焦研究内容梗概，并不强调"推断实验结果"这一补充阐释。但是，美国化工博士生在"强调应用价值"步骤的出现频率（85%）是中国化工博士生（35%）的2.4倍，为"准必要"要素。这与叶云屏和柳君丽（2013）及王淑雯和常志怡（2020）对美国科学技术领域博士学位论文摘要以及中国石工实验型博士学位论文英语摘要中"强调应用价值"构成要素（分别是58%和23%）的调查结果一致。这表明，相较于中国化工博士生，美国化工博士生能够较为显性而充分地推销个人观点和研究成果，符合本应凸显应用价值的实验型论文的语类特征。整体看，中美化工博士学位论文摘要语步构成要素呈现出的跨文化维度趋同性特征大于异质性特征。

其二，中美语言学博士论文摘要中的语步构成要素也呈现出跨文化维度的同质性和异质性特征共存的现象。其中，"介绍研究领域""表明研究目的""介绍理论基础"和"报告实验/实证结果"等4个构成要素的平均出现频率均大于50%（详细数据见表4-11），属于"准必要"要素；"介绍研究方法"和"描述研究材料/对象"在中国语言学博士学位论文摘要中的使用频率是100%，为"必要"构成要素，而在美国同学科论文摘要中为"准必要"构成要素。这表明中美语言学博士生对于实验/实证型学位论文摘要的语篇结构特征基本达成一致，且都体现了实验/实证型研究的共核成分——研究领域、研究目的、理论基础、研究设计（包括研究方法和研究对象）和研究结果，反映了语言学的学科研究特征：以相关理论为指导，更加全面、客观、准确地揭示语言现象及其发展规律背后更加复杂、隐蔽的社会认知和文化因素，尽可能提高研究的可验证性和可解读性。中美语言学博士生对于"寻找研究差距""提出技术设想""建立理论模型""提出研究假设""勾勒论文框架""整理研究数据""陈述解决途径""推断实验/实证结果""呈现创新成果""强调应用价值""预测应用前景"和"指出理论价值"等12个构成要素的使用频率都低于50%（详细数据见表4-11），属于"选择性"构成要素。这表明，中美语言学博士生都没有取得理论层面的突破，都遵循了摘要写作应尽可能简洁客观地反映论文的主要信息，不加推断和补充解释的基本规范要求。然而，中美语言学博士学位论文摘要在"准必要"构成要素的使用频率上存在较大程度的文化差异性。例如，"发现研究问题""指出研究意义""表述研究思路""确定研究问题""介绍数据采集""简述实验/实证过程""得出研究结论"和"提出相关建议"等8个在中国语言学博士学位论文中均为高频出现的"准必要"构成要素，而在美国同类摘要中则是低频出现的"选择性"构成要素（具体数据见表4-11）。这说明，中国语言学博士学位论文摘要的内容更加具体，层次更加清晰，逻辑更有条理，问题意识更加突出。整体看，中美语言学学位论文摘要语步构成要素呈现出的跨文化维度趋同性特征大于异质性特征。

其三，中美教育学博士学位论文摘要中的语步构成要素同样呈现出跨文化维度同质性特征大于异质性特征的现象。其中，"表明研究目的"在中美教育学博士学位论文摘要中的出现频率均为100%，为"必要"构成要素；"介绍研究领域""描述研究材料/对象""介绍理论基础"和"报告实验/实证结果"等4个构成要素的出现频率均大于50%（详细数据见表4-11），属于"准必要"要素；"介绍研究方法"是美国教育学博士学位论文摘要的"必要"构成要素，而在中国同类论文摘要中是高频出现的"准必要"构成要素——这些都成为中美教育学领域实验/实证型研究博士学位论文摘要的语步构成要素共核成分。而且中美教育学博士生对于"寻找研究差距""提出技术设想""建立理论模型""提出研究假设""勾勒论文框架""整理研究数据""陈述解决途径""推断实验/实证结果""呈现创新成果""预测应用前景"和"指出理论价值"等11个构成要素的使用频率非常低（详细数据见表4-11），属于"选择性"构成要素。这表明中美教育学实验/实证型学位论文摘要的语篇结构特征基本一致：都遵循了摘要写作规范，尽可能简洁客观地反映论文的主要信息，不对研究结果予以阐释讨论；论文虽然都没有取得理论层面的突破，但都选择了以理论基础或理论视域为实验/实证型研究支撑，提高了研究的科学性、合理性和可信度。然而，中美教育学博士学位论文摘要"准必要"构成要素的使用频率存在一定程度的文化差异。例如，"发现研究问题""指出研究意义""表述研究思路""介绍数据采集""简述实验/实证过程""得出研究结论"和"提出相关建议"等7个构成要素是中国教育学博士学位论文中的"准必要"构成要素，但在美国同类论文摘要中是低频出现的"选择性"构成要素（具体数据见表4-11）。这说明，中国教育学博士学位论文摘要的内容更加具体化，层次更加清晰化，逻辑更为条理化，问题意识更加显性化。但这也可能是摘要篇幅长度不同所致（具体数据见表4-6）或受到国内高校对学位论文写作规范要求的影响。

概而言之，中美实验/实证型博士（包括三个学科）学位论文英语摘要构成要素的同质性特征大于异质性特征，且主要是摘要篇幅长短不同或写作规范要求差异所致，文化差异对于构成要素所产生的影响并不十分明显。此外，中国博士学位论文摘要的构成要素更为复杂多元，且内容更加丰富、层次更加清晰、逻辑更有条理、问题意识更加突出。而美国博士生受西方个人主义文化的影响，在摘要中更加积极主动地推销个人研究成果、建构个人学术身份、突出个人研究贡献。

2. 跨学科维度

1）统计显示，中美学生所撰写的学位论文英语摘要的语步构成要素在跨学科维度呈现共性和差异性兼有的特征（见表4-9）。

首先，中国化工、语言学和教育学学生均高频使用了"介绍研究领域"

"发现研究问题""指出研究意义""确定研究问题""简述实验/实证过程"和"报告实验/实证结果"等6个构成要素（详细数据见表4-9），属于"准必要"要素；"表明研究目的"在化工和语言学学位论文摘要中为"准必要"构成要素，在教育学摘要中为"必要"构成要素；"介绍研究方法"和"描述研究材料/对象"是中国语言学学位论文摘要中的"必要"构成要素，在化工和教育学摘要中是高频出现的"准必要"构成要素。这些构成要素都没有受到学科差异的影响，成为中国实验/实证型研究学位论文摘要语步构成要素的共核成分。此外，这三个学科摘要也都低频使用了一些"选择性"语步构成要素，如"寻找研究差距""提出技术设想""建立理论模型""提出研究假设""陈述解决途径""呈现创新成果""强调应用价值""预测应用前景"和"指出理论价值"等（详细数据见表4-9），表现出学科趋同性特征，也说明中国学生在理论方面没有取得突破，对于应用创新的表述比较隐晦。这表明，在同一母语语言文化背景下，如果采用相同或相似的研究方法，不同学科的语步构成要素呈现出的趋同性特征会比较明显。当然，中国学生学位论文摘要中的语步构成要素同样存在一定程度的学科差异性。例如，"表述研究思路""整理研究数据"和"推断实验/实证结果"是化工摘要的"准必要"构成要素，而在语言学和教育学摘要中却是"选择性"构成要素；"介绍数据采集""介绍理论基础"和"提出相关建议"是语言学和教育学摘要中的"准必要"构成要素，却是化工摘要中的"选择性"构成要素。这可能是因为自然科学的研究对象是自然事物，更强调根据实验数据发现和掌握实验研究的"必然性"，进而"演绎"出具有普遍性的规律，并能够被其他学者复制验证；而人文社会科学所研究的人和人类社会更加复杂多元，受到社会、文化和认知等变量的制约，研究者需要借助多元理论对观察到的现象予以解读归纳，这就使其更偏向于认识的主观性和相对性。此外，由于其实验/实证成果很难在短时间内被重复验证，因此，人文社会科学更倾向于借助相关理论以减弱研究发现的主观性和偶然性，通过提出相关建议阐明自己的研究价值或研究缺陷。再者，即使同为人文社会学科，语言学和教育学摘要的构成要素也存在一定差异性，如"勾勒论文框架"和"得出研究结论"是语言学摘要的"准必要"构成要素，但在教育学摘要中却是"选择性"构成要素，这可能是由于学科摘要写作的要求规范不同，也可能是样本选取的偶然性所致，是否是稳定的构成要素尚有待未来更多样本研究检验。

其次，美国化工、语言学和教育学学生均高频使用了"介绍研究领域"、"表明研究目的"（教育学为"必要"构成要素）、"介绍研究方法"（教育学为"必要"构成要素)、"描述研究材料/对象"和"报告实验/实证结果"(化工为"必要"构成要素)等5个"准必要"构成要素(具体数据见表4-9)。这些构成要素没有受到学科差异的影响,成为美国实验/实证型研究学位论文摘要语步构成要素的共核成分。这表明美国学位论文摘要的构成要素更加简洁,更聚焦陈述研究内容梗概。此外,这三个学科都低频使用了一些"选择性"语步构成要素,如"指出研究意义""寻找研究差距""提出技术设想""建立理论模型""提出研究假设""介绍数据采集""勾勒论文框架""整理研究数据""陈述解决途径""推断实验/实证结果""得出研究结论""提出相关建议""呈现创新成果""预测应用前景"和"指出理论价值"等(详细数据见表4-9),呈现出非常明显的学科趋同性特征,而且美国学生同样没有在理论和创新方面有突破。这同样表明,在同一母语语言文化背景下,如果采用相同或相似的研究方法,自然科学和人文科学学位论文摘要的语步构成要素呈现出的趋同性特征会比较明显。不过,美国学生学位论文摘要中的语步构成要素同样存在一定程度的学科差异。例如,化工摘要使用了更多的"准必要"构成要素,包括"发现研究问题""表述研究思路""确定研究问题"和"简述实验/实证过程",表现出更明显的问题意识,以及希望自己的研究成果被复制验证的需求,这符合自然科学的学科特征。"介绍理论基础"是语言学和教育学摘要共享的"准必要"构成要素,却是化工摘要中的"选择性"构成要素。这可能是因为人文社会科学具有较强的思辨性特征,其实验/实证研究需要借助多元理论支撑才能更加全面客观地解释归纳比较复杂抽象的社会现象,减少研究者的主观认知成分干预。然而,"强调应用价值"构成要素却成为化工和教育学这两个差异性较大学科摘要的共核成分,这可能是因为化工具有技术密集、研发应用性强的特征,其研究成果更倾向于能够应用到工程设计、技术革新、产品开发、工艺优化、产品生产、设备创新等实践领域;而教育学的研究对象是人类教育现象和问题,以揭示教育的一般规律,解决某些特定的教育实践问题,相较于语言学,具有更为明显的实践应用功能。

2)统计显示,中美硕士生所撰写的学位论文英语摘要的语步构成要素在跨学科维度呈现共性和差异性共存的特征(见表4-10)。

首先,中国化工、语言学和教育学硕士生均百分之百使用了"表明研究目的"、"介绍研究方法"和"描述研究材料/对象"3个"必要"构成要素,高频使用了"介绍研究领域"(语言学是100%)、"指出研究意义"、"确定研究问题"、"简述实验/实证过程"和"报告实验/实证结果"(教育学是100%)等5个"(准)必要"构成要素(详细数据见表4-10)。这8个构成要素都没有受到学科差异的影响，成为中国实验/实证型硕士学位论文摘要语步构成要素的共核成分。这三个学科摘要也都低频使用了10个"选择性"语步构成要素，如"寻找研究差距"、"提出技术设想"、"建立理论模型"（均为0%）、"提出研究假设"、"陈述解决途径"（均为0%）、"推断实验/实证结果"、"呈现创新成果"、"强调应用价值"、"预测应用前景"和"指出理论价值"等（详细数据见表4-10），同样表现出学科趋同性特征，遵循了摘要尽量避免阐释讨论的规范要求，但这也说明中国硕士生在理论、应用和创新方面并没有取得突破。这表明，相较于学科差异，相同或相似的研究方法会对语步构成要素产生更大的影响。不过，中国硕士学位论文摘要中的语步构成要素同样存在一定程度的学科差异。例如，"表述研究思路""整理研究数据"和"得出研究结论"是化工摘要高频出现的"准必要"构成要素，在语言学和教育学摘要中却是低频使用的"选择性"构成要素；"介绍数据采集""介绍理论基础"和"提出相关建议"是语言学和教育学摘要中高频使用的"准必要"构成要素，共享了人文社会科学的学科特征，却是化工摘要中低频出现的"选择性"构成要素；只有语言学摘要中高频出现了"勾勒论文框架"这一"准必要"构成要素，这可能是该学科的写作规范要求。

其次，美国化工、语言学和教育学硕士生均百分之百使用了"介绍研究方法"这一"必要"构成要素，高频使用了"介绍研究领域"（语言学和教育学为100%）、"表明研究目的"（语言学和教育学为100%）、"描述研究材料/对象"和"报告实验/实证结果"（化工为100%）等"（准）必要"构成要素（具体数据见表4-10）。这5个构成要素没有受到学科差异的影响，成为美国实验/实证型研究学位论文摘要语步构成要素的共核成分。这表明美国学生学位论文摘要的构成要素更简洁，更聚焦陈述研究内容梗概。此外，这三个学科都低频使用了一些"选择性"语步构成要素，如"指出研究意义"、"寻找研究差距"、"提出技术设想"、"建立理论模型"（均为0%）、"提出研究假设"、"介绍数据采集"、"勾勒论文框架"、"整理研究数据"、"陈述解决途径"、"推断实验/实证结果"、"得出研究结论"、"提出相关建议"、"呈现创新成果"、"预测应用前景"和"指出理论价值"等（详细数据见表4-10），呈现出非常明显的学科趋同性特征。这同样表明，相同或相似的研究方法对摘要语步构成要素产生的影响可能会大于学科差异。然而，美国硕士学位论文摘要中的语步构成要素同样存在一定程度的学科差异性。例如，化工摘要使用了更多的"准必要"构成要素，包括"发现研究问题""表述研究思路""确定研究问题"和"简述实验/实证过程"，表现出更明显的问题意识，以及希望自己的研究成果被复制验证的愿望,这符合自然科学的学科特征;但这也可能是因为其摘要平均长度大于语言学和教育学,学生有更多空间陈述研究设计。"介绍理论基础"则是语言学和教育学摘要中的"准必要"构成要素,是化工摘要中的"选择性"构成要素。这也符合人文社会科学较强思辨性的学科特征,这些学科需要通过多元理论全面客观地解释归纳比较复杂抽象的社会现象,减少研究者主观认知成分的干预。然而,"强调应用价值"构成要素却成为化工和教育学这两个差异性较大学科摘要的共核成分,反映了这两个学科实验/实证研究的实践应用性功能。

3)统计显示,中美博士学位论文英语摘要的语步构成要素在跨学科维度呈现出同质性和异质性兼有的特征(见表4-11)。

首先,中国化工、语言学和教育学博士生都高频使用了11个"(准)必要"构成要素,包括"介绍研究领域"、"发现研究问题"、"指出研究意义"、"表述研究思路"、"确定研究问题"、"表明研究目的"(教育学为100%)、"介绍研究方法"(语言学是100%)、"描述研究材料/对象"(语言学是100%)、"简述实验/实证过程"和"报告实验/实证结果"、"得出研究结论"(详细数据见表4-11)。这些构成要素都没有受到学科差异的影响,成为中国实验/实证型博士学位论文摘要语步构成要素的共核成分,既表明中国博士生有明显的问题意识,又因详细陈述了研究背景、研究设计、研究发现和研究结果而略显复杂。此外,这三个学科的英语摘要也都低频使用了一些"选择性"语步构成要素,如"提出技术设想""建立理论模型""提出研究假设""勾勒论文框架""陈述解决途径""呈现创新成果""强调应用价值""预测应用前景"和"指出理论价值"等(详细数据见表4-11),同样表现出学科趋同性特征,但也说明中国博士生在理论、应用和创新方面并没有取得突破,尤其对于化工这一更强调实践或实用的自然科学学科而言,理应更强调相关研究成果的实践应用功能。不过,中国博士学位论文摘要中的语步构成要素同样存在一定程度的学科差异。例如,"寻找研究差距""整理研究数据"和"推断实验/实证结果"是化工摘要高频出现的"准必要"构成要素,而在语言学和教育学摘要中却是低频使用的"选择性"构成要素;"介绍数据采集""介绍理论基础"和"提出相关建议"是语言学和教育学摘要中高频使用的"准必要"构成要素,共享了人文社会科学的学科特征,但却是化工摘要中低频出现的"选择性"构成要素。概而言之,相较于学科差异,相同或相似的研究方法对语步构成要素产生了更大的影响,不同学科呈现出较大趋同性的语步构成要素。

其次，美国化工、语言学和教育学博士生高频使用了5个"（准）必要"语步构成要素，即"介绍研究领域"（化工为100%）、"表明研究目的"（教育学是100%）、"介绍研究方法"（教育学是100%）、"描述研究材料/对象"和"报告实验/实证结果"（化工为100%）（具体数据见表4-11）。这5个构成要素没有受到学科差异的影响，成为美国实验/实证型博士学位论文摘要语步构成要素的共核成分。这表明美国博士学位论文摘要的构成要素更简洁，更聚焦陈述研究内容梗概和结果发现。此外，这三个学科都低频使用了一些"选择性"语步构成要素，如"指出研究意义""提出技术设想""建立理论模型""提出研究假设""介绍数据采集""勾勒论文框架""整理研究数据""陈述解决途径""推断实验/实证结果""得出研究结论""提出相关建议""呈现创新成果""预测应用前景"和"指出理论价值"等（详细数据见表4-11），呈现出非常明显的学科趋同特征。这同样表明，相同或相似的研究方法对摘要语步构成要素产生的影响可能会减弱学科属性特征。然而，美国博士学位论文摘要中的语步构成要素同样存在一定程度的学科差异。例如，化工摘要出现了更多的"准必要"构成要素，包括"发现研究问题""寻找研究差距""表述研究思路"、"确定研究问题"和"简述实验/实证过程"，表现出更明显的问题意识，以及希望自己的研究成果被复制验证的愿望，这符合自然科学的学科特征。"介绍理论基础"则是语言学和教育学摘要中的"准必要"构成要素，是化工摘要中的"选择性"构成要素。这也符合人文社会科学较强思辨性的学科特征，这些学科需要通过多元理论全面客观地解释归纳比较复杂抽象的社会现象，减少研究者的主观认知成分干预。然而，"强调应用价值"构成要素却成为化工和教育学这两个差异性较大学科摘要的共核成分，反映了这两个学科实验/实证研究的实践应用性功能。

综上所述，本研究发现，相同或相似的研究方法有可能会使不同学科的学位论文摘要的语步构成要素呈现出同质性大于异质性的特征。这可能是因为自然科学和人文社会科学都需遵循科学研究规范，以观察、实验、调查等经验证据为基础，秉承科学原理和规律，运用科学手段和方法，追求学术研究的科学性、严谨性和客观性。实验研究是自然科学发展中极为重要和广泛采用的研究方法，目前人文社会科学也越来越多地受到自然科学的影响，许多自然科学的研究方法已经卓有成效地应用于人文社会科学的研究过程之中。如果自然科学和人文社会科学采用了相同或相似的实验/实证研究方法，就需要遵循相同或相似的撰写规范，摘要就有可能会呈现相同或相似的语篇结构特征。然而，自然科学和人文社会科学的研究对象的差异也使得摘要语步构成要素存在一定程度的差异性。这是因为前者研究自然界中的客观事物,旨在探究其间的必然因果关系,进而"演绎"出具有普遍性和共性的规律特征,能够发挥研究成果的实践应用价值,并能够被其他学者复制验证;而后者研究人类自身的文化现象和社会现象,受到社会、文化和认知等变量的制约,研究者更倾向于思辨性讨论,需要借助多元理论对观察到的现象予以解读归纳。另外,相较于属于人文社会科学的语言学和教育学,属于自然科学的化工摘要中的语步构成要素要多一些,这有可能是因为该学科摘要的平均长度(除了中国化工博士摘要)要大于语言学和教育学,中美学生能够提供更多细节陈述。

3. 跨学位维度

统计显示,中美实验/实证型硕博学位论文英语摘要的语步构成要素在跨学位维度呈现同质性和异质性兼有的特征(见表4-10和表4-11)。

首先,中国实验/实证型硕博学位论文摘要平均长度虽然有较大差异(其中,硕士平均篇长为447.4词,博士为883.3词),但其语步构成要素呈现出的同质性特征明显大于异质性特征。例如,两者都使用了9个高频"(准)必要"构成要素:"介绍研究领域"、"发现研究问题"、"指出研究意义"、"确定研究问题"、"表明研究目的"(硕士为100.0%)、"介绍研究方法"(硕士为100.0%)、"描述研究材料/对象"(硕士为100.0%)、"简述实验/实证过程"和"报告实验/实证结果"。这9个构成要素都没有受到学位差异的影响,成为中国实验/实证型硕博学位论文摘要语步构成要素的共核成分。另外,中国硕博士生还都低频使用了11个"选择性"语步构成要素(详细数据见表4-10和表4-11),同样表现出趋同性特征,也说明中国硕博士生在理论、应用和创新方面并没有取得突破,没有更加积极地推销个人研究成果,建构个人学术身份。这表明,在相同的语言文化背景下,相同或相似的研究方法会对语步构成要素产生更大的影响,而学位差异的影响并不大。当然,中国硕博学位论文摘要中的语步构成要素同样存在一定程度的跨学位差异性。中国博士学位论文摘要中还出现了3个"准必要"构成要素——"表述研究思路""推断实验/实证结果"和"得出研究结论";而相应的硕士摘要中则出现了两个"准必要"构成要素——"介绍数据采集"和"提出相关建议"。这表明,中国博士生撰写的摘要更为详细,表现出较好的归纳提炼能力,尤其是"研究思路"更能反映研究的逻辑性和条理性,具有读者友好取向,但"推断实验/实证结果"似乎并不符合摘要应不加评论和补允解释的规范要求。中国硕士生则倾向于表层表述,也可能更多受到中国传统文化的影响,多以谦虚的态度指出自己研究中的不足和对未来研究的建议。这虽然符合其学术新手的身份，但在学术研究中过度谦虚并不利于推销自己的研究成果，一个自己都认为存在诸多不足的研究怎么可能说服读者相信其研究结果呢？

美国实验/实证型硕博学位论文英语摘要都出现了5个高频的"（准）必要"构成要素："介绍研究领域"、"表明研究目的"、"介绍研究方法"（硕士是100.0%）、"描述研究材料/对象"和"报告实验/实证结果"。除了"强调应用价值"的平均出现频率存在"选择性"和"准必要性"构成要素差异之外，其他20个均为低频出现的"选择性"构成要素（详细数据见表4-10和表4-11）。这表明，美国硕博士生基本上没有受到学位差异的影响，摘要篇幅长度没有差异（硕士平均篇长为353.9词，博士为354.2词），表现出非常明显的趋同性特征，都遵循了美国 Publication Manual of the American Psychological Association ［《APA 格式手册》（第六版）］对摘要写作的规范要求：简洁概况文章内容。由此可见，相同或相似的研究方法有可能会对英语本族语者的硕博学位论文摘要语步构成要素产生决定性影响。

其次，中美实验/实证型硕博学位论文英语摘要的语步构成要素在文中三个学科领域也呈现出跨学位维度的同质性大于异质性的特征。

第一，尽管中国化工硕博学位论文摘要的平均语篇长度存在较大差异（硕士为488.6词，博士是812.7词），但都高频使用了11个"（准）必要"语步构成要素（具体数据见表4-10和表4-11），摘要构成比较复杂；也都低频使用了13个"选择性"构成要素，没有受到学位差异的影响；只有"寻找研究差距"和"推断实验/实证结果"是其博士生高频使用的"准必要"构成要素，是硕士生低频使用的"选择性"构成要素。这有可能是受到摘要平均长度的影响，这也表明我国化工博士生的学术问题意识要高于硕士生，但博士生对摘要规范要求的掌握似乎并未因学历层次的提高而有所提升——摘要应简短陈述论文内容，不加注释和评论。美国化工硕博士生都高频使用了10个"（准）必要"语步构成要素（具体数据见表4-10和表4-11），摘要构成也比较复杂；都低频使用了15个"选择性"构成要素；只有"寻找研究差距"是博士生高频使用的"准必要"构成要素，是硕士生低频使用的"选择性"构成要素。这同样表明，美国化工博士生的学术问题意识要高于其硕士生。

第二，中国语言学硕博学位论文摘要的平均语篇长度存在较大差异（硕士为422.1词，博士是931.1词，博士摘要的平均篇长是硕士的2.2倍），但都高频使用了12个"（准）必要"语步构成要素（具体数据见表4-10和表

4-11），摘要构成最为复杂；也都低频使用了11个"选择性"构成要素（具体数据见表4-10和表4-11），表现出明显的跨学位趋同性特征。然而，他们在三个构成要素的使用频率上出现了跨学位差异性，如博士生高频使用了"表述研究思路"和"得出研究结论"这两个"准必要"构成要素，而硕士生则高频使用了"勾勒论文框架"构成要素。这表明，我国语言学博士生的摘要语篇完整性意识和逻辑意识较强，而硕士生则通过"勾勒论文框架"陈述论文组成部分，这可能是某些高校明确要求的硕士论文写作规范。例如，西南石油大学外国语言学及应用语言学专业MA硕士毕业论文要求硕士毕业生在摘要中需简述论文框架。美国语言学硕博生都高频使用了6个相同或相似的"（准）必要"语步构成要素（具体数据见表4-8和表4-9），摘要构成比较简洁；都低频使用了另外20个"选择性"构成要素（具体数据见表4-8和表4-9），完全没有受到学位差异的影响，其跨学位同质性特征大于中国语言学硕博士生。

第三，中国教育学硕博学位论文摘要的平均语篇长度存在较大差异（硕士为431.6词，博士是906.2词，博士摘要的平均篇长度是硕士的2.1倍），但都高频使用了11个"（准）必要"语步构成要素（具体数据见表4-8和表4-9），摘要构成要素较多，结构较为复杂；也都低频使用了12个"选择性"构成要素（具体数据见表4-10和表4-11），表现出明显的跨学位趋同性特征。然而，他们在3个构成要素的使用频率上出现了跨学位差异性，如博士生高频使用了"发现研究问题""表述研究思路"和"得出研究结论"这3个"准必要"构成要素，表现出较强的问题意识、逻辑意识和完整意识，但这也使得博士摘要的语篇结构更为复杂。而美国教育学硕博士生都高频使用了6个相同或相似的"（准）必要"语步构成要素（具体数据见表4-10和表4-11），都低频使用了另外20个"选择性"构成要素（具体数据见表4-10和表4-11），摘要构成比较简洁，且完全没有受到学位差异的影响，其跨学位同质性特征大于中国教育学硕博士生。

综上所述，本研究发现，在跨学位维度，相同或相似的研究方法有可能会使学位论文摘要的语步构成要素都呈现出同质性大于异质性的特征。这一点在美国硕博学位论文摘要（包括三个学科）中表现得更为明显——基本上没有受到学位差异的影响。而中国硕博士生还是表现出一定程度的学位差异性。这说明，母语语言文化对于硕博学位论文摘要构成要素的稳定性还是有一定的影响力。此外，美国硕博学位论文摘要中高频出现的"（准）必要"构成要素

（"强调应用价值"在整体、化工和教育学中的除外）也都是中国硕博学位论文摘要的"（准）必要"构成要素，这表明中美硕博士生都能够遵循摘要的写作规范要求，掌握了实验/实证型研究摘要的写作规范要求和交际功能。只是受到母语语言文化、摘要篇幅长度、国内部分高校对学位论文写作的规范要求等影响，中国硕博学位论文摘要的构成要素多于美国学生的，中国博士学位论文摘要的构成要素多于其硕士摘要的。

概而言之，中美实验/实证型硕博学位论文英语摘要的语步构成要素在跨文化、跨学科和跨学位都呈现了同质性大于异质性的特征，表明中美学生群体对于实验/实证型学位论文摘要的语篇结构基本达成共识。首先，中国硕博学位论文摘要中共现的"（准）必要"语步构成要素有9个，美国则仅有5个，且都是中国摘要中高频出现的，在跨文化维度表现出一定的文化差异性和趋同性。这可能是因为大部分中国高校都对硕博学位论文摘要提出了较为明确的写作规范要求，摘要普遍较长，且博士论文摘要篇幅长于硕士的；而美国学生群体的论文摘要长度更接近国际期刊对摘要的写作长度要求，普遍较短，且没有受到学历层次的影响。因此，文化差异、规范要求和语篇长短对于摘要语步构成要素会产生一定的影响。其次，中美三个学科的学生群体均在其学位论文摘要中高频使用了相同或相似的语步构成要素，在跨学科维度也呈现出趋同性特征，这表明，相同或相似的研究方法有可能会使不同学科的学位论文摘要的语步构成要素呈现出同质性大于异质性的特征。再次，学历层次对于中国学生群体的摘要语步构成要素的影响明显大于美国学生群体的。这可能受到两个因素的影响。其一，摘要语篇长度差异。中国博士学位论文摘要普遍比其硕士的长，构成要素相对较多；而美国硕博士生所撰写的摘要平均长度基本上没有差异（硕士平均353.9词，博士平均354.2词），甚至其语言学硕士论文摘要的平均篇幅长度还大于其博士的（分别是381.9词和328.9词），语步构成要素比较稳定。其二，规范要求不同。中国大部分高校对于硕士学位论文摘要和博士学位论文摘要提出了不同的写作规范要求，而美国硕博学位论文摘要的写作规范似乎都沿用了国际期刊摘要的写作要求。

（二）语步模型

统计显示，中美实验/实证型硕博学位论文摘要在引言、目的、方法、结构、结果、结论和评价这七个语步的使用频率在跨文化、跨学科和跨学位等维度都呈现同质性和异质性共存的特征。

1. 跨文化维度和跨学位维度

依据 Lim（2014：70）提出的分类标准，本研究将出现频率大于 50% 的语步视为中美实验/实证型硕博学位论文英语摘要的语步模型。

统计显示，中美硕博学位论文摘要、中美硕士学位论文摘要以及中美博士学位论文摘要中的语步出现频率和语步模型在跨文化和跨学位维度都呈现出同质性大于异质性的特征（见图 4-3、图 4-4 和图 4-5）。

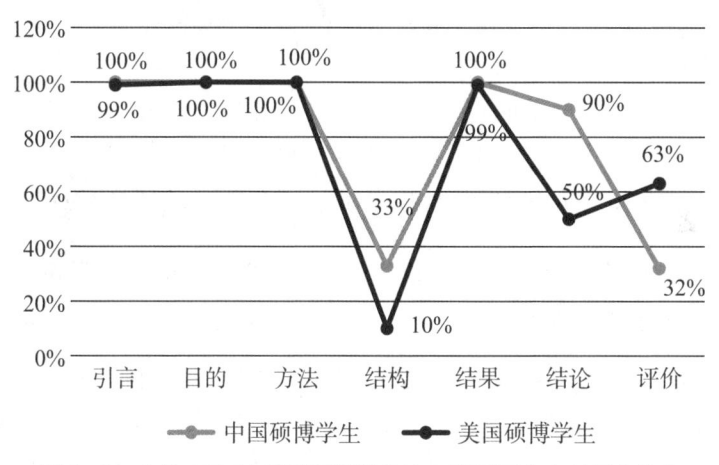

图 4-3 中美实验/实证型硕博学位论文摘要语步出现频率分布

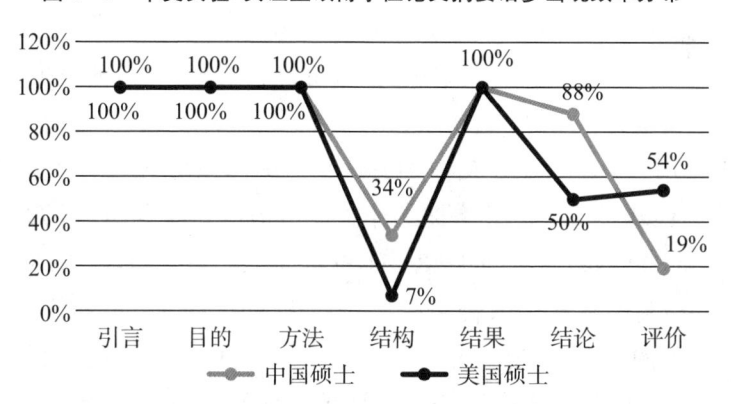

图 4-4 中美实验/实证型硕士学位论文摘要语步出现频率分布

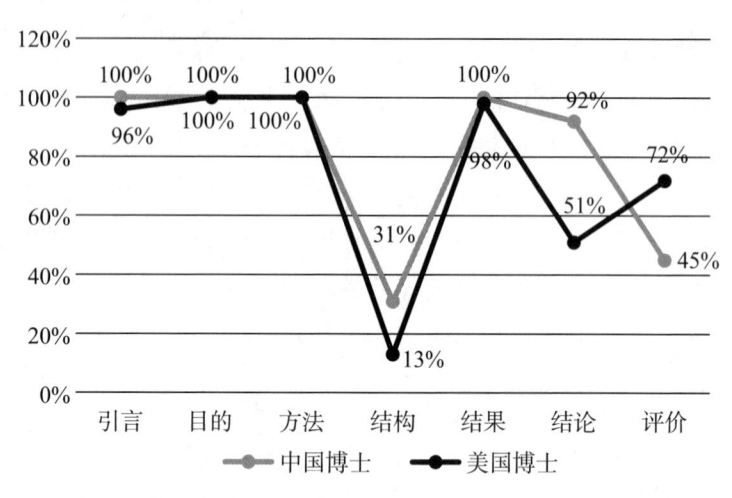

图 4-5　中美实验/实证型博士学位论文摘要语步出现频率分布

图 4-3、图 4-4 和图 4-5 显示，中国硕博学位论文摘要和硕士学位论文摘要、博士学位论文摘要都呈现出相同的 IPMRC（Introduction-Purpose-Method-Result-Conclusion）五语步模式，即"引言—目的—方法—结果—结论"，这与王淑雯和常志怡（2020）建构的中国石工实验型硕博学位论文英语摘要的语步模型一致，也与一些学者所建构的期刊论文摘要 IPMRC 五语步模式一致（Santos & Hyland, 1996; Swales, 2004; Swales & Feak, 2010）。这说明我国硕博士论文英语摘要表现出与英语期刊论文摘要一致的语步共核特征，而且表现出同文化、跨学位的语步稳定性特征。而美国硕博学位论文摘要和硕士学位论文摘要、博士学位论文摘要都在与中国硕博学位论文摘要相同的 IPMRC 语步模式基础上，又增加了一个评价语步，即 IPMRCE 六语步模式（Introduction-Purpose-Method-Result-Conclusion-Evaluation），同样在同文化和跨学位维度表现出语步的同质性特征。这表明，在跨文化维度，中美学生对于引言、目的、方法、结果和结论语步的使用达成共识，都倾向于在摘要中给出完整的主要信息，这符合实验/实证研究的本质特征——始于观察，终于总结。而美国学生则更积极地凸显个人研究价值，建构个人学术身份。这符合实验/实证型研究通常具有一定的应用价值或应用前景的研究特征。而在跨学位维度，中美硕博士生都分别使用了各自稳定的语步模型，没有受到学历层次的影响。

概而言之，研究类型和学历层次对于中美硕博学位论文摘要语步模型的影响大于文化差异性的影响。

2. 学科间的跨文化、跨学科和跨学位维度

统计显示，中美化工、语言学和教育学等学科领域硕博学位论文英语摘要、硕士学位论文摘要以及博士学位论文摘要中的语步出现频率和语步模型在跨文化和跨学科维度均呈现出同质性大于异质性的特征。

首先，表4-12和图4-6显示，中美三个学科领域实验/实证型学位论文摘要所建构的语步模型具有较大程度的趋同性特征。

表4-12 中美化工、语言学和教育学学位论文摘要语步出现频率统计

项目	学科	引言	目的	方法	结构	结果	结论	评价
中国学生	化工	100%	100%	100%	12%	100%	90%	41%
	语言学	100%	100%	100%	53%	100%	90%	26%
	教育学	100%	100%	100%	34%	100%	48%	80%
美国学生	化工							
	语言学	96%	100%	100%	9%	97%	52%	41%
	教育学	98%	100%	100%	11%	100%	52%	65%

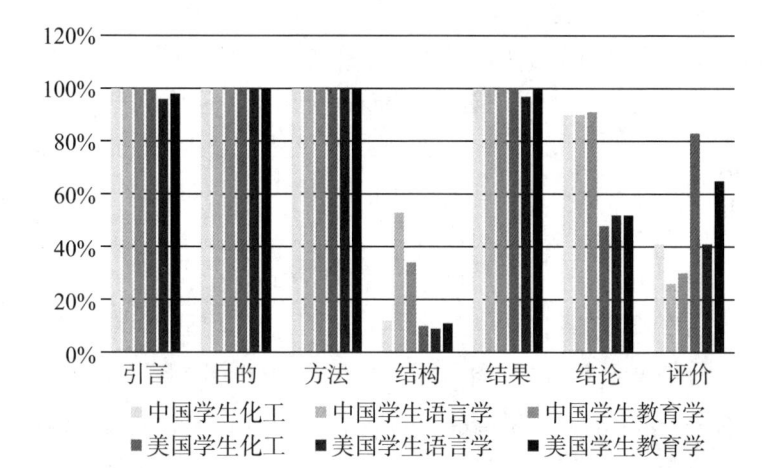

图4-6 中美化工、语言学和教育学学位论文摘要语步出现频率分布

表4-12和图4-6显示，中美化工学生使用了相似的摘要语步模型（中国是IPMRC，美国是IPMRE），仅在结论语步和评价语步存在差异性。中国化工学生倾向于在摘要中给出完整的主要信息，反映了归纳性思维特征；而美国化工学生则倾向于突显个人学术研究价值。中美教育学学生使用了相似的摘要语步模式（前者依然是IPMRC，而后者则是IPMRCE），美国教育学学生在提供完整摘要信息的同时，更积极地通过评价语步推销个人研究成果。中美语言学学生也使用了相似的语步模式（中国是IPMSRC，美国是IPMRC），中国语

言学摘要中的"勾勒论文框架"（S）可能是学科规范要求。概而言之，中国三个学科的学生都低频率使用了评价语步，这有可能是作者为了避免主观性而采取的语言策略，但也可能是受汉语思维模式的影响，论文作者未能有效承担自己的义务，显性评价研究的具体价值，从而丧失了建构个人学术身份的机会。由此可见，研究类型对于摘要语步模型的影响大于文化差异。

然而，在跨学科领域，中国化工与教育学这两个分属自然科学和人文社会科学的学科使用了相同的五语步模型（IPMRC），而同属于人文社会科学的语言学却倾向于 IPMSRC 六语步模式，这可能是因为国内某些高校语言学专业对于学位论文摘要的写作提出了明确的规范要求，但由于平均频率是53%，并非极高频使用，这一模式也可能受所选研究样本的影响。因此，中国语言学摘要六语步模式中的结构语步（S）的稳定性和普遍性有待进一步验证。美国化工、语言学和教育学则分别使用了 IPMRE、IPMRC 和 IPMRCE 三个不同的语步模型，也表现出一定程度上的学科差异性，但从结论语步（C）的使用频率看（分别是化工48%、语言学和教育学均为52%），尽管化工是"选择性"语步，语言学和教育学是"准必要"语步，但数据相差不大，因此，对于这两个学科摘要模型的稳定性也需要在未来研究中予以进一步验证。然而，不同于语言学摘要，化工和教育学摘要中都较高频出现了评价语步（E），这似乎反映了这两个差异性较大学科的实验/实证研究的实践应用功能或推广价值。概而言之，相同或相似的研究方法有可能会使不同学科的学位论文摘要的语步模型呈现出同质性大于异质性的特征。

其次，中美化工、语言学和教育学等学科领域硕士和博士学位论文英语摘要中的语步出现频率在跨文化、跨学科和跨学位维度均呈现出同质性大于异质性的特征（分别见表4-13和图4-7，表4-14和图4-8）。

表4-13　中美化工、语言学和教育学硕士学位论文摘要语步出现频率统计

项目	学科	引言	目的	方法	结构	结果	结论	评价
中国硕士	化工	100%	100%	100%	13%	100%	86%	23%
	语言学	100%	100%	100%	65%	100%	89%	17%
	教育学	100%	100%	100%	25%	100%	90%	16%
美国硕士	化工	100%	100%	100%	0%	100%	46%	73%
	语言学	100%	100%	100%	8%	100%	53%	25%
	教育学	100%	100%	100%	12%	100%	51%	64%

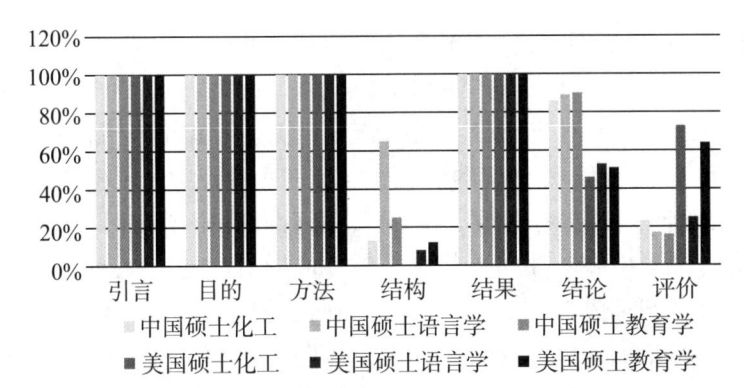

图4-7 中美化工、语言学和教育学硕士学位论文摘要语步出现频率分布图

表4-14 中美化工、语言学和教育学博士学位论文摘要语步出现频率统计表

项目	学科	引言	目的	方法	结构	结果	结论	评价
中国博士	化工	100%	100%	100%	11%	100%	93%	59%
	语言学	100%	100%	100%	40%	100%	91%	34%
	教育学	100%	100%	100%	43%	100%	92%	43%
美国博士	化工	100%	100%	100%	19%	100%	49%	93%
	语言学	92%	100%	100%	10%	94%	50%	57%
	教育学	95%	100%	100%	9%	100%	53%	65%

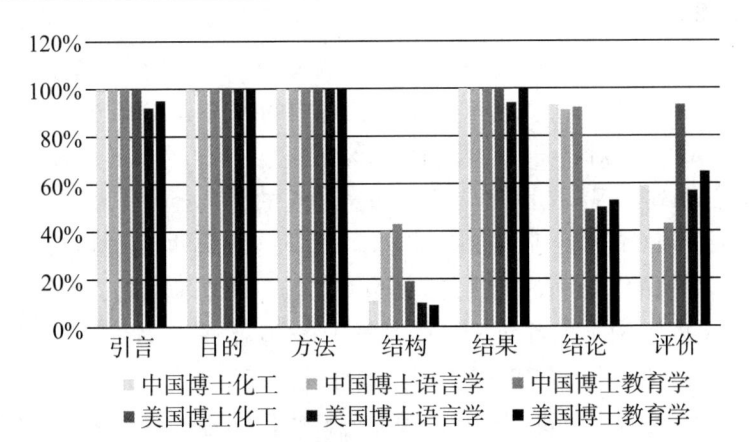

图4-8 中美化工、语言学和教育学博士学位论文摘要语步出现频率分布图

统计显示，在跨文化维度，中美化工硕士生使用了相似的摘要语步模型（中国是IPMRC，美国是IPMRE），中国化工硕士生倾向于在摘要中给出完整的主要信息，反映了归纳性思维特征，这与王淑雯和常志怡（2020）建构的我国石油天然气工程领域实验型硕士学位论文摘要的IPMRC五语步模式相同；

而美国化工硕士生则更注重突显个人学术研究价值，没有将结论语步纳入"准必要"语步，在信息完整性方面略显不足；中美语言学硕士生也使用了相似的语步模式（中国是IPMSRC六语步模式，美国是IPMRC五语步模式），中国语言学硕士生补充了一个结构语步（S）。中美教育学硕士生同样使用了相似的摘要语步模式（前者依然是IPMRC，而后者则是IPMRCE六语步模式），美国教育学硕士生在关注摘要信息完整性的同时，更积极地通过评价语步（E）推销个人研究成果。概而言之，中美硕士生在三个学科领域所建构的摘要语步模型都表现出比较明显的跨文化同质性取向，然而，中国三个学科硕士生都低频率使用了评价语步，这有可能是作者为了避免主观性而采取的语言策略，但也可能是受汉语思维模式的影响，论文作者未能有效承担自己的义务，显性评价研究的具体价值，从而丧失了建构个人学术身份的机会。由此可见，研究类型对于硕士学位论文摘要语步模型的影响大于文化差异。中美化工博士学位论文摘要呈现出相似的语步模式，前者是IPMRCE六语步模式，后者则是IPMRE五语步模式，中国化工博士生在注重摘要信息完整性的同时，也像美国化工博士生一样，积极推销个人研究成果的应用价值或应用前景。这与叶云屏和柳君丽（2013）及俞碧芳（2016）所建构的欧美博士学位论文摘要的七语步模型有一定的共性和差异性。叶云屏和柳君丽（2013）以欧美三个学科博士学位论文摘要为研究对象，建构了IPMSPCE七语步模型（Introduction - Purpose - Method - Structure - Product - Conclusion - Evaluation），但其数据显示，评价语步在三个学科中的平均出现频率是47%，属于"选择性"语步，因此，依据Lim（2014）的分类标准，其建构的应该是IPMSPC六语步模型。而俞碧芳（2016）对欧美四个学科博士学位论文摘要语步的统计数据显示，结构语步的平均出现频率（47%）也低于50%的"选择性"语步，她所建构的应该是IPMPCE六语步模型；另外，本研究结果也与王淑雯和常志怡（2020）所建构的我国石油天然气工程领域实验型博士学位论文摘要的IPMRC五语步模式略有不同，这可能是因为化学工程领域注重产品研发和应用，但也可能是样本选取所致，尤其是美国化工博士生对于结论语步的使用频率已达到49%，非常接近"准必要"语步。因而，自然科学博士学位论文摘要语步模式的稳定性有待未来大样本研究的进一步验证；中美语言学和教育学博士生各自分别使用了相同的语步模式，中国都是IPMRC五语步模式，美国都是IPMRCE六语步模式。这表明，美国两个人文社会科学博士生在像中国同学科博士生一样提供完整摘要信息的同时，还积极建构个人学术身份，推销个人研究成果，这可能是西方个人主义精神在摘要中的反映。综上所述，中美三个学科博士学位论文摘要的语步模式呈现出比较明显的跨文化趋同性特征。

在跨学科维度，中国化工与教育学这两个分属自然科学和人文社会科学的硕士生使用了相同的五语步模型（IPMRC），而同属于人文社会科学的语言学硕士生却倾向于 IPMSRC 六语步模式，这可能是因为国内某些高校语言学专业对硕士学位论文摘要的写作提出了明确的规范要求。例如，西南石油大学外国语学院硕士学位论文摘要写作规范要求学生在摘要中描述论文框架结构；而美国化工、语言学和教育学硕士生则分别使用了 IPMRE、IPMRC 和 IPMRCE 三种语步模型，表现出一定程度上的学科差异性。然而，不同于语言学硕士学位论文摘要，化工和教育学硕士学位论文摘要中都较高频出现了评价语步，这似乎反映了这两个差异性较大学科的实验/实证研究更注重实践应用功能或推广价值。中国语言学和教育学博士学位论文摘要呈现出相同的 IPMRC 五语步模式，化工摘要则是 IPMRCE 六语步模式，这表明中国博士生在自然科学和人文社会科学领域呈现出比较明显的学科趋同性特征；而美国语言学和教育学博士生也使用了相同的 IPMRCE 六语步模式，化工则是 IPMRE 五语步模式，同样表现出跨学科趋同性特征。Thompson（2001）的研究指出，不同学科专业对于学位论文写作有着较大的影响。但本研究发现，相同或相似的研究方法有可能会使不同学科硕博学位论文摘要的语步模型呈现出同质性大于异质性的特征。

在跨学位维度，中国化工硕博士生使用了大致相同的语步模式（硕士生是 IPMRC 五语步模式，博士生为 IPMRCE 六语步模式），不过，博士生在注重摘要信息完整性的同时，更加积极地推销个人研究成果和应用价值，在建构个人学术身份方面有更强烈的意识。这也可能是受硕博士培养方案不同的影响，例如，西南石油大学化学工程学院硕士培养方案中关于学位论文的基本要求规定，"论文选题应来源于技术研究、工程实际，具有明确的工程技术背景……论文研究内容应具备一定的理论基础、先进性、实用性，同时达到规定的工作量，能反映出综合运用科学理论方法和技术手段解决工程实践问题的能力"，但并没有强调研究成果的应用价值；而其博士培养方案中的学位论文基本要求则明确规定，"博士学位论文应对化学工程与技术领域科技发展有重要理论意义或应用价值，在科学或专门技术上做出创造性的成果"，以及"对相应领域的技术发展或产业进步具有理论意义和应用前景"。再如，云南大学化学工程硕士培养方案指出硕士学位论文课题要有"明确的应用价值"，而其博士培养方案则明确规定博士学位论文应"具有较高的学术与应用价值，有较好的创新性，对本学科专业的发展或社会经济建设有一定意义"。这也许意味着明确具体的学位论文写作要求有可能对学位论文摘要的语步模式产生一定程度的影响。中国语言学硕博士生也使用了相似的语步模式（硕士生是 IPMSRC 六语步模式，博士生为 IPMRC 五语步模式），硕士生似乎想借助结构语步明晰论文整体结构，但实际上，对于实验/实证型研究而言，论文摘要的逻辑结构基本上顺应研究设计或实验顺序，没有必要再次勾勒论文框架。中国教育学硕博士生则完全没有受到学历层次的影响，均在摘要中使用了相同的 IPMRC 五语步模式。美国化工硕博士生和教育学硕博士生都没有受到学历层次的影响，分别使用了相同的 IPMRE 五语步模式和 IPMRCE 六语步模式；而其语言学硕博士生则使用了相似的语步模式，硕士生是 IPMRC 五语步模式，博士生是 IMPRCE 六语步模式，博士生比硕士生更积极地建构个人学术身份，强调个人研究价值。概而言之，学位差异对于中美实验/实证型硕博学位论文摘要的影响并不大。

综上所述，中美化工、语言学和教育学学科领域的实验/实证型硕博学位论文摘要的语步模式在跨文化、跨学科和跨学位三个维度都呈现出同质性大于异质性的特征，在摘要的宏观结构上基本达成一致。

首先，引言语步、目的语步、方法语步和结果语步在中美硕博学位论文摘要中都是"（准）必要"语步。其中，引言语步总揽全局，简述研究背景，引出论文主题；目的语步旨在概述研究内容、研究目的、研究假设、拟解决的问题等，也可适当指出解决该问题的重要性、意义或难点；方法语步聚焦如何开展研究，如实验设计、研究对象、研究过程、研究方法、设备仪器等；结果语步则陈述研究发现、研究结果、研究观察、解决问题的途径等。实验/实证型研究是在特定条件下研究者通过实验观察、发现、探究相关规律而形成的论文，实验/实证方法是判断实验结果可否被重复的重要条件，实验结果则是特定实验方法下产生的某种现象或结果，两者相辅相成。

其次，结论语步和评价语步出现了跨文化、跨学科和跨学位维度的差异性。结论语步在中国三个学科的硕博学位论文摘要中都是"（准）必要"语步，没有受到学科差异和学位差异的影响，但该语步在美国三个学科的硕博学位论文摘要却表现出学科和学位差异性。在跨文化维度，相较于美国学生群体，中国学生群体更注重摘要语篇信息的完整性和全面性，这也符合实验/实证型研究的本质特征：由个别推出一般，始于观察，终于总结。但是，评价语步呈现出比较明显的跨文化异质性特征，以及一定程度的跨学科和跨学位差异性特征。该语步除了在中国化工博士学位论文摘要中高频出现成为"准必要"语步之外，中国其他学科的硕博士生均低频使用了该语步，而美国只有语言学硕士生低频使用该语步，其他学科硕博士生群体都将其纳入摘要的"准必要"

语步。这说明我国硕博士生可能普遍缺乏对自己研究发现或研究成果的合理评判，未能深化研究意义和价值，也未能主动建构个人学术身份，积极推销个人研究成果。其中的原因可能是：①中国学生受到汉语母语文化中内敛、谦虚、谨慎以及传统思维重视悟性的影响，表现出"读者负责型"写作特征，"书不尽言，言不尽意"，"交际过程强调听着/读者自行填补说者/作者言语中缺失的信息"（王淑雯、何晟，2018：89）；而美国学生则表现出"作者负责型"的写作特征，显性而充分地传递个人观点。然而，对于本应凸显应用价值或应用前景的实验/实证型研究而言，适度评价有助于建构良好的个人学术身份，凸显个人学术成果的价值。②中国学生群体更倾向于突显摘要信息的完整性和客观性，而美国学生群体则倾向于提高摘要的说服性。正如 Hyland（2009）指出的，必选语步（即本研究中的"（准）必要"语步）和可选语步反映的都是学科领域内成员对摘要中突显何种信息的侧重。但是，对于二语学习者而言，母语语言文化会影响其作者身份的积极有效建构。

再次，结构语步仅在中国语言学硕士学位论文摘要中成为高频使用的"准必要"语步，而实验/实证型研究论文摘要的逻辑结构基本上顺应研究设计或实验顺序，没有必要再次勾勒论文框架。

所以，尽管学科领域、语言文化背景和学历层次等因素会对硕博学位论文摘要的语步模式产生一定的影响，但相同或相似的研究方法会因不同文化、不同学科、不同学历层次的学生群体对摘要的相同或相似期待，而呈现出相同或相似的语步模式。此外，中美学生群体分别遵循了各自较为稳定的语步模式，前者多为 IPMRC 五语步模式，后者则是 IPMRCE 六语步模式和 IPMRE 五语步模式。

四、结语

本研究采用语步分析法以及语料库研究范式，以 1200 篇中美化工、教育学和语言学学科领域的实验/实证型硕博学位论文英语摘要为研究对象，从跨文化、跨学科和跨学位三个维度，通过识别、统计、分析语步构成要素的使用频率，发现中美学生群体在摘要中所用的语步构成要素呈现较大的趋同性特征，我们借此建构了同质性大于异质性的学位论文摘要语步模型。具体包括：

（一）语步构成要素

在跨文化维度，中美学生群体在化工、教育学和语言学硕博学位论文英语摘要中的"（准）必要"语步构成要素和"选择性"语步构成要素的同质性特征大于其异质性特征。这表明，中美硕博士生就学位论文摘要的语类期待和语篇结构基本达成一致，都遵循了摘要写作的主要规范要求。不过，中国硕博士（包括整体及三个学科）学位论文摘要中高频出现的"（准）必要"语步构成要素均明显多于相应的美国学生群体和学科群体，呈现出更为复杂多样的摘要语篇特征。使用频率反映了母语语言文化背景对摘要中突显何种信息的侧重，中国学生群体更重视摘要的完整性、客观性和信息详细度，而美国学生群体则倾向于强调其研究价值、推销研究成果。此外，不同的学位论文摘要写作规范在某种程度上也导致了语步构成要素的差异性。中国高校对于硕博学位论文有较为具体的写作规范要求，摘要篇幅更是长于期刊摘要，而美国硕博士生则在其学位论文摘要中沿用了国际期刊对摘要的写作要求，这就使得其摘要篇幅普遍比中国学生群体的短，从而也在某种程度上减少了某些"（准）必要"语步构成要素。然而，某些构成要素的缺失有可能只是修辞策略，并不影响交际功能的实现。

在跨学科维度，中美三个学科的学生群体均在其学位论文摘要中高频使用了相同或相似的语步构成要素，在跨学科维度也呈现出趋同性特征。相较于中国的非英语本族语学生群体，美国英语本族语学生群体的学科趋同性特征更为明显，这表明，母语语言文化背景差异的影响同样会在学科维度产生一定的迁移。使用频率反映了学科领域成员对摘要中突显何种信息的侧重（Hyland，2000）。尽管自然科学和人文社会科学会侧重不同的信息，进而影响摘要中某些语步构成要素的使用频率，但相同或相似的研究方法有可能会成为跨越自然科学和人文社会科学学科差异的桥梁，使学科差异较大或较小的学位论文摘要的语步构成要素呈现出同质性大于异质性的特征。

在跨学位维度，中美学生整体以及三个学科的硕博学位论文摘要中语步构成要素同样都呈现出同质性大于异质性的特征。而且，学历层次对中国学生群体论文摘要语步构成要素的影响明显大于美国学生群体。这可能是因为中国硕博士生（包括三个学科）受到培养方案及学位论文写作规范要求的影响，其博士学位论文摘要的篇幅普遍长于其硕士生的，这在某种程度上影响了语步构成要素的多样性，而美国学生群体没有受到学历层次的影响，其摘要篇幅都接近国际期刊对摘要的写作规范要求。

概而言之，中美硕博士生都掌握了实验/实证型学位论文摘要特有的修辞方式，达到了特定的修辞目的，实现了明确的学科期待。尽管文化差异、学科差异、规范要求和摘要篇幅对于学位论文摘要语步构成要素会产生一定的影响，但研究类型的影响力更大；学科和学历对于中国学生群体摘要语步构成要素的影响力大于美国的英语本族语学生群体；对于非本族语学生而言，学科文化、学历层次和母语文化会对其作者身份的建构产生一定的影响。

（二）语步模型

中美硕博士生（包括三个学科）在跨文化、跨学科和跨学位等维度建构了相似或相同的语步模式，主要有 IPMRC、IPMSRC、IPMRCE、IPMRE 等五语步或六语步模式，学生群体就 IPMR 这四个语步达成一致，体现了语篇社团、学科团体、文化群体、学位社团等之间的相同期待、修辞策略和交际目的。这表明，相同或相似的研究类型促使不同社会文化、学科背景和学历层次的学生群体采用了相似的摘要组织结构，从而使摘要语篇呈现出相似的宏观结构类型和序列。而且，中美学生群体均建构了各自相对比较稳定的语步模式，前者多为 IPMRC 五语步模式，后者则倾向于 IPMRCE 六语步模式或 IPMRE 五语步模式。由于文化差异，中国学生群体更重视摘要的完整性、客观性和详细度，而美国学生群体则倾向于强调研究价值、推销研究成果、建构个人学术身份。

第六节 小结

语步分析的目的是服务教学，因为它能够为特定的写作任务提供适切的语篇布局、逻辑顺序和语言选择，能够帮助学术新手在阅读或撰写某一特定语类文章时，意识到其词汇语法特征和语步结构的独特性（Nagao，2019）。

在全面梳理国内外语步研究成果的基础上，采用语步分析法，自建语料库，第四节以 200 篇我国石油天然气工程专业的实验型硕博学位论文英语摘要为研究对象，展开跨学位对比研究，通过统计分析语步及其构成要素的使用频率，建构了实验型硕博学位论文摘要的"引言—目的—方法—结果—结论"（IPMRC）五语步模式，并指出相同的社会文化背景、学科领域和研究类型促使学生群体采用了相同的语篇策略，从而使摘要呈现出相同的宏观结构类型和序列。第五节则以 1200 篇中美化工、教育学和语言学等学科领域的实验/实证型硕博学位论文摘要为研究对象，从跨文化、跨学科和跨学位三个维度展开更为复杂的对比分析，发现中美学生群体都掌握了实验/实证型学位论文摘要特有的修辞方式，达到了特定的修辞目的，实现了明确的学科期待，建构了相似或相同的语步模式，如 IPMRC、IPMSRC、IPMRCE、IPMRE 等五语步或六语步模式。研究发现,相同或相似的研究类型促使不同社会文化、学科背景和学历层次的学生群体采用了相似的摘要组织结构,从而使摘要语篇呈现出相似的宏观结构类型和序列。本研究在一定程度上揭示了中美实验/实证型硕博学位论文摘要的语篇深层交际目的和语步结构的共核部分,丰富了对学位论文摘要语步特征的实证性研究成果,为英语学术论文写作和教学提供了有益的借鉴。

在目前学科交叉融合的发展趋势下,明确实验/实证型学位论文英语摘要的语步构成要素和语步模式有益于自然科学和人文社会科学等诸多学科领域的硕博士生在撰写此类摘要时"言之有序",在布局谋篇上更合理周密,结构更利落严谨,内容更全面翔实。在英语学术论文写作教学中,教师不仅要帮助学术新手掌握摘要的总体结构,还需要分析阐释、归纳总结每个修辞功能的语言实现方式,深入了解英语语言文化特征,提高语类意识,掌握语类规约;不仅要明确学科期待的差异性,还要强调研究类型在同一学科中的不同期待,以及在不同学科中的相同期待,通过案例对比,帮助学生熟悉并掌握不同研究类型摘要的宏观结构。

参考文献

ADEL A, 2014. Selecting quantitative data for qualitative analysis: A case study connecting alexicogramatical pattern to rhetorical moves [J]. Journal of English for academic purposes (16): 68-80.

ALHARBI L, SWALES J, 2011. Arabic and English abstracts in bilingual language science journals: Same or different? [J]. Languages in contrast, 11 (1): 70-86.

ABARGHOOEINEZHAD M, SIMIN S, 2015. A structural move analysis of abstract in electronic engineering articles [J]. International journal of research studies in language learning (4): 69-80.

ANSI (American National Standards Institute), 1979. The American standard for writing abstracts. ANSIZ39. 14-1979 [Z]. New York: American National Standards Institute Publication.

AMERICAN PSYCHOLOGICAL ASSOCIATION, 2009. Publication manual of the American psychological association [M]. 6th ed. Washington D C: American Psychological Association.

ANDERSON K, MACLEAN J, 1997. A genre analysis study of 80 medical abstracts [J]. Edinburgh working papers in applied linguistics (8): 1-23.

BASTURKMEN H, 2009. Commenting on results in published research articles and masters dissertations in language teaching [J]. Journal of English for academic purposes (4): 241-251.

BASTURKMEN H, 2010. Developing courses in English for specific purposes [M]. London: Palgrave Macmillan.

BASTURKMEN H, 2012. A genre – based investigation of discussion sections of research articles in dentistry and disciplinary variation [J]. Journal of English for academic purposes, 11 (2): 134 – 144.

BELCHER D, 2004. Trends in Teaching English for Specific Purposes [J]. Annual review of applied linguistics (24): 165 – 186.

BERKENKOTTER C, HUCKIN T N, 1995. Genre knowledge in disciplinary communication— Cognition/culture/power [M]. Hillsdale NJ: Lawrence Erlbaum Associates.

BHATIA V K, 1993. Analyzing genre: Language use in professional settings [M]. London: Longman Press.

BHATIA V K, 2004. Worlds of written discourse: A genre – based view [M]. London: Continuum.

BHATIA V K, 2008. Genre analysis, ESP and professional practice [J]. English for specific purposes (27): 161 – 174.

BRETT P, 1994. A genre analysis of the results section of sociology articles [J]. English for specific purposes, 13 (1): 47 – 59.

BRUCE I, 2009. Results sections in sociology and organic chemistry articles: A genre analysis [J]. English for specific purposes (28): 47 – 59.

BUNTON D, 2002. Generic moves in Ph. D. thesis introductions [C] //FLOWERDEW J (ed.). Academic discourse. Harlow: Pearson Education, 57 – 75.

ÇANDARLI DUYGU, 2012. A cross – cultural investigation of English and Turkish research article abstracts in educational sciences [J]. Studies about languages (20): 12 – 17.

CAVALIERI S, 2014. Variation across disciplines: The case of applied linguistics and medicine [C] //BONDI M, LORÉS – SANZ R (eds.). Abstracts in academic discourse: Variation and change. Bern, Germany: Peter Lang, 161 – 174.

CHALAK A, NOROUZI Z, 2013. Rhetorical moves and verb tense in abstracts: a comparative analysis of American and Iranian academic writing [J]. International journal of language studies (4): 101 – 110.

CROSS C, OPPENHEIM C, 2006. A genre analysis of scientific abstracts [J]. Journal of documentation (4): 428 – 446.

DAHL T, 2000. Lexical cohesion – based text condensation: An evaluation of automatically produced summaries of research articles by comparison with author – written abstracts [D]. Bergen: Norweigian School of Economics and Business Administration.

DAY R, 1998. How to write and publish a scientific paper [M]. Cambridge: Cambridge University

Press.

DEVITT A, 2004. Writing genres [M]. Carbondale IL: Southern Illinois University Press.

DIANI G, 2014. On English and Italian research article abstracts: Genre variation across cultures [C] //BONDI M, LORÉS-SANZ R (eds.). Abstracts in academic discourse: Variation and change. Bern: Peter Lang, 175-198.

DUDLEY-EVANS T, 1986. Genre analysis: An investigation of the introduction and discussion sections of MSc dissertations [C] //COULTHARD R M (ed.). Talking about text. University of Birmingham: English Language Research, 128-145.

DUDLEY-EVANS T, HENDERSON W, 1990. The organization of article introductions: Evidence of change in economics writing [C] //DUDLEY-EVANS A, HENDERSON W (eds.). The language of economics: The analysis of economics discourse. London: Modern English Publications and the British Council, 67-78.

DUDLEY-EVANS T, ST JOHN M J, 1998. Development in ESP: A multi-disciplinary approach [M]. Cambridge: Cambridge University Press.

DUFF P A, 2007. Problematizing Academic Discourse Socialization [C] //MARRIOTT H, MOORE T, SPENCE-BROWN R (eds.). Learning discourse and the discourse of learning. Melbourne: Monash University Press, 95-116.

DUFF P A, 2010. Language socialization into academic discourse communities [J]. Annual review of applied linguistics (30): 169-192.

DUNCAN B R, 2008. A computational linguistic analysis of biomedicalabstracts: differences between native and Korean speakers of English [D]. Memphis: University of Memphis.

EL-DAKHS D A S, 2018. Why are abstracts in PhD theses and research articles different? A genre-specific perspective [J]. Journal of English for academic purposes (36): 48-60.

FLOWERDEW L, 2005. An integration of corpus-based and genre based approaches to text analysis in EAP/ESP: Countering criticisms against corpus-based methodologies [J]. English for specific purposes (24): 321-332.

FLOWERDEW J, LI Y Y, 2007. Language reuse among Chinese apprentice scientists writing for publication [J]. Applied linguistics (3): 440-465.

GIANNONI D S, 2003. Worlds of gratitude: A contrastive study of acknowledgement texts in English and Italian research articles [J]. Applied linguistics (23): 1-31.

GRAETZ N, 1985. Teaching EFL students to extract structural information from abstracts [C] // PUGH A K, ULIJN J M (eds.). Reading for professional purposes. Leuven: ACCO, 123-135.

HATZITHEODOROU A M, 2014. A genre-oriented analysis of research article abstracts in law and business journals [C] //BONDI M, LORÉS-SANZ R (eds.). Abstracts in academic discourse: Variation and change. Bern: Peter Lang, 175 – 198.

HENRY A, ROSEBERRY R L, 1998. An evaluation of a genre – based approach to the teaching of EAP/ESP writing [J]. TESOL quarterly, 32 (1): 147 – 156.

HENRY A, ROSEBERRY R L, 2001 A narrow – angled corpus analysis of moves and strategies of the genre: "Letter of application" [J]. English for specific purposes (20): 153 – 167.

HIRANO E, 2009. Research article introductions in English for specific purposes: A comparison between Brazilian Portuguese and English [J]. English for specific purposes, 4 (28): 240 – 250.

HOLMES R, 1997. Genre analysis and the social sciences: An investigation of the structure of research article discussion sections in three disciplines [J]. English for specific purposes, 16 (4): 321 – 337.

HOPKINS A, DUDLYE – EVANS T, 1998. A genre – based investigation of the discussion sections in articles and dissertations [J]. English for specific purposes, 7 (2): 113 – 122.

HUCKIN T, 2001. Abstracting from abstracts [C] //HEWING M (ed.). Academic writing in context. Birmingham: University of Birmingham Press, 93 – 103.

HYLAND K, 2003. Genre – based pedagogies: A social response to process [J]. Journal of second language writing, 12 (1): 17 – 29.

HYLAND K, 2005. Teaching and researching writing [M]. Beijing: Foreign Language Teaching and Research Press.

HYLAND K, 2009. Academic discourse: English in a global context [M]. London: Continuum.

HYON S, 1996. Genre in three traditions: Implications for ESL [J]. TESOL quarterly (4): 693 – 722.

ISO 214 – 1976 (E). Documentation—Abstracts for publications and documentation [S/OL]. [2020 – 01 – 20]. http://www.iso.org/obp/ui/#/iso:std:4084:en.

KANOKSILAPATHAM B, 2015. Distinguishing textual features characterizing structural variation in research articles across three engineering sub – discipline corpora [J]. English for specific purposes (37): 74 – 86.

KINTSCH W, VAN DIJK T A, 1978. Toward a model of text comprehension and production [J]. Psychological review, 85 (5): 363 – 394.

LI L J, GE G C, 2009. Genre analysis: Structural and linguistic evolution of the English – medium medical research article (1985 – 2004) [J]. English for specific purposes, 28 (2): 93 – 104.

LIM J M H, 2006. Method sections of management research articles: Apedagogically motivated qualitative study [J]. English for specific purposes, 25 (3): 282 – 309.

LIM J M H, 2014. Formulating research questions in experimental doctoral dissertations on Applied Linguistics [J]. English for specific purposes (35): 66 – 88.

LIN L, EVANS S, 2012. Structural patterns in empirical research articles: A cross - disciplinary study [J]. English for specific purposes (3): 150 - 160.

LOI C K, 2010. Research article introductions in Chinese and English: A comparative genre - based study [J]. Journal of English for academic purposes, 9 (4): 267 - 279.

LORÉS - SANZ R, 2004. On RA abstracts: from rhetorical structure to thematic organization [J]. English for specific purposes, 23 (3): 280 - 302.

LORÉS - SANZ R, 2016. When the local becomes international: Thelexicogrammar of rhetorical moves in English and Spanish sociology abstracts [J]. Languages in contrast, 16 (1): 133 - 158.

MARTIN P M, 2003. A genre analysis of English and Spanish research paper abstracts in experimental social sciences [J]. English for specific purposes (1): 25 - 43.

MELANDER B J M, SWALES J M, FREDERICKSON K, 1997. Journal abstracts from the academic fields in the United States and Sweden: National and disciplinary proclivities [C] // DUSZAK A (ed.). Cultures and styles of academic discourse. Berlin: Mouton de Gruyter, 251 - 272.

NAGAO A, 2019. The SFL genre - based approach to writing in EFL contexts [J]. Asian - Pacific journal of second and foreign language education (1): 14 - 26.

NWOGU K N, 1991. Structure of sciencepopularizations: A genre - analysis approach to the schema of popularized medical texts [J]. English for specific purposes, 10 (2): 111 - 123.

NWOGU K N, 1997. The medical research paper: Structure and functions [J]. English for specific purposes, 16 (2): 119 - 138.

OZTURK I, 2007. The textual organization of research article introductions in applied linguistics: Variability within a single discipline [J]. English for specific purposes (1): 25 - 38.

PHO P D, 2008. Research article abstracts in applied linguistics and educational technology: A study of linguistic realizations of rhetorical structure and authorial stance [J]. Discourse studies, 10 (2): 231 - 250.

RAMANATHAN V, KAPLAN R B, 2000. Genres, authors, discourse communities: Theory and application for L1 and L2 writing instructors [J]. Journal of second language writing, 9 (2): 171 - 191.

SAEEAW S, TANGKIENGSIRISIN S, 2014. Rhetorical variation across research article abstracts in environmental science and applied linguistics [J]. English language teaching, 7 (8): 81 - 93.

SALAGER - MEYER F, 1992. A text - type and move analysis study of verb tense and modality distribution in medical English abstracts [J]. English for specific purposes, 11 (2): 93 - 113.

SAMRAJ B, 2002. Disciplinary variation in abstracts: The case of wildlife behavior and conservation biology [C] //FLOWERDEW J. (ed.). Academic discourse. London: Pearson Education Limited, 40 - 56.

SAMRAJ B, 2005. An exploration of genre set: Research article abstracts and introductions in two disciplines [J]. English for specific purposes, 24 (2): 141 - 156.

SANTOS M B, HYLAND K, 1996. The textual organization of research paper abstracts in applied linguistic [J]. Text (16): 481 - 499.

SHELDON E, 2011. Rhetorical differences in RA introductions written by English L1 and L2 and Castilian Spanish L1 Writers [J]. Journal of English for academic purposes, 10 (4): 238 - 251.

SKELTON J, EDWARDS S, 2000. The function of the discussion section in academic medical writing [J]. British medical journal (32): 1269 - 1270.

STOLLER F, ROBINSON M, 2013. Chemistry journal articles: An interdisciplinary approach to move analysis with pedagogical aims [J]. English for specific purposes, 32 (1): 45 - 57.

STOTESBURY H, 2003. Evaluation in research article abstracts in the narrative and hard sciences [J]. Journal of English for academic purposes, 2 (4): 327 - 341.

SWALES J M, 1981. Aspects of article introductions [M]. Birmingham: University of Aston in Birmingham.

SWALES J M, 1990. Genre analysis: English in academic and research settings [M]. Cambridge: Cambridge University Press.

SWALES J M, 2004. Research genres: Explorations and applications [M]. Cambridge: Cambridge University Press.

SWALES J M, 2019. The features of EAP studies: A personal viewpoint [J]. Journal of English for academic purposes (38): 82 - 95.

SWALES J M, FEAK C B, 1994. Academic writing for graduate students [M]. Ann Arbor, Michigan: The University of Michigan Press.

SWALES J M, FEAK C B, 2000. English in today's research world: A writing guide [M]. Ann Arbor: The University of Michigan Press.

SWALES J M, FEAK C B, 2010. From text to task: Petting research on abstracts to work [C] // MIGUEL F, RUIZ - GARRIDO S, PALMER J C, et al., English for professional and academic purposes. Amsterdam: Rodopi, 167 - 180.

SWALES J, NAJJAR H, 1987. The writing of research article introduction [J]. Written communication, 4 (2): 175 - 191.

TANKÓ G, 2017. Literary research article abstracts: An analysis of rhetorical moves and their linguistic realizations [J]. Journal of English for academic purposes (27): 42 - 55.

TARDY C M, 2011. The history and future of genre in second language writing [J]. Journal of second language writing, 20 (1): 1-5.

TARONE E, DWYER S, GILLETTE S, et al. , 1981. On the use of the passive in two astrophysics journal papers [J]. English for specific purposes (1): 123-140.

TESSUTO G, 2015. Generic structure and rhetorical moves in English-language empirical law research articles: Sites of interdisciplinary and interdiscursive cross-over [J]. English for specific purposes (37): 13-26.

TSENG F P, 2011. Analyses of move structure and verb tense of research article abstracts in applied linguistics [J]. International journal of English linguistics, 1 (2): 27-39.

YANG R Y, ALLISON D, 2004. Research articles in applied linguistics: Moving from results to conclusions [J]. English for specific purposes, 22 (4): 365-385.

YE Y P, 2019. Macrostructures and rhetorical moves in energy engineering research articles written by Chinese expert writers [J]. Journal of English for academic purposes (38): 48-61.

黑玉琴, 黑玉芬, 2012. 国外学术语篇研究的新趋势 [J]. 外语学刊 (1): 89-93.

邓鹂鸣, 周韵, 2020. 基于 CiteSpace 的国际学术语篇研究可视化分析 [J]. 外语教学 (1): 54-58.

葛冬梅, 杨瑞英, 2005. 学术论文摘要的体裁分析 [J]. 现代外语 (2): 138-146.

康勤, 孙萍, 2012. 基于语料库的科研论文英文摘要的体裁分析 [J]. 外语教学 (5): 28-31.

姜亚军, 赵明炜, 2008. 我国硕/博学位论文英语致谢语的语类结构研究 [J]. 外语教学 (6): 28-37.

史利红, 董瑾, 2011. 中外计算机类期刊英文摘要的结构对比分析 [J]. 中国科技期刊研究 (2): 233-236.

宋华, 2017. 中美博士学位论文致谢对比研究 [J]. 教育评论 (4): 13-17.

王淑雯, 常志怡, 2020. 实验型硕博士学位论文英语摘要的语步研究——以石油天然气工程类论文为例 [J]. 西南石油大学学报 (社会科学版), 22 (4): 103-111.

王淑雯, 何晟, 2018. 中美学者英语研究论文的语境文化特征对比研究——以石油天然气实验研究论文为例 [J]. 外语界 (1): 88-96.

王淑雯, 何晟, 2021. 英语石油科技论文写作 [M]. 青岛: 中国石油大学出版社.

肖忠华, 曹雁, 2014. 中外作者科技论文英文摘要多维度语步对比研究 [J]. 外语教学与研究 (2): 260-272.

杨玉婷, 李志君, 2020. 发表环境对中国学者论文英语摘要的语类特征影响研究 [J]. 外国语言文学 (2): 185-198.

叶云屏, 柳君丽, 2013. 博士学位论文摘要的跨学科语类分析对 EAP 教学的启示 [J]. 外语界 (4): 81-89.

俞碧芳, 2016. 基于语料库的跨学科博士学位论文摘要的体裁分析 [J]. 当代外语研究

（1）：31-40，90.

赵永青，梁晓磊，高君，等，2018. 中外学术期刊实证类论文英文摘要推销型式对比研究［J］. 外语与外语教学（1）：61-71，147-148.

赵永青，刘璐达，邓耀臣，等，2019. 国际文学类期刊论文英文摘要的语步—语阶序列分析［J］. 外语研究（1）：18-23.

郑新民，景飞龙，2017. 我国外语类学术期刊实证研究论文首尾呼应效果探析——体裁分析和元话语研究的视角［J］. 外语与外语教学（4）：42-52.

科学技术报告、学位论文和学术论文的编写格式（GB 7713—87）［EB/OL］.［2022-10-20］. https://journal.scu.edu.cn/info/1008/1148.htm.

西南石油大学研究生专业学位硕士学位论文撰写规范（试行）［EB/OL］.［2020-01-20］. https://www.swpu.edu.cn/gs/info/1087/1276.htm.

云南大学化学工程硕士生培养方案［EB/OL］.［2022-10-17］. http://www.chem.ynu.edu.cn/info/1033/1292.htm.

云南大学分析化学博士培养方案［EB/OL］.［2022-10-17］. http://www.chem.ynu.edu.cn/info/1039/1279.htm.

西南石油大学化学化工学院研究生培养方案［EB/OL］.［2022-10-17］. https://www.swpu.edu.cn/hgy/info/2078/9545.htm.

中国石油大学硕博士研究学位论文写作指南［EB/OL］.［2020-01-20］. http://www.cup.edu.cn/graduate/degree/papermanual/.

第五章 中美硕博学位论文摘要中的情态动词对比研究
—— 以计算机和教育学为例

第一节 引言

情态（modaility）指"介于'是'与'否'之间的那一块不确定区域"（What the modality system does is to construe the region of uncertainty that lies between 'yes' and 'no'），即"介于肯定和否定两极之间的中间程度"（These intermediate degrees, between the positive and negative poles...）（Halliday & Matthiessen, 2004: 147）。作为语言和思维的基本范畴之一，情态在向听者/读者传递命题信息的同时，也表达了说者/作者对命题内容的态度、评价和承诺（Chafe, 1986; Halliday, 1985、1994、2000; Hyland, 1994、1998; Hoye, 1997; Halliday & Matthiessen, 2004; Simon-Vandenbergen & Aijmer, 2007; Downing, 2009; Adams & Quintana-Toledo, 2013）。英语中的情态意义主要借助情态动词（如 can, could, must 等）、情态形容词（如 possible, probable, sure, certain）、情态副词（如 certainly, possibly, probably, usually, surely 等）和情态名词（如 certainty, possibility 等）等来传递，但其核心成员是情态动词（Perkins, 1983; Palmer, 1986、1990; Halliday, 1985、1994、2000; Alcaraz-Varo, 2013）。而且，因其"句法、语义和语用功能的复杂性"（Hinkel, 2009: 670），在所有的英语语法体系中，"情态动词是最重要的，但同时也是最难的语法"（There is perhaps no areas of English grammar that is both more important and more difficult than the system of the modals）（Palmer, 1979: 1）。之所以"最重要"是由于在不同的文体中，情态动词的出现频率都很高，传递了说者/作者的情感和意象；之所以"最难"则是因为情态动词的语义具有多义性和不确定性（Palmer, 1979; Mindt, 1993; Aijmer, 2002），可以表达不同的人际意义（Palmer, 1979、1986; Halliday, 1985; Biber et al., 1999）。从

语用看，情态动词因所处语境的不同，可以表达说话人或作者对所述内容的判断和态度，进而完成人际意义的构建（Mindt，1993；Hunston & Francis，2000）。而且，情态动词的使用情况受到语类、专业、研究类型、说者/作者语言文化背景的影响（Nakamura，1993；Hinkel，1995；Aijmer，2002；Thompson，2002；刘华，2004；王金铨，2006；梁茂成，2008；汪云，2008；何燕、张继东，2011；李莉华，2011；何力等，2017；王淑雯，2017；王淑雯、何晟，2018；高霞，2020）。

本章拟在全面述评国内外学界情态动词研究成果的基础上，以计算机和教育学领域的中美实验/实证型硕博学位论文英语摘要为研究对象，自建语料库，将定量研究与定性研究相结合，从跨文化、跨学科和跨学位三个维度对比分析研究语料中的情态动词使用情况，以期为我国英语学术论文写作和教学提供借鉴与启示。

第二节 文献综述

一、情态的概念、研究视域和类属

对于情态（modality）的研究可以追溯到亚里士多德时期，他对于可能性（possibility）、必要性（necessity）、不可能性（impossibility）以及三者之间关系的探讨为情态逻辑的研究奠定了基础，开启了情态的哲学和逻辑学研究。"情态"的概念则源于逻辑学模态理论中的"模态"一词。最初，模态主要是表达可能、必然等客观范畴，后来又延伸为可以表达说者/作者的认识、观点和态度等主观意义。因此，情态被视为一个语义范畴。而 Lyons（1977）认为情态是说话人对于句子所传递命题信息的观点态度或者是命题信息所描述情景的观点态度。这就意味着情态涉及态度或意见，具有主观性特征，属于语用范畴。Quirk 等（1985）认为情态意义是说话者对命题信息是否真实的判断，以及命题信息的可能性、普遍性、偶然性、倾向性、推断性、允许、能力、义务、意愿、态度、看法、评价等主观态度。Halliday 和 Matthiessen（2004：147）将情态界定为"介于'是'与'否'之间的意义，即'肯定的'和'否定的'两极之间的那一块区域"。Palmer 则将情态界定为"事件描述的命题状态（Modailty is concerned with the status of the proposition that describes the events）"（Palmer，2001：1），涉及话语的主观性，可以表达说话人的主观态度。随后，诸多学者从多元视角对情态展开了多维研究，包括概念厘清（如 Hyland, 1998; Nuyts, 2005、2006、2016; Nuyts & van der Auwera, 2016; 等等）、传统语义学（如 Lyons, 1977; Palmer, 1979、1986、1990; Coates, 1983; Perkins, 1983; Papafragou, 1998; Collins, 2009; 等等）、语用学（如 Leech, 1971、2003; Myers, 1989; Markkanen & Schroder, 1997; Papafragou, 2000; 李战子，2001; 等等）、语言类型学（如 Bybee et al., 1994; Palmer, 1986、2001; Wilson, 2005; Nuyts et al., 2010; 等等）、系统功能语言学（Martin, 1992; Halliday, 1994; Hyland, 1994、1998、2000; Martin & Rose, 2007; 等等）、认知语言学（如 Talmy, 1988; Sweetser, 1990; Nuyts, 2001; 等等）。尽管学者对于情态的定义各不相同，但达成了基本共识，即情态是语言和思维的基本范畴之一，在向听者/读者传递命题信息的同时，也表达了说者/作者对命题内容的态度、评价和承诺，具有主观性特征（Lyons, 1977; Chafe, 1986; Hyland, 1994、2000; Hoye, 1997; Halliday, 2000; Simon-Vandenbergen & Aijmer, 2007; Downing, 2009; Adams & Quintana-Toledo, 2013）。

还有一些学者从不同视域探讨了情态的类属。例如，von Wright（1951）从逻辑学视阈将情态分为四类：真势情态（alethic modal）、认知情态（epistemic modal）、道义情态（deontic modal）和存在情态（existential modal）。该分类的重要贡献在于确定了两个核心术语——认知情态和道义情态，后期的类属研究基本上都肯定并延用了这两种情态属性。

Lyons（1977、1995）从语义学视域将情态分为两种：认知情态（epistemic modality）和道义情态（deontic modality）。前者是关于知识的可信程度，关注命题真实度的可能性和必要性，是说话人或作者对命题真值、论述和事物存在可能性判断的肯定程度，与个人的知识和信念有关；后者是关于道义主体的行为道义上的可允许的程度，表达主语感觉到的义务责任、要求或允许履行的行为，涉及允许和强制的社会功能（Coates, 1983; Biber et al., 1999; De Haan, 1996）。每一个情态动词都可以表示这两种情态。

Halliday（1985）认为情态意义由情态（modalization）和意态（modulization）构成，前者表明说话人对命题的可能性的判断；后者是说话人对命题的可希望性的判断。

Palmer（2001）从语言类型学视域出发，以实际情况或命题的真实性为主要标准对情态系统进行了更为完善的分类（见图5-1）：

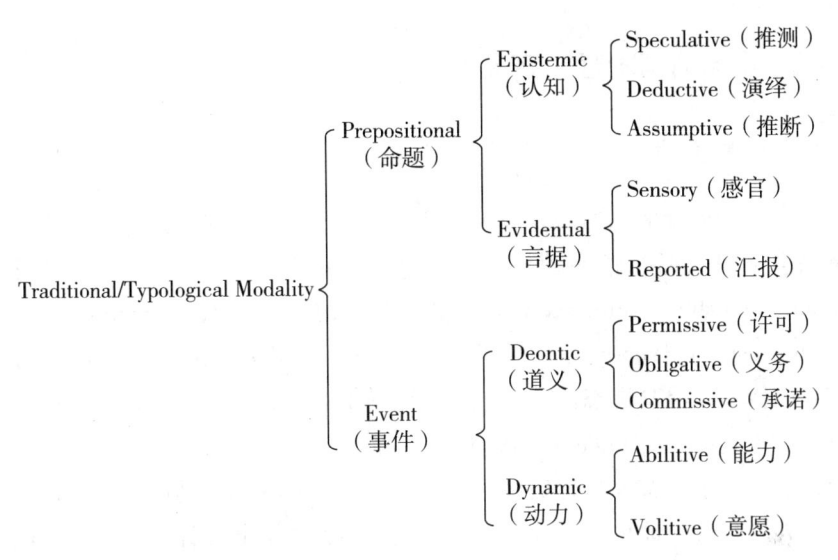

```
                                          ┌ Epistemic  ┌ Speculative（推测）
                                          │ （认知）   ┤ Deductive（演绎）
                           ┌ Prepositional┤            └ Assumptive（推断）
                           │ （命题）     │
                           │              │            ┌ Sensory（感官）
                           │              └ Evidential ┤
Traditional/Typological Modality           （言据）     └ Reported（汇报）
                           │
                           │              ┌ Deontic    ┌ Permissive（许可）
                           │              │ （道义）   ┤ Obligative（义务）
                           └ Event        │            └ Commissive（承诺）
                             （事件）     │
                                          └ Dynamic    ┌ Abilitive（能力）
                                            （动力）   └ Volitive（意愿）
```

图 5-1 情态系统的类型（Palmer，2001：22）

从图 5-1 可以看出，情态系统被分为"命题（propositional）"和"事件（event）"两大类。其中，前者关注的是说话人对命题的真值或真实状况的态度。后者指非真实化的事件，即事件尚未发生，仅仅是一个潜在事件。"命题"情态又被分为"认知"（epistemic）情态和"言据"（evidential）情态两个子类。其中，"认知情态"表达说话人对命题的真实状况的判断，而"言据情态"表明说话人对命题真值所提供的证据。"认知情态"又细分为三种判断：表达说话人对某个命题的不确定性的推测（speculative），表明来自可观察到证据或根据原理、公论的演绎推理的推论演绎（deductive），表明依据常识的的推断（assumptive）。"言据情态"被细分为"感官"（sensory）情态和"汇报"（reported）情态。前者表明证据来自感官，如听觉和视觉；后者类似于"引用""转述"或"传闻"。"事件情态"也被分为两个子类——"道义"（deontic）情态和"动力"（dynamic）情态。前者表明相关个体受到外界环境的影响，与来自外部的许可（obligation）或义务（permission）有关，也表达说话人保证会做某件事，可协调人际关系；后者指相关个体受到内部条件的影响，与说话人的能力（abilitive）或意愿（volitive）有关（Palmer，2001）。

本研究将采用 Palmer（2001）的情态分类，重点探究中美硕博学位论文英语摘要中情态动词所传递的认知情态意义和道义情态意义。

二、情态动词的理论研究

(一) 概念类属研究

国内外学界就情态的研究成果为情态动词的研究提供了理论框架。英语中的情态意义可以通过情态动词(如 can, could, must 等)、情态形容词(如 possible, probable, sure, certain 等)、情态副词(如 certainly, possibly, probably, usually, surely 等)和情态名词(如 certainty、possibility 等)等语言手段予以传递,但其情态范畴的核心成员是情态动词(Perkins,1983;Palmer,1986、1990、2001;Halliday,1994;Alcaraz-Varo,2013)。Halliday(2000)认为,语言除了具有表达说话人的个人经历和内心活动的功能之外,还具有表达说话人的身份、地位、态度、动机以及对事物的推断和评价等人际功能。而人际功能的情态意义主要是借助情态动词得以实现。这一观点也得到了很多学者的认同,即情态动词可以传递命题信息,表达说者/作者对命题或事件不同程度的态度、判断和推测,以及许可、意愿等情态意义,从而直接或间接对听者/读者产生影响(Quirk et al.,1985;Chafe,1986;Hoye,1997;Halliday,2000;Thompson,2000;Palmer,2001;Aikhenvald,2004;Martin & Rose,2007)。

Biber 等(1999:483)将英语情态动词分为三类(见表5-1)。

表 5-1 情态动词分类(Biber et al.,1999:483)

情态动词类型	情态动词词表
核心情态动词(central modals)	can, could, may, might, will, would, shall, should, must
半情态动词(semi-modals)	be to, be going to, be supposed to, have to, had better to, have got to
边缘情态动词(marginal modals)	dare to, need to, ought to, used to

Biber 等(1999)的语料库调查发现,核心情态动词的使用频率远高于半情态动词和边缘情态动词。其中 can, will, would 极为常见,而且在对话中的使用频率远高于新闻和学术文本,受到语类差异的影响。他们还根据语义潜势将这9个核心情态动词分为三类:许可(permission)/可能(possibility)/能力(ability)(包括 can、could、may 和 might)、义务(obligation)/必要性(necessity)(包括 must 和 should)、意愿(volition)/预测(prediction)(包括 will、would 和 shall)(Biber et al. 1999:491-495)。

（二）语义特征

Palmer（1986）指出不同的情态动词能表达不同的情态意义。例如，must 表示根据已知事实进行的唯一可能的判断；will 表示依据已知事实作出的合理判断；may 表示可能的判断，表明说话人对命题的确信程度和自信程度较弱；can 表示说话人的责任或许可程度较弱。例如：

例 1　Kate may be at home now. （A possible conclusion：speculative）

例 2　Kate must be at home now. （The only possible conclusion：deductive）

例 3　Kate will be at home now. （A reasonable conclusion：assumptive）

（Palmer，2001：6）

从语义看，情态动词具有多义性、模糊性、兼容性和不确定性等语义特征（Leech，1971；Lyons，1977；Palmer，1979、2001；Kratzer，1981；Coates，1983；Quirk et al.，1985；秦裕祥，1994；赵璞，2004），且词义往往重叠（Mindt，1993；Aijmer，2002），需借助语境确定其意义（Kratzer，1981；Mindt，1993；Bybee & Fleischman，1995；Hunston，2004）。例如：

例 4　She can run two miles in eight minutes. （can 表能力）

例 5　She can play basketball tomorrow. （can 表可能）

需要强调的是，9 个核心情态动词都可以用于一般现在时、一般将来时、一般过去时和现在完成时，不能将 could，would，should 和 might 简单地视为 can，will，shall 和 may 的过去式，这些情态动词在用于不同时态时会产生更为复杂的语义、语气和功能。

从结构序列看，情态动词常与助动词和实义动词结合构成"主语 + 情态动词 + 助动词或实义动词"的序列，涉及语言态度、情感与实践态势，既表示可能、许可、义务、必然、推测、意愿、意图与决心，还表达惋惜、忧虑、欢乐、委婉、胆敢等比较复杂细腻的情感与情绪（龙绍赟，2014），也是重要的推销策略（吴键洪、庞继贤，2019）。梁茂成（2008）指出，情态动词的语义类型（即道义型和认知型）与情态序列之间存在强烈的对应关系，分析情态序列的类型对了解语法、语义特征有重要意义。具体的对应关系可概括为表 5-2。

表5-2 情态动词句式与情态语义之间的对应关系（梁茂成，2008：51）

典型句式	句式举例	认识情态	义务情态
VM + 认识情态副词	can *probably* do	是	否
引导词主语 + VM	*it* may be true that	是	否
VM + 完成体	must have done	是	否
VM + 进行体	must be working	是	否
VM + 静态动词	must be	是	否
VM + 动态动词	must work	否	是
有灵主语 + VM	*kangaroos* can	否	是
无灵主语 + VM	*the weather* may	是	否
there + VM + be	*there* must be	是	否

注：VM = 情态动词

认识情态即认知情态。国内学者对 epistamic 的翻译并不统一。

从表5-2可以看出，这9个情态序列大多数属于表达认知型情态，用于表达命题真实度的可能性和必要性。

由此可见，只有与上下文语境相结合，情态动词才被赋予特定的意义。例如：

例6　He must go now.

例7　He must be at home.

例6和例7虽然都使用了情态动词 must，但由于情态序列不同，must 隐含的语义就各不相同。例6使用的是"主语+情态动词+实义动词"序列，must 在句中表达的是主观必须，言下之意是，主语"He"除了"离开（go）"别无选择，是道义型情态动词，对应汉语"必须"，表达说话者对于"He must go"这一行为的义务要求。而例7使用的是"主语+情态动词+助动词"序列，must 在句中表达了高确定性的推测，表明主语"he""在家（at home）"的可能性极高，这可能是说话人基于个人所知的推测，如"He"告知过自己"要在家"或"他家的灯亮着"、"看见他家的车了"等，因此在此序列中，must 是认知型情态动词，用于表达对可能性判断的肯定程度，must 在此句中的语义近似于汉语的"肯定""一定"。

学术论文在追求客观陈述事实的基础上，还需要对通过实验获取的证据或观测到的现象的真伪或可能性做出判断，不仅要传递信息和表达作者的观点，更要说服或影响读者。因此，情态动词的认知意义（表示必然性和可能性）在学术论文中的使用频率远远多于其道义意义（表示强制性和必要性）（Coates，1983；Collins，2009；庞继贤、陈珺，2018）。

（三）语用功能

从语用视域看，情态动词因所处语境的不同，可以表达说话人或作者对所述内容的判断和态度，并影响听者或读者的态度和行为，从而完成人际意义的构建（Palmer，1979、1986；Halliday，1985、2000；Mindt，1993；Hunston & Francis，2000；Papafragou，2000；Palmer，2001；Yang et al.，2015；Zalaltdinova，2018、2019；Whitty，2019；Dieuleveut，2021；王淑雯，2017；王淑雯、何晟，2018；杨曙，2018；等），具有主观性特征（郑雯嫣，2003；赵璞，2004；施兵，2006；张楚楚，2007）。情态动词在学术语篇中的语用功能具体表现为：

1）情态动词并不能改变话语的真值条件，也不会降低信息的准确程度，反而使信息更加精确、更加科学，使观点的论述更趋严谨、严密。例如，"It must be true"表达说话者对"It is true"这一命题的可能性推测。

例 8　This could be due to the large level of heterogeneity in real reservoirs unlike lab cores, and usually only one or two pore volumes are injected in the field.

首先，例 8 中的情态动词 could 表明作者的观点不是一种主观臆测，而是基于研究发现的客观推测；其次，could 隐含了作者在原因分析（due to）时表现出不确定的态度，这种态度并不会降低命题信息的准确程度，反而可以反映出作者就该问题并未作出绝对性断言，而是承认有可能存在其他解读空间。因此，情态动词的使用使学术论文作者在陈述个人观点的同时表现出严谨、实事求是的态度。

2）情态动词可以缓和或降低作者对命题信息的肯定性程度，从而使个人论述不显得过分绝对或武断，使话语更具客观性，这符合学术话语的科学客观性原则。

例 9　Interactions between the sodium chloride solution and rock minerals might take place during the injection, but it cannot be investigated from the behavior of Na[b] ions in effluent fluid as injected water contained Na[b] ions in the order of thousands of milligrams per liter, while the interaction could be in the order of tens or hundreds only.

例9中作者使用了3个情态动词might, cannot和could来降低自己对命题信息的肯定程度。其中，might是尝试性的表达，表示作者对某个命题信息whether interactions between the sodium chloride solution and rock minerals take place during the injection 的不完全肯定，且不排除do not take place这一可能性，可以保护作者免于受到潜在的批判；cannot be investigated表明这是基于目前的研究发现，其可能性高于might，但并非百分之百肯定；could隐含的肯定性弱于can，但高于might。例9中作者通过这三个隐含不同肯定程度的情态动词，避免了断言式结论，使自己的推测更加客观、科学。

3) 情态动词有助于作者与读者建构良好的人际关系，实现多元人际意义。学术论文作者以语言为媒介，在向读者客观介绍研究成果的同时，还要阐明自己的立场，并尽可能说服读者认同自己的观点，让他们相信作者所做的判断和结论是合理的、令人信服的（Glanville, 1998）。这就意味着，恰当使用情态动词可以使作者的观点不那么咄咄逼人，更易为读者所认同接受。

例10 The study area should develop two-stage dissolution.

该例中的should表达了"应该"这一劝说口吻，表现出作者居高临下命令的不可违抗性，没有为读者提供较大的协商余地。

4) 情态动词有助于扩大作者与各种观念和立场之间的互动协商。学术界百花齐放，百家争鸣，科学研究具有或然性、客观性、多元性和争议性，对同一研究话题研究者同样存在多种声音和看法。此外，学术论文作者可能会受制于个人的知识储备和认知能力，对某一命题信息的了解存在不全面性。因此，作者在传递个人观点时应表现出开放的姿态，愿意与持有不同观点的人积极对话，互动协商，既尊重持有不同学术观点的读者，也谦虚对待不同的学术声音。

例11 To trigger the movement of particles outside the localized zone more forces may be required for overcoming the resistance in the static mode.

虽然情态动词may表现出作者对真实值的不确定性或缺少承诺，或对于自己的观点缺少信心。不过，从与读者之间的互动协商看，may并不就一定仅仅是反映作者的知识状态，而是作者承认此处的命题信息是可以争议的，拓宽了命题的可能性，反映了作者的开放性姿态，愿意与持有不同观点的人协商，或者尊重那些不同的观点。如果将句中的 may 去掉，我们就能够发现作者的表述过于肯定武断，否认了所论话题有其他观点态度存在的可能，从而也减弱了论文的可信度。

5）情态动词有助于弱化作者对命题真值所要承担的责任，保护作者的学术体面，以免受到来自读者或同行的指责批判。

例 12　Injecting water with a different salinity than the formation brine would cause changes of the charges at both oil/brine and rock/brine interfaces and, as a result, the electric double layer thickness would change, which could improve or suppress the oil recovery.

例 12 中的情态动词 would 和 could 表明作者只是基于个人研究发现做出的适度推断，并未断言信息的绝对性（注：different than 是美式英语，英式英语有时用 different to）（王淑雯、何晟，2021：195-201）。

只有掌握了情态动词的概念及其多义性和复杂性，学生才可能有意识地提高其语用能力，但 Li（2020）认为，情态动词的语用是最具挑战性的，学生即使已经意识到情态的语用期待，依然会以自己的方式使用情态动词。因此，对于教师而言，情态动词是最难处理的结构之一（Celce-Murcia & Larsen-Freeman，1999）。

（四）量值等级

Halliday 和 Matthiessen（2004：624）根据说话人对某一观点或提议的有效肯定程度，以及说话人对实施某项提议或承担某种责任决心的大小，将 9 个核心情态动词分为高、中、低三个量值等级（见表 5-3）。

表 5-3　英语情态动词量值等级

情态动词量值等级	情态动词词表
高量值（high value）	must
中量值（mid-value）	will, would, shall, should
低量值（low value）	can, could, may, might

量值（value）指的是态度级别上的等级差异，表明说话者对命题是否确定的认识（Belcher & Braine，1995），旨在降低说话人对命题的肯定或确信程度。

1. 高量值情态动词

must 是唯一的高量值情态动词。《剑桥高阶英汉双解词典（第二版）》（2008）收录了 must 作为情态动词的 4 个词义，即：① （表示必要和很重要）必须（used to show that it is necessary or very important that something happens in the present or future）；② （表示个人信念）一定要，坚持要（if you say that you must do something, you mean that you have a definite intention to do something in the future）；③ （表示很可能或符合逻辑）一定（used to say that something is likely or logical）；④ （提出建议）应该，得（used to recommend that somebody do something because you think it is a good idea）。其中，①②和④可视为道义情态，其含义为"义务""必须"及"外部强加的要求"，可以表达主语感觉到的义务、责任、需要或者必须履行的行为，其隐含意义是"不得不做，没有选择"，表示强制性和必要性。③则是认知情态，强调施事者的义务和做事情的必要性，暗示除此之外别无选择。高量值情态动词 must 有助于表现出作者的高确定性、果断性、决定性和断言性。

例 13　The flood sequence <u>must</u> have an impact on the morphology of the residual clusters.

此句中 must 后面跟上实意动词 have，表达了道义情态意义，强调了主观上的"必须"，从而使得 the flood sequence 对 the morphology of the residual clusters 产生了必然的影响（impact）。

例 14　In experimental studies all test and specimen conditions <u>must</u> be under control before other properties are examined.

例 14 使用的"must + 静态动词 be"序列结构，表达了作者对命题真值（under control）的高确定程度，认为这是唯一可能的判断或推测，有助于增强说服力，突出肯定性，但也隐含了这并非事实的态度。

然而，作为一种强制规定性的高量值情态，must 虽然有助于提高对命题信息的确定性，但可能有过于权威武断之嫌疑，影响人际功能的实现和论文的说理效果，因此 must 在学术论文中的使用频率不高，而且主要用于传递认知情态意义（指必然性和可能性）（De Haan, 2012）。

2. 中量值情态动词

中量值情态动词包括 will, shall, would 和 should，它们所传递的承诺程度和语义强度都要弱于高量值情态动词 must。需要强调两点：其一，不要将

should 和 would 仅仅视为 shall 和 will 的过去式，它们也可以表达现在甚或将来的时间概念以及相应的情态意义，同样 will 也不是仅仅表达单纯的将来；其二，shall 在口语和书面语中的使用越来越少（Fung &Waston – Brown，1994），在学术论文中的使用更是罕见。

例 15　User interfaces are not just pretty screen representations; as their use is extended they will come to express the whole nature of the system data model, and will probably become highly specialized as the interfaces move from function – oriented to task – oriented forms.

例 15 中情态动词 will 的语义是"可能，大概"（used to refer to what is quite likely），表明现有证据让作者比较确定某件事情极有可能会发生，是作者基于已有证据的推测。will 的认知涵义表达了作者对某一命题内容的信心，而这种信心来自其所掌握的知识和现有证据。因此，will 可以帮助作者传递自己对所作论断的适度确定性，且确定性仅次于 must。Coates（1983）认为，will 是表达预测时最常用的情态动词，其认知情态意义也暗示作者有足够的证据可以证明该论断的合理性。国内外对硬科学论文中的情态动词调查发现，will 的使用频率是仅次于 can 和 may 的情态动词（Bulter，1990；Atai & Sadr，2008；徐江等，2014；王淑雯，2017；王淑雯、何晟，2018）。

如果将例 15 中的 will 换成 would，那么作者的肯定程度和信心就会减弱（used to refer to what is likely），因为 would 常用于表达更为礼貌的语气（used to express an opinion in a polite way without being forceful）。

试比较例 16 和例 17 所传递的作者对命题信息的确定程度。

例 16　This indicates that the mechanical properties of samples will not be altered due to the scale effect.

例 17　This indicates that the mechanical properties of samples would not be altered due to the scale effect.

情态动词 will 和 would 的区别不在时间或时态，而在语气，两者都可以用于表达新的或者尚未证实的观点，将结论模糊化，以降低或缓和对命题真实性的承诺程度，不过，would 比 will 传递的承诺度更低。

情态动词 should 暗指"不是不得不做"（had better do sth.），其语义强度要弱于 must（暗指"不得不做，没有选择"）。在某种程度上使得话语态度生硬、武断，使得文章常常有近乎说教的口吻，影响论文的说理效果，同时语言呈现较强的叙述特点，缺乏对所述问题的认知评价。因此，在学术论文中，should 多用于指出概率和事情的重要性，即表明个人见解和态度立场，而不是用于强调道义责任；且多用于被动语态，如 should be noted/considered 等，以降低主观程度。

例 18 It should be mentioned that since the grading size distribution plays a key role in the strength of specimens, wc should be selected based on used grain size distribution for different investigations.

例 18 中的情态动词 should 利用被动语态结构表明了作者的立场态度，"有必要"做某事，传递了合乎理想的事情或结果（to express likelihood, esp. of a desirable event or result; will probably）。

3. 低量值情态动词

低量值情态动词包括 can, could, may 和 might，是学术论文中使用频率最高的情态动词。首先，低值情态动词并不表明作者对某一命题缺乏信心，而有可能是因为倾向于使用某种固定或习惯的交际策略，更强调以读者为中心（Belcher & Braine, 1995）。其次，如果将这 4 个低量值情态动词按照承诺程度由高到低再次排序的话，依次是 can > could > may > might。再次，不要将 could 和 might 仅仅视为 can 和 may 的过去式，其差异主要体现在对命题信息的承诺程度而不是所用时态上，could 和 might 可以表达现在甚或将来的时间概念以及相应的情态意义，can 和 may 也可以用于一般过去时的句子中。

例 19 It was found that the initial dispersed state can be recovered.（can 传递的确信程度略高于 could）

例 20 It is found that the initial dispersed state could be recovered.（could 所传递的把握性低于 can）

例 21 The changes of electrical charge by sodium ions can increase the repulsive forces between the oil/brine and rock/brine interfaces, which may result in the expansion of the double layer.

can 和 may 表达可能（possibility）的观点或结论。其中，can 传递的确定性高于 may，表示有证据的推断，对命题信息或推测评估持开放性姿态；may 表明作者对命题的态度是"也可能""或许吧"，即假设或评估把握性不大，其目的仅仅是告知读者存在某一个命题信息，给读者或同行更多发表意见和做出判断的空间，表现出作者积极协商的态度，同时也起到了缓和语气的作用。

国内外对硬科学论文中的情态动词调查发现，can 和 may 是使用频率最高的情态动词（Atai & Sadr, 2008；Bulter, 1990；徐江等，2014；何力等，2017；王淑雯，2017；何力，2018；王淑雯、何晟，2018），这两个词用于表达"可能"的推测，表明作者对命题的假设或评估把握性不大，反映了作者对实验结果或观察现象可能存在或然性的认可，也反映了作者客观审慎的态度。

例 22 Interactions between the sodium chloride solution and rock minerals might take place during the injection, but it cannot be investigated from the behavior of Na^b ions in effluent fluid as injected water contained Na^b ions in the order of thousands of milligrams per liter, while the interaction could be in the order of tens or hundreds only.

例 22 的作者在一个句子中使用了 3 个低量值情态动词，适时调整自己对命题真值的确定程度。其中，might 表达一种不确定的观点，情态强度最低，语气最弱，有助于保护作者避免与读者有观点冲突。can 是 4 个低量值情态动词中情态强度最高的，表明作者是基于证据的推测，且愿意承认存在其他可能性；could 的语气强度略弱于 can，表达了更为礼貌的语气。

概而言之，说话人/作者在选择情态动词时，需关注的是语气而非时态，可根据自己对命题信息的确定程度选择适当的情态动词。

例 23 If the NG contains some water, then the absorption of that water by the IL could decrease the solvent's capacity, and will also degrade the reduction in regeneration duty associated with an amine + IL solution.

例 23 在并列主句中选择了一个低量值情态动词 could 弱化了信息 decrease the solvent's capacity 的可能性，还选择了一个中值情态动词 will 提高了另一个信息 degrade the reduction in regeneration duty associated with an amine + IL solution 的确信度（王淑雯、何晟，2021：195 - 201）。

综上所述，不同量值情态动词表达说话者对所谈事情不同程度的期望，显示说话者从怎样的愿望视角来谈论事情，可以表达不同的语义功能和话语功能，量值越高，说话人表现出的承诺度越高，与读者的商讨性越低；反之，量值越低，承诺度越弱，与读者的商讨性越高。因此，不同量值的情态动词可以作为交际策略，实现与读者的协商，从而建构和谐的人际互动关系。

三、情态动词在学术语篇中的实证研究

国内外学者就情态动词在学术语篇中的使用情况展开了调查，取得了较为

丰硕的成果。

一些学者展开了跨语类对比研究，发现情态动词的使用频率受到语类的影响。例如，Fung 和 Waston-Brown（1994）对口语和书面语中的 9 个核心情态动词的调查发现，shall 在口语语料库的使用频率远高于书面语语料库，其中，can, will 和 would 极为常见，而且在对话中的使用频率远高于新闻和学术文本。Nanthan（2013）对比 Business Case Report（简称 BCR）与 British Academic Written English（简称 BAWE）两个语料库中的核心情态动词使用情况，发现 BCR 比 BAWE 显著多用 will, would, could 和 should，具有语类差异。Asuncion 和 Cristina（2015）对比分析了情态动词在英语技术语篇与通用语篇中的使用情况，也发现存在语类差异性。Jaime 和 Pérez-Guillot（2015）调查对比了学术语篇和通用语篇中情态动词的使用情况，发现学术语篇中的情态动词使用频率高于通用语篇，且多表达具有可能性、或然性的认知情态意义，但很少表达必要性和义务责任的道义情态意义。汪云（2008）就情态动词在英汉语言的演讲、法律、学术和文学语篇中的使用特征展开跨语言和跨语类对比研究，发现情态动词在两种不同语言、不同语类中呈现出了不同的使用特征。李莉华（2011）对比分析了情态动词 will 和 may 在英语学术论文写作和新闻报道中的使用特征，同样发现了语类差异。

一些学者展开了情态动词的跨文化研究，对 ESL/EFL 学习者使用核心情态动词情况进行了调查分析并得出相似的结论，即不同母语背景的学习者都存在过多使用或过少使用某些情态动词的情况，而且情态动词的使用频率并不均衡（Basham & Kwachaka, 1989；Bulter, 1990；Kärkkäinen, 1992；Nakamura, 1993；Hinkel, 1995；Hyland & Milton, 1997；Aijmer, 2002；McEnery & Kifle, 2002；Wilson, 2005；Atai & Sadr, 2008；Gómez, 2011；Sameri & Tavangar, 2013；Carrio-Pastor, 2014；Alonso-Almeida, 2015；Zalaltdinova, 2019；杨玉晨，1998；李战子，2001；王金铨，2006；程晓棠、裘晶，2007；马刚、吕晓娟，2007；纪小凌、陆晓，2008；梁茂成，2008；何燕、张继东，2011；董艳，2013；龙绍赟，2014；徐昉、龚晶，2014；徐江等，2014；龙绍赟等，2016；王淑雯，2016、2017；何力等，2017；闫鹏飞，2017；何力，2018；庞继贤、陈珺，2018；王淑雯、何晟，2018；高霞，2020；黄晓彬、杨劲松，2022）。

一些学者就情态动词的使用特征展开跨学科研究。例如，Hyland（2000）认为，学科是决定、影响学术语篇语言特征的重要因素之一，不同学科的学术论文修辞结构不同，论文作者必须与已形成的学科规范保持一致，以获得本研究领域社团的认可。Thompson（2002）对比两个学科本族语者博士论文中情态动词的使用情况，发现情态动词的使用频率在学科间以及论文的不同部分均呈现出显著性差异。Sameri 和 Tavangar（2013）在对学术论文中认知情态动词的跨语言和跨学科调查中指出，学科差异是影响认知情态动词使用特征的重要因素。Alonso‑Almeida 和 Carrio‑Pastor（2017）也发现语言学与工程学学术论文中的情态动词使用频率存在学科差异。

还有一些学者进行了跨文化和跨学科研究。例如，高霞（2020）对比分析了中西学者四个学科（包括物理学、计算机、语言学和管理学。前两个学科为硬科学，后两个为软科学）英语学术论文中情态动词以及量值的使用情况，发现相较于西方学者，中国学者显著少用情态动词，软科学中的情态动词使用频率显著低于硬科学中的；不过，所有学者均倾向于使用低值情态动词，而中国学者却过多使用 can，较少使用 would，较少使用情态动词表达认知情态意义。

Alvarez‑Gil 和 Morales（2021）发现，情态动词的情态意义在旅游领域学术论文的引言（Introduction）和结论部分（Conclusion）存在差异性，前者中的认知情态意义的频率大于道义情态意义，而后者则相反。吴键洪和庞继贤（2019）对国际期刊论文引言部分的情态序列的研究发现，情态序列在引言语步的各个步骤中有着不同的语用功能，在"文献综述"步骤中用于表明作者对该领域的熟悉程度和对前人研究所持的态度；在"研究发现"步骤中使论文保持了客观的文体风格，使研究成果更为可信。国内还有一些学者对情态动词序列展开了跨文化对比研究，并得到了基本一致的结论：相较于英语本族语学者/学生，我国的非本族语学者/学生过度使用道义情态，过少使用认知情态（李战子，2001；周忠良，2015；闫鹏飞，2017；王淑雯，2017；庞继贤、陈珺，2018；高霞，2020；黄晓彬、杨劲松，2022）。

对于情态量值的研究发现，本族语学者/学生和非本族语学者/学生都倾向于大量使用低量值情态动词，其次是中量值情态动词，使用频率最低的都是高量值情态动词（Vazquez & Giner，2008；Yang et al.，2015；宋改荣、孙淑芹，2013；周忠良，2015；王淑雯等，2016；何力等，2017；王淑雯，2017；何力，2018；王淑雯、何晟，2018；高霞，2020）。

综上所述，国内外学者对情态动词的研究已经取得了丰硕的成果，但研究对象多为成熟学者所发表的期刊论文，鲜有以硕博士生所撰写的学位论文为研究对象；或多讨论论文的主体部分，鲜有以摘要为研究对象；从跨学科、跨文化、跨学位等多元视角探讨中美硕博士生使用情态动词的研究较为匮乏。鉴于此，本章以计算机科学与技术和教育学这两个学科的中美硕博学位论文英语摘要为研究对象，探讨中美硕博士生使用情态动词所表现出的跨文化、跨学科和跨学位特征，以期为我国英语学术论文写作和教学提供借鉴和启示。

第三节　研究设计

一、语料库建设

本研究从"CNKI 中国硕博学位论文全文数据库"和"ProQuest 学位论文全文数据库"中选取 2016—2021 年计算机科学与技术（简称计算机）和教育学这两个学科共 800 篇中美硕博学位论文英语摘要，以之为研究对象，就其中的情态动词展开跨文化（中美）、跨学科（计算机与教育学）和跨学位（硕士与博士）对比研究。为减少变量干扰，研究语料均为实验/实证研究，并依据学生作者的姓氏拼写和学位论文中的致谢语判断作者的母语背景，中国硕博士生的母语为汉语，美国硕博士生则是英语本族语者。

净化后的语料库总库容为 526498 形符，根据国家、学位和学科分建 8 个子库（见表 5-4）。

表 5-4　中美计算机和教育学硕博学位论文英语摘要语料库

项目	篇数	库容（单位：形符）	总计（单位：形符）
中国计算机硕士学位论文英语摘要语料库（简称 CCM）	100	44112	122300
中国计算机博士学位论文英语摘要语料库（简称 CCD）	100	78188	
中国教育学硕士学位论文英语摘要语料库（简称 CEM）	100	43522	304810
中国教育学博士学位论文英语摘要语料库（简称 CED）	100	261288	
美国计算机硕士学位论文英语摘要语料库（简称 ACM）	100	20523	52234
美国计算机博士学位论文英语摘要语料库（简称 ACD）	100	31711	

续表

项目	篇数	库容（单位：形符）	总计（单位：形符）
美国教育学硕士学位论文英语摘要语料库（简称 AEM）	100	18511	47154
美国教育学博士学位论文英语摘要语料库（简称 AED）	100	28643	
合计	800	526498	

二、分析框架

Biber 等（1999）的语料库调查发现，核心情态动词的使用频率远高于半情态动词和边缘情态动词。此外，shall 在口语和书面语中的使用越来越少（Fung & Waston‑Brown，1994；Gotti，2003），在学术论文中的使用更是罕见。王淑雯等（2016）、王淑雯（2017）对中美语言学硕博学位论文中情态动词的调查发现，美国硕博士论文中仅检索到一例使用 shall 的情况，但中国硕博士生仍少量使用了该词。何力等（2017）、何力（2018）以及王淑雯和何晟（2018）通过对中美学者发表的石油天然气实验研究英语论文中情态动词的调查发现，美国学者无一例使用 shall，但中国学者还是少量使用了该词。我们在自建的中美计算机和教育学硕博学位论文英语摘要语料库中没有检索到 shall，这可能是摘要篇幅较短所致。因此，本研究只探讨中美硕博学位论文英语摘要中 8 个核心情态动词的使用情况，即 must、will、would、should、can、could、may 和 might，不再将 shall 列入统计数据表。我们还参照 Halliday 和 Matthiessen（2004）的研究成果将这 8 个核心情态动词分为高、中、低三个量值等级，即高量值 must，中量值 will、would 和 should，以及低量值 can、would、may 和 might。

三、研究问题

本研究拟围绕以下五个问题，将定量研究与定性研究相结合，从跨文化、跨学科和跨学位三个维度对比分析中美计算机和教育学硕博学位论文英语摘要中情态动词的使用情况。

1）中美学生（包括计算机和教育学的硕士生与博士生，下同）对情态动词以及量值等级的整体使用特征有何异同？

2）中美博士生对情态动词以及量值等级的使用特征有何异同？

3）中美硕士生对情态动词以及量值等级的使用特征有何异同？

4）中国硕博士生对情态动词以及量值等级的使用特征有何异同？

5）美国硕博士生对情态动词以及量值等级的使用特征有何异同？

问题1）旨在从跨文化维度讨论中美学生使用情态动词以及三个量值等级的特征；问题2）和3）旨在从跨文化和跨学科维度讨论中美硕博生使用情态动词以及三个量值等级的特征；问题4）和5）旨在从跨学位和跨学科维度讨论中国硕士生与博士生以及美国硕士生与博士生使用情态动词和三个量值等级的特征。

第四节 研究发现

一、中美学生对于情态动词以及量值等级的整体使用特征

统计显示，中美学生所使用的情态动词频率以及量值等级频率呈现出同质性与差异性并存的特征（见表5-5和图5-2）。

表5-5 中美学位论文摘要中情态动词及量值等级统计表

量值	情态动词	中国学位论文摘要		美国学位论文摘要		χ^2	p 值
		绝对频数	相对频率	绝对频数	相对频率		
高值	must	53	1.24	23	2.31	-6.4348	0.011*
中值	will	267	6.25	109	10.97	-25.1251	0.000*
	would	22	0.52	42	4.23	-91.3430	0.000*
	should	294	6.88	40	4.02	+10.3940	0.001*
	小计	583	13.65	191	19.22	-17.0266	0.000*
低值	can	962	22.52	230	23.14	-0.1364	0.712
	could	39	0.91	58	5.84	-106.0648	0.000*
	may	51	1.19	82	8.25	-158.9647	0.000*
	might	12	0.28	10	1.01	-10.1481	0.001*
	小计	1064	24.91	380	38.23	-52.3194	0.000*
合计		1700	39.80	594	59.77	-74.0704	0.000*

注：+表示"多于"，-表示"少于"，$p<0.05$ 表示有显著性差异，*表示存在显著性差异。下同。

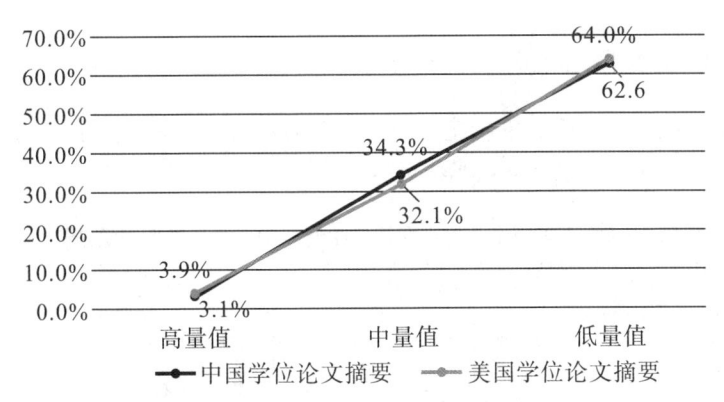

图 5-2 中美学位论文摘要中情态动词量值占比

第一，表 5-5 显示，中国学生最高频使用的 3 个情态动词依次是 can，should 和 will，而美国学生最高频使用的 3 个情态动词则依次是 can，will 和 may。这表明中美学生对于情态动词的使用具有一定的共性特征，就 can 和 will 的语义和语用功能基本达成一致。

第二，中国学生比美国学生显著少用情态动词（$\chi^2 = 74.0704$，$p = 0.000 < 0.05$），除了对 can 的使用频率没有表现出显著性差异（$\chi^2 = 0.1364$，$p = 0.712 > 0.05$）之外，中国学生显著少用 must，will，would，could，may 和 might（详细数据见表 5-5），但却显著多用 should（$\chi^2 = 10.3940$，$p = 0.001 < 0.05$）。

第三，相较于美国学生，中国学生均显著少用三个量值等级的情态动词（高量值 $\chi^2 = 6.4348$，$p = 0.011 < 0.05$；中量值 $\chi^2 = 17.0266$，$p = 0.000 < 0.05$；低量值 $\chi^2 = 52.3194$，$p = 0.000 < 0.05$）。不过，图 5-2 显示，中美学生对三个量值情态动词的使用占比排序完全一致，即"低量值 > 中量值 > 高量值"，且两个学生群体均倾向于大量使用低量值情态动词（占比均超过 60%）。

第四，美国学生使用 must 的频率几乎是中国学生的两倍。语料库检索结果显示，93.8% 的中国学生使用"must + 动态动词 do"这一情态序列，表达责任、义务等道义情态意义，这使得他们的观点显得过于强势，容易引起读者的反感以及对研究结果的不信任；而 97.6% 的美国学生则倾向于使用"must + 静态动词 be"的情态序列，表达认知情态意义，传递了依据实验/实证数据做出的唯一可能的推测判断，表现出高确信度。

二、中美博士生对情态动词以及量值等级的使用特征

(一) 中美博士生的整体特征

统计显示，中美博士生所使用的情态动词及其量值等级呈现出同质性和异质性并存的特征（见表5-6和图5-3）。

表5-6 中美博士学位论文摘要中情态动词及其量值等级统计

量值	情态动词	中国博士学位论文摘要 绝对频数	相对频率	美国博士学位论文摘要 绝对频数	相对频率	χ^2	P值
高值	must	33	0.97	15	2.49	-9.7757	0.002*
中值	will	152	4.48	39	6.46	-4.2261	0.040*
	would	17	0.50	20	3.31	-43.8224	0.000*
	should	222	6.54	19	3.15	+9.7840	0.002*
	小计	391	11.52	78	12.92	-0.8646	0.352
低值	can	676	19.91	85	14.08	+9.1668	0.002*
	could	27	0.80	36	5.96	-86.9229	0.000*
	may	42	1.24	63	10.44	-165.2456	0.000*
	might	7	0.21	8	1.33	-17.1137	0.000*
	小计	752	22.15	192	31.81	-20.3035	0.000*
合计		1176	34.64	285	47.22	-22.2741	0.000*

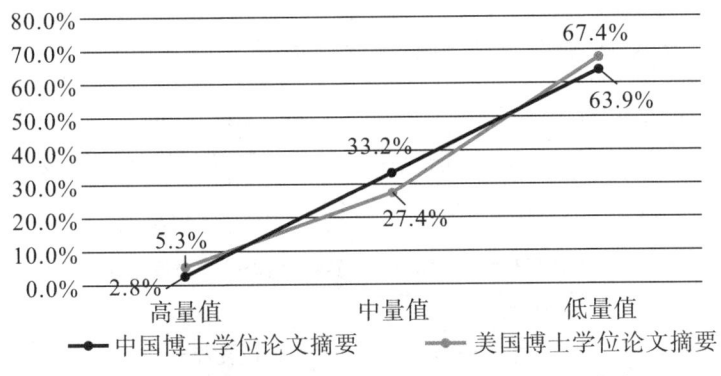

图 5-3 中美博士学位论文摘要中情态动词量值占比

第一，表 5-6 显示，中国博士生最高频使用的 3 个情态动词依次是 can，should 和 will，而美国博士生最高频使用的 3 个情态动词则依次是 can，may 和 will。这表明中美博士生就 can 和 will 在学位语篇中的语义和语用功能基本达成一致，但中国博士生依然倾向于高频使用 should。

第二，中国博士生比美国博士生显著少用情态动词（$\chi^2 = 22.2741$，$p = 0.000 < 0.05$），且显著少用 must、will、would、could、may 和 might（详细数据见表 5-6），但却显著多用 should（$\chi^2 = 9.7840$，$p = 0.002 < 0.05$）和 can（$\chi^2 = 9.1668$，$p = 0.002 < 0.05$），存在较大的文化差异性。

第三，相较于美国博士生，中国博士生显著少用高量值（$\chi^2 = 9.7757$，$p = 0.002 < 0.05$）和低量值（$\chi^2 = 17.1137$，$p = 0.000 < 0.05$）情态动词，不过对中量值情态动词的使用频率具有趋同性，没有呈现显著性差异（$\chi^2 = 0.8646$，$p = 0.352 > 0.05$）。此外，图 5-3 显示，中美博士生对于三个量值情态动词的使用占比排序完全一致，即"低量值 > 中量值 > 高量值"，且两个学生群体均倾向于大量使用低量值情态动词（占比均超过 60%）。

第四，美国博士生使用 must 的频率是中国博士生的两倍多。语料库检索结果显示，91.3% 的中国博士生使用"must + 动态动词 do"这一情态序列，表达责任、义务等道义情态意义；而 98.2% 的美国博士生则倾向于使用"must + 静态动词 be"的情态序列，表达认知情态意义。对于 should 的检索也呈现了相似的特征，即中国博士生使用 should 的相对频数是美国博士生的两倍多，且更倾向于用"should + 动态动词 do"这一情态序列，表达责任、义务等道义情态意义；而美国博士生则倾向于使用"should + 静态动词 be"的情态序列，表达认知情态意义。

(二) 中美计算机和教育学博士生的使用特征

对中美计算机和教育学博士学位论文摘要中情态动词及其量值等级的统计也呈现出跨文化和跨学科的异同性特征（见表5-7、图5-4、表5-8和图5-5）。

表5-7 中美计算机博士学位论文摘要中情态动词及其量值等级统计

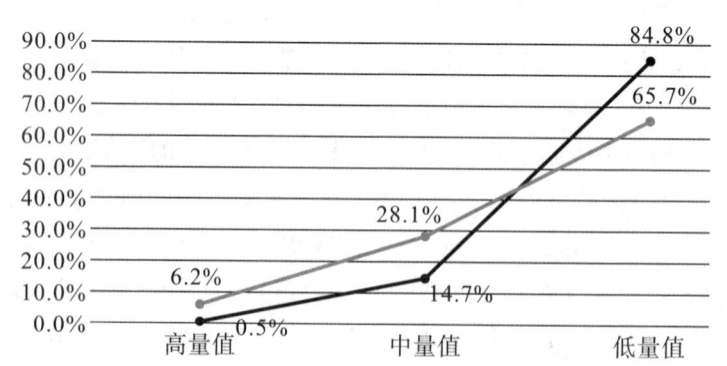

量值	情态动词	中国计算机博士学位论文摘要 绝对频数	中国计算机博士学位论文摘要 相对频率	美国计算机博士学位论文摘要 绝对频数	美国计算机博士学位论文摘要 相对频率	χ^2	p值
高值	must	3	0.38	9	2.84	-12.4486	0.000*
中值	will	63	8.06	24	7.57	+0.0682	0.794
	would	11	1.41	9	2.84	-2.5400	0.111
	should	13	1.66	8	2.52	-0.8736	0.350
	小计	87	11.13	41	12.93	-0.6299	0.427
低值	can	458	58.58	50	15.77	+89.8620	0.000*
	could	13	1.66	14	4.41	-6.9576	0.008*
	may	25	3.20	29	9.15	-16.2504	0.000*
	might	5	0.64	3	0.95	-0.2913	0.589
	小计	501	64.08	96	30.27	+47.7144	0.000*
合计		591	75.59	146	46.04	+29.5671	0.000*

图5-4 中美计算机博士学位论文摘要中情态动词量值占比

表5-8 中美教育学博士学位论文摘要中情态动词及量值等级统计

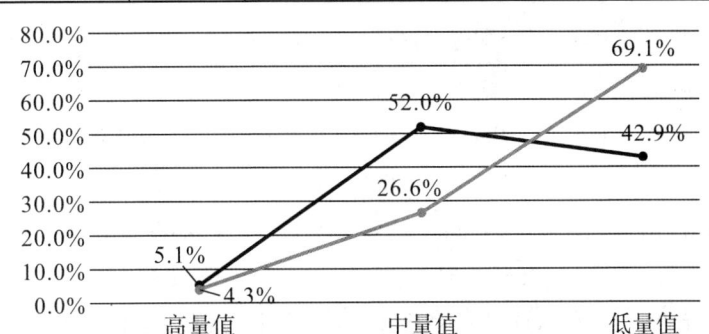

量值	情态动词	中国教育学博士学位论文摘要 绝对频数	中国教育学博士学位论文摘要 相对频率	美国教育学博士学位论文摘要 绝对频数	美国教育学博士学位论文摘要 相对频率	χ^2	P值
高值	must	30	1.15	6	2.09	-1.8630	0.172
中值	will	89	3.41	15	5.24	-2.4126	0.120
中值	would	6	0.23	11	3.84	-57.3996	0.000*
中值	should	209	8.00	11	3.84	+5.8872	0.015*
中值	小计	304	11.63	37	12.92	-0.3617	0.548
低值	can	218	8.34	35	12.22	-4.4482	0.035*
低值	could	14	0.54	22	7.68	-106.1422	0.000*
低值	may	17	0.65	34	11.87	-184.7575	0.000*
低值	might	2	0.08	5	1.75	-29.7856	0.000*
低值	小计	251	9.61	96	33.52	-123.4468	0.000*
合计		585	22.39	139	48.53	-70.8068	0.000*

图5-5 中美教育学博士学位论文摘要中情态动词量值占比

首先,表5-7和表5-8显示,中美计算机博士生最高频使用的情态动词呈现趋同性,均为can, may和will,且对will的使用频率没有呈现显著差异($\chi^2=0.0682$, $p=0.794>0.05$),然而,中国计算机博士生显著多用can($\chi^2=89.8620$, $p=0.000<0.05$),却显著少用may($\chi^2=16.2504$, $p=0.000<0.05$)。而中美教育学博士生最高频使用的情态动词呈现了较大的差异性——中国教育学博士生倾向于高频使用can, should和will,而美国教育学博士生则最高频使用了can, may和could。这表明,中美博士生对于高频情态动词的

选择存在一定的文化差异和学科差异,尤其是中国教育学博士生对情态动词的掌握情况弱于中国计算机博士生,而美国计算机和教育学博士学位论文摘要中高频情态动词的学科差异性较弱。

其次,中国计算机博士生比美国计算机博士生显著多用情态动词(χ^2 = 29.5671,p = 0.000 < 0.05),但中国教育学博士生却比美国教育学博士生显著少用情态动词(χ^2 = 70.8068,p = 0.000 < 0.05),这表明,这两个学科的中国博士生对于情态动词的使用情况并不稳定。此外,相较于美国计算机博士生,中国计算机博士生显著少用 must、could 和 may,显著多用 can,不过对于 will、would、should 和 might 的使用频率没有呈现显著性差异(详细数据见表 5 - 7),文化差异性在缩小。而相较于美国教育学博士生,中国教育学博士生对于情态动词的使用情况却不容乐观,他们依然显著多用 should,显著少用 would、can、could、may 和 might,仅对于 must 和 will 的使用没有呈现显著性差异(具体数据见表 5 - 8)。由此可见,中美教育学博士生对于情态动词的使用频率呈现了较明显的文化差异性。

在跨学科维度,我们对中国计算机和教育学博士学位论文摘要中的情态动词使用频率进行卡方检验发现,相较于中国教育学博士生,中国计算机博士生显著多用情态动词(χ^2 = 493.3433,p = 0.000 < 0.05),且显著多用 will (χ^2 = 29.0910,p = 0.000 < 0.05)、would (χ^2 = 16.6555,p = 0.000 < 0.05)、can (χ^2 = 764.1262,p = 0.000 < 0.05)、could (χ^2 = 9.6087,p = 0.002 < 0.05)、may (χ^2 = 31.5539,p = 0.000 < 0.05) 和 might (χ^2 = 9.2490,p = 0.002 < 0.05),显著少用 should (χ^2 = 36.9696,p = 0.000 < 0.05),仅有 must 的使用频率没有呈现显著性差异(χ^2 = 3.6183,p = 0.057 > 0.05),存在较大的学科差异性。而美国计算机和教育学博士生对情态动词的整体使用频率(χ^2 = 0.1982,p = 0.656 > 0.05)以及 8 个核心情态动词的使用频率均没有呈现显著性差异(卡方检验分别为,must:χ^2 = 0.3347,p = 0.563 > 0.05;will:χ^2 = 1.2667,p = 0.260 > 0.05;would:χ^2 = 0.4563,p = 0.499 > 0.05;should:χ^2 = 0.8302,p = 0.362 > 0.05;can:χ^2 = 1.3471,p = 0.246 > 0.05;could:χ^2 = 2.6927,p = 0.101 > 0.05;may:χ^2 = 1.0718,p = 0.301 > 0.05;might:χ^2 = 0.7260,p = 0.394 > 0.05),表现出学科间的趋同性。这表明,语言文化因素对情态动词的使用影响力要大于学科因素。

最后,对于情态动词量值使用频率的跨文化统计显示,中国计算机博士生比美国同学科博士生显著少用高量值(χ^2 = 12.4486,p = 0.000 < 0.05)和低

量值（$\chi^2 = 47.7144$，$p = 0.000 < 0.05$）情态动词，不过对于中量值情态动词的使用情况没有呈现出显著性差异（$\chi^2 = 0.6299$，$p = 0.427 > 0.05$）；而中美教育学博士生对于高量值（$\chi^2 = 1.8630$，$p = 0.172 > 0.05$）和中量值（$\chi^2 = 0.3617$，$p = 0.548 > 0.05$）情态动词的使用频率没有表现出显著差异，只是中国教育学博士生比美国同学科博士生显著少用低量值（$\chi^2 = 123.4468$，$p = 0.000 < 0.05$）情态动词。然而，图 5-4 和图 5-5 显示，中美计算机博士生对于三个量值情态动词的使用占比排序完全一致，即"低量值＞中量值＞高量值"，且两个学生群体均倾向于大量使用低量值情态动词（占比均超过60%），但中美教育学博士生对于量值等级的使用比例却呈现了异质性特征，中国是"中量值＞低量值＞高量值"，而美国则依然是"低量值＞中量值＞高量值"。此外，跨学科维度统计显示，中国计算机和教育学博士生对于高量值（$\chi^2 = 1.8630$，$p = 0.172 > 0.05$）和中量值（$\chi^2 = 1.8630$，$p = 0.172 > 0.05$）情态动词的使用频率没有呈现显著性差异，但其计算机博士生比教育学博士生显著多用低量值（$\chi^2 = 807.8314$，$p = 0.000 < 0.05$）情态动词，尤其是三个量值使用频率的占比排序并不一致，存在较为明显的学科差异性；而美国计算机和教育学博士生对情态动词量值等级的使用频率均没有显著性差异（高量值 $\chi^2 = 0.3347$，$p = 0.563 > 0.05$；中量值 $\chi^2 = 0.0000$，$p = 0.997 > 0.05$；低量值 $\chi^2 = 0.4990$，$p = 0.480 > 0.05$），表现出学科趋同性。这同样表明，语言文化因素对情态动词的使用影响力要大于学科因素，而且中国教育学博士生对情态动词的掌握情况似乎更弱于中国计算机博士生。

三、中美硕士生对情态动词以及量值等级的使用特征

（一）中美硕士生的整体使用特征

统计显示，中美硕士生所使用的情态动词及其量值等级呈现出共性和异性并存的特征（见表 5-9 和图 5-6）。

表 5-9　中美硕士学位论文摘要中情态动词及其量值等级统计

量值	情态动词	中国硕士学位论文摘要		美国硕士学位论文摘要		χ^2	p 值
		绝对频数	相对频率	绝对频数	相对频率		
高值	must	20	2.28	8	2.05	+0.0662	0.797

续表

量值	情态动词	中国硕士学位论文摘要 绝对频数	中国硕士学位论文摘要 相对频率	美国硕士学位论文摘要 绝对频数	美国硕士学位论文摘要 相对频率	χ^2	p 值
中值	will	115	13.12	70	17.93	-4.2848	0.038*
中值	would	5	0.57	22	5.64	-32.5161	0.000*
中值	should	72	8.22	21	5.38	+2.9606	0.085
中值	小计	192	21.91	113	28.95	-5.5717	0.018*
低值	can	286	32.64	145	37.15	-1.6208	0.203
低值	could	12	1.37	22	5.64	-18.3212	0.000*
低值	may	9	1.03	19	4.87	-18.0236	0.000*
低值	might	5	0.57	2	0.51	+0.0165	0.898
低值	小计	312	35.60	188	48.16	-10.8362	0.001*
合计		524	59.79	309	79.16	-15.5056	0.000*

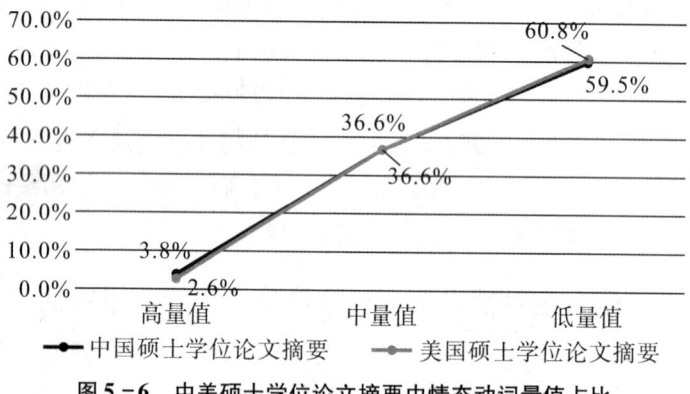

图5-6 中美硕士学位论文摘要中情态动词量值占比

首先，表5-9显示，中美硕士生最高频使用了两个相同的情态动词，即can和will，但中国硕士生所使用的第3个高频情态动词是should，而美国硕士生则是would和could，但中美硕士生对于should的使用频率并没有呈现出显著性差异（$\chi^2 = 2.9606$，$p = 0.085 > 0.05$）。只是通过语料库检索发现，中国硕士生更倾向于用"should + 动态动词do"这一情态序列，表达责任、义务等道义情态意义；而美国硕士生则倾向于使用"should + 静态动词be"的情态序列，表达认知情态意义，存在一定程度的文化差异。

其次，中国硕士生比美国硕士生显著少用情态动词（$\chi^2 = 15.5056$，

140

$p=0.000<0.05$),且显著少用 would,will,could 和 may(详细数据见表 5-9),不过,对于 must,should,can 和 might 的使用频率没有表现出显著性差异(详细数据见表 5-9),两个学生群体就这几个情态动词的语义和语用功能基本达成一致。

再次,相较于美国硕士生,中国硕士生显著少用中量值($\chi^2=5.5717$,$p=0.018<0.05$)和低量值($\chi^2=10.8362$,$p=0.001<0.05$)情态动词,不过高量值情态动词的使用频率具有趋同性,没有呈现显著性差异($\chi^2=0.0662$,$p=0.797>0.05$)。此外,图 5-6 显示,中美硕士生对于三个量值情态动词的使用占比排序完全一致,即"低量值>中量值>高量值",且占比趋同,两个学生群体均倾向于大量使用低量值情态动词。

概而言之,中美硕士生对于情态动词及量值等级使用特征呈现出同质性大于异质性的趋势;相较于中美博士生之间呈现的差异性,中美硕士生所表现出的文化差异性较弱。这表明,对于中国学习者而言,学历水平并没有对其掌握运用情态动词及量值等级产生积极影响。

(二) 中美计算机和教育学硕士论文摘要中情态动词的使用特征

对于中美计算机和教育学硕士学位论文摘要中情态动词及其量值等级的统计,在跨文化和跨学科的维度也呈现出异同性(见表 5-10、图 5-7、表 5-11 和图 5-8)。

表 5-10　中美计算机硕士学位论文摘要中情态动词及其量值等级统计

量值	情态动词	中国计算机硕士学位论文摘要 绝对频数	相对频率	美国计算机硕士学位论文摘要 绝对频数	相对频率	χ^2	p 值
高值	must	5	1.13	4	1.95	-0.6691	0.413
中值	will	55	12.47	40	19.49	-4.7059	0.030*
	would	5	1.13	10	4.87	-8.4400	0.004*
	should	13	2.95	4	1.95	+0.5306	0.466
	小计	73	16.55	54	26.31	-6.8081	0.009*

续表

量值	情态动词	中国计算机硕士学位论文摘要 绝对频数	中国计算机硕士学位论文摘要 相对频率	美国计算机硕士学位论文摘要 绝对频数	美国计算机硕士学位论文摘要 相对频率	χ^2	p 值
低值	can	189	42.85	95	46.29	-0.3798	0.538
低值	could	10	2.27	15	7.31	-9.2091	0.002*
低值	may	5	1.13	8	3.90	-5.3236	0.021*
低值	might	5	1.13	1	0.49	+0.6302	0.427
低值	小计	209	47.38	119	57.98	-3.1196	0.077
合计		287	65.06	177	86.24	-8.8183	0.003*

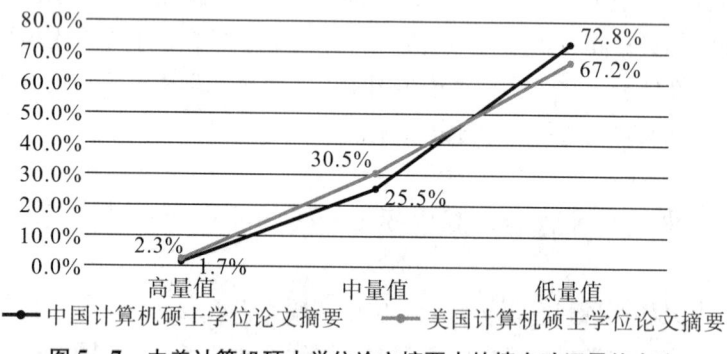

图 5-7 中美计算机硕士学位论文摘要中的情态动词量值占比

表 5-11 中美教育学硕士学位论文摘要中情态动词及其量值等级统计

量值	情态动词	中国教育学硕士学位论文摘要 绝对频数	中国教育学硕士学位论文摘要 相对频率	美国教育学硕士学位论文摘要 绝对频数	美国教育学硕士学位论文摘要 相对频率	χ^2	P 值
高值	must	15	3.45	4	2.16	+0.7011	0.402
中值	will	60	13.79	30	16.21	-0.5252	0.469
中值	would	0	0.00	12	6.48	-28.2192	0.000*
中值	should	59	13.56	17	9.18	+2.0293	0.154
中值	小计	119	27.34	59	31.87	-0.9316	0.334

续表

量值	情态动词	中国教育学硕士学位论文摘要		美国教育学硕士学位论文摘要		χ^2	P 值
		绝对频数	相对频率	绝对频数	相对频率		
低值	can	97	22.29	50	27.01	-1.2256	0.268
	could	2	0.46	7	2.70	-9.8800	0.002*
	may	4	0.92	11	5.94	-13.5562	0.000*
	might	0	0.00	1	0.54	-2.3512	0.125
	小计	103	23.67	69	37.28	-8.6989	0.003*
合计		237	54.46	132	71.31	-6.2387	0.012*

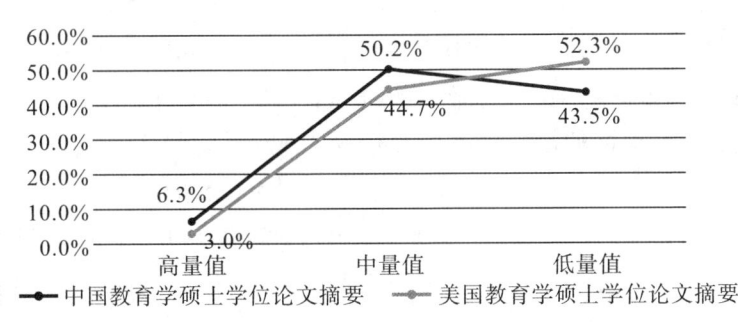

图 5-8 中美教育学硕士学位论文摘要中的情态动词量值占比

首先，表 5-10 显示，中美计算机硕士生最高频使用的两个情态动词均为 can 和 will，且两者对 can 的使用频率没有呈现显著性差异（$\chi^2 = 0.3798$，$p = 0.538 > 0.05$），不过，中国计算机硕士生第 3 高频使用的词是 should，美国相应学科学生则是 could，不过，两个学生群体对于 should 的使用频率并没有显著性差异（$\chi^2 = 0.5306$，$p = 0.466 > 0.05$）。表 5-11 显示，中美教育学硕士生最高频使用的情态动词完全一致，均是 can，will 和 should，且使用频率没有显著性差异（具体数据见表 5-11）。这表明，中美硕士生对高频情态动词的选择倾向在跨文化和跨学科维度呈现出趋同性大于异质性的特征。

其次，在跨文化维度，相较于美国计算机硕士生和教育学硕士生，中国相应学科的硕士生均显著少用情态动词（$\chi^2 = 8.8183$，$p = 0.003 < 0.05$；$\chi^2 = 6.2387$，$p = 0.012 < 0.05$）。此外，相较于美国计算机硕士生，中国计算机硕士生显著少用 will，would，could 和 may，但两者对 must，should，can 和 might 的使用频率没有呈现显著性差异（具体数据见表 5-10），表现出同质性与异

质性均衡出现的特征。而中美教育学硕士生对情态动词的使用情况呈现出同质性大于异质性的趋势，中国教育学硕士生虽然还显著少用 would, could 和 may，但对于 must, will, should, can 和 might 的使用频率没有呈现显著性差异（具体数据见表 5-11）。

在跨学科维度，中国计算机和教育学硕士生对情态动词的使用频率表现出较明显的学科差异。其中，相较于中国教育学硕士生，中国计算机硕士生显著多用情态动词（$\chi^2 = 4.1465$，$p = 0.042 < 0.05$），且显著多用 would（$\chi^2 = 4.9334$，$p = 0.026 < 0.05$）、can（$\chi^2 = 28.4628$，$p = 0.000 < 0.05$）、could（$\chi^2 = 5.2271$，$p = 0.022 < 0.05$）和 might（$\chi^2 = 4.9334$，$p = 0.026 < 0.05$），显著少用 must（$\chi^2 = 5.1370$，$p = 0.023 < 0.05$）和 should（$\chi^2 = 30.0376$，$p = 0.000 < 0.05$），仅有 will（$\chi^2 = 0.2903$，$p = 0.590 > 0.05$）和 may（$\chi^2 = 0.0981$，$p = 0.754 < 0.05$）的使用频率没有呈现显著性差异。而美国计算机和教育学硕士生对情态动词的整体使用频率（$\chi^2 = 2.7645$，$p = 0.096 > 0.05$）以及 6 个核心情态动词的使用频率均没有呈现显著性差异（卡方检验分别为，must：$\chi^2 = 0.0213$，$p = 0.884 > 0.05$；will：$\chi^2 = 0.5863$，$p = 0.444 > 0.05$；would：$\chi^2 = 0.4479$，$p = 0.503 > 0.05$；could：$\chi^2 = 2.1497$，$p = 0.143 > 0.05$；may：$\chi^2 = 0.8361$，$p = 0.3611 > 0.05$；might：$\chi^2 = 0.0053$，$p = 0.942 > 0.05$），只是其计算机硕士生比教育学硕士生显著少用 should（$\chi^2 = 9.4738$，$p = 0.002 < 0.05$），却显著多用 can（$\chi^2 = 9.7739$，$p = 0.002 < 0.05$），依然表现出学科间的趋同。这表明，语言文化因素对情态动词使用的影响要大于学科因素。

再次，对于情态动词量值使用频率的跨文化统计显示，中美计算机硕士生对于高量值和低量值情态动词的使用频率没有显著性差异（$\chi^2 = 0.6691$，$p = 0.413 > 0.05$；$\chi^2 = 3.1196$，$p = 0.077 > 0.05$），表现出趋同性特征；但中国计算机硕士生比美国同学科硕士生显著少用中量值情态动词（$\chi^2 = 6.8081$，$p = 0.009 < 0.05$）。而中美教育学硕士生对高量值和中量值情态动词的使用频率没有显著性差异（$\chi^2 = 0.7011$，$p = 0.402 > 0.05$；$\chi^2 = 0.9316$，$p = 0.334 > 0.05$），表现出趋同性特征；但中国教育学硕士生却比美国同学科硕士生显著少用低量值情态动词（$\chi^2 = 8.6989$，$p = 0.003 < 0.05$）。从跨文化维度看，中美计算机和教育学硕士生对于情态动词量值等级的使用特征都表现出同质性大于异质性的趋势。此外，图 5-7 和图 5-8 显示，中美计算机硕士生对于三个量值情态动词的使用占比排序完全一致，即"低量值＞中量值＞高量值"，且两个学生群体均倾向于大量使用低量值情态动词（占比均超过 60%），但中美

教育学硕士生对于量值等级的使用比例却呈现了异质性特征，中国是"中量值＞低量值＞高量值"，而美国则依然是"低量值＞中量值＞高量值"。此外，跨学科维度统计显示，相较于中国教育学硕士生，中国计算机硕士生显著少用高量值（$\chi^2 = 5.1370$，$p = 0.023 < 0.05$）和中量值（$\chi^2 = 11.6750$，$p = 0.001 < 0.05$）情态动词，却显著多用低量值情态动词（$\chi^2 = 34.7249$，$p = 0.000 < 0.05$），尤其是三个量值使用频率的占比排序并不一致，存在较为明显的学科差异性；而美国计算机和教育学硕士生对于高量值（$\chi^2 = 0.0213$，$p = 0.884 > 0.05$）和中量值（$\chi^2 = 1.0427$，$p = 0.307 > 0.05$）情态动词的使用频率均没有显著性差异，但其计算机硕士生同样比教育学硕士生显著多用低量值情态动词（$\chi^2 = 8.7078$，$p = 0.003 < 0.05$）。不过，他们对于三个量值使用频率的占比排序完全一致，表现出学科趋同性。这同样表明，语言文化因素对情态动词量值等级的使用影响力似乎要大于学科因素。而且，should 在人文社会科学中的使用频率可能大于自然科学，呈现出一定的学科特征。

四、中国硕博士生对情态动词及其量值等级的使用特征

（一）中国硕博士生情态动词的整体使用特征

统计显示，在跨学位维度，中国硕博士生（包括计算机和教育学）对情态动词及其量值等级的使用呈现出同质性和异质性并存的特征（见表 5-12 和图 5-9）。

表 5-12　中国硕博学位论文摘要中情态动词及量值等级统计

量值	情态动词	中国硕士学位论文摘要 绝对频数	中国硕士学位论文摘要 相对频率	中国博士学位论文摘要 绝对频数	中国博士学位论文摘要 相对频率	χ^2	p 值
高值	must	20	2.28	33	0.97	+9.6359	0.002
中值	will	115	13.12	152	4.48	+83.3296	0.000
中值	would	5	0.57	17	0.50	+0.0659	0.797
中值	should	72	8.22	222	6.54	+2.8460	0.092
中值	小计	192	21.91	391	11.52	+55.1782	0.000

续表

量值	情态动词	中国硕士学位论文摘要 绝对频数	中国硕士学位论文摘要 相对频率	中国博士学位论文摘要 绝对频数	中国博士学位论文摘要 相对频率	χ^2	p 值
低值	can	286	32.64	676	19.91	+50.1700	0.000
	could	12	1.37	27	0.80	+2.5134	0.113
	may	9	1.03	42	1.24	-0.2578	0.612
	might	5	0.57	7	0.21	+3.2913	0.070
	小计	312	35.60	752	22.15	+50.7133	0.000
合计		524	59.79	1176	34.64	+111.1547	0.000*

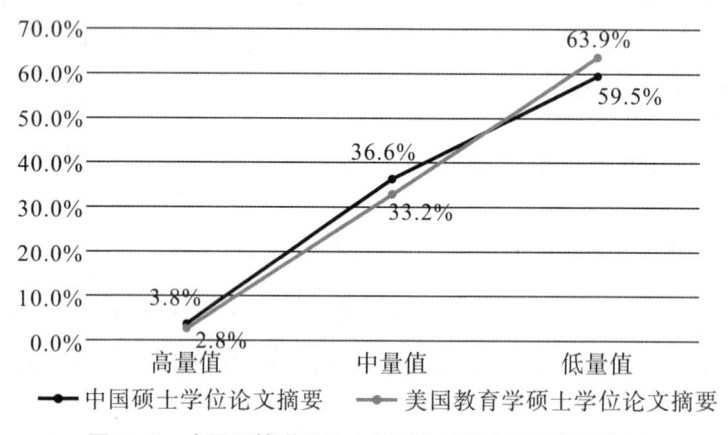

图 5-9 中国硕博学位论文摘要中的情态动词量值占比

表 5-12 显示，在跨学位维度，中国硕博士生最高频使用了 3 个相同的情态动词，即 can, will 和 should。然而，中国硕士生比博士生显著多用情态动词（χ^2 = 111.1547，p = 0.000 < 0.05）以及 must，can 和 will（具体数据见表 5-12），不过对 would，should，could，may 和 might 的使用频率没有呈现显著性差异（具体数据见表 5-12）。整体看，中国硕博士生对情态动词的使用呈现出同质性大于其异质性的特征。这表明，母语语言文化对情态动词使用频率的影响似乎大于学历层面的影响。

其次，图 5-9 显示，中国硕博士生对于三个情态动词量值的使用占比排序完全一致，即"低量值 > 中量值 > 高量值"，且占比趋同，两个学生群体均倾向于大量使用低量值情态动词。但中国硕士生显著多用低量值、中量值和高量值情态动词（具体数据见表 5-12），呈现出一定的跨学位差异性。

概而言之，在跨学位维度，中国硕博士生对情态动词的使用特征呈现出同质性大于异质性的趋势，但量值等级使用频率呈现的语类差异性非常明显。

(二) 中国计算机和教育学硕博士生情态动词的使用特征

对中国计算机和教育学硕博学位论文摘要中情态动词及其量值等级的统计，在跨学科和跨学位的维度也呈现出异同性。

在跨学科维度，中国计算机硕士生使用情态动词的相对频率由高到低依次是 can > will > should > could > must = would = may = might，中国教育学硕博士生则表现为 can > will > should > must > may > could，且没有使用 would 和 might。这表明，中国硕士生对情态动词的使用具有一定的趋同性。不过，相较于中国教育学硕士生，中国计算机硕士生显著多用情态动词（$\chi^2 = 4.1465$，$p = 0.042 < 0.05$）以及 would（$\chi^2 = 4.9334$，$p = 0.026 < 0.05$）、can（$\chi^2 = 28.4628$，$p = 0.000 < 0.05$）、could（$\chi^2 = 5.2271$，$p = 0.022 < 0.05$）和 might（$\chi^2 = 4.9334$，$p = 0.026 < 0.05$），显著少用 must（$\chi^2 = 5.1370$，$p = 0.023 < 0.05$）和 should（$\chi^2 = 30.0376$，$p = 0.000 < 0.05$），仅对于 will（$\chi^2 = 0.2903$，$p = 0.590 > 0.05$）和 may（$\chi^2 = 0.0981$，$p = 0.754 > 0.05$）的使用频率没有呈现显著差异。这表明，中国硕士生情态动词的使用频率表现出更为明显的学科异质性特征。此外，这两个群体学生对于三个量值情态动词的使用占比排序并不相同，计算机硕士生表现为"低量值 > 中量值 > 高量值"，而教育学硕士则是"中量值 > 低量值 > 高量值"，且中国计算机硕士生显著少用高量值（$\chi^2 = 5.1370$，$p = 0.023 < 0.05$）和中量值（$\chi^2 = 11.6750$，$p = 0.001 < 0.05$）情态动词，显著多用低量值（$\chi^2 = 34.7249$，$p = 0.000 < 0.05$）情态动词，表现出明显的学科差异性。中国计算机和教育学博士生对情态动词的使用也表现出学科间的差异与共性。其中，中国计算机博士生使用的情态动词相对频率由高到低依次是 can > will > may > should = could > would > might > must，而中国教育学博士生情态动词的使用频率表现为 can > should > will > must > may > could > would > might。这表明，中国计算机和教育学博士生对情态动词的选择具有一定的趋同性，但教育学学生群体高度依赖 should（占比高达35.7%），表现出明显的学科特征。相较于中国教育学博士生，中国计算机博士生显著多用情态动词（$\chi^2 = 493.3433$，$p = 0.000 < 0.05$）以及 will（$\chi^2 = 29.0910$，$p = 0.000 < 0.05$）、would（$\chi^2 = 16.6555$，$p = 0.026 < 0.05$）、can（$\chi^2 = 764.1262$，$p = 0.000 < 0.05$）、could（$\chi^2 = 9.6087$，$p = 0.002 < 0.05$）、may（$\chi^2 = 31.5539$，

$p=0.000<0.05$）和 might（$\chi^2=9.2490$, $p=0.002<0.05$），显著少用 should（$\chi^2=36.9696$, $p=0.000<0.05$），对于 must（$\chi^2=3.6183$, $p=0.057>0.05$）的使用频率两者没有呈现显著差异。这表明，中国博士生使用情态动词的频率表现出明显的学科异质性特征。此外，这两个群体学生对于三个量值情态动词的使用占比排序并不相同，计算机博士生表现为"低量值>中量值>高量值"，而教育学博士生依然是"中量值>低量值>高量值"，不过，中国计算机博士生除了比中国教育学博士生显著多用低量值（$\chi^2=807.8314$, $p=0.000<0.05$）情态动词之外，两个学生群体对于中量值（$\chi^2=0.1348$, $p=0.714>0.05$）和高量值（$\chi^2=3.6183$, $p=0.057>0.05$）情态动词的使用频率没有表现出显著性差异。由此可见，这两个学生群体对情态动词量值等级的使用表现出同质性大于异质性的趋势。

概而言之，中国计算机和教育学硕士生与博士生对情态动词及量值等级的使用频率在跨学科维度呈现出了同质性与异质性并存的特性，计算机学科领域的硕博士生更倾向于使用低量值情态动词，而教育学领域的硕博士生则倾向于中量值情态动词，尤其高度依赖 should。

在跨学位维度，中国计算机硕士生与博士生对情态动词的选择倾向呈现出异同性（具体数据见表5-7和表5-10）。如该学科领域的硕士生群体更倾向于高频使用 can, will 和 should，而相应的博士生则高频使用了 can, will 和 may。不过，两个学生群体对情态动词的使用频率呈现出较高的趋同性特征，例如，他们对 must（$\chi^2=2.4239$, $p=0.119>0.05$）、would（$\chi^2=0.1611$, $p=0.688>0.05$）、should（$\chi^2=2.1888$, $p=0.139>0.05$）、could（$\chi^2=0.5477$, $p=0.459>0.05$）、might（$\chi^2=0.8417$, $p=0.359>0.05$）的使用频率均没有显著性差异，只是，硕士生比博士生显著多用 will（$\chi^2=5.6919$, $p=0.017<0.05$），显著少用情态动词（$\chi^2=4.3834$, $p=0.036<0.05$）以及 can（$\chi^2=13.2625$, $p=0.000<0.05$）和 may（$\chi^2=4.8987$, $p=0.027<0.05$）。这表明，母语语言文化对学生的影响力要高于学历提升以及英语学习时间延长的影响，学生群体有可能在情态动词的语义和语用功能的使用上达成一致，并呈现出一定的固定思维模式。此外，这两个群体学生对于三个量值情态动词的使用占比排序完全相同，均表现为"低量值>中量值>高量值"（见图5-10），但博士生似乎过度依赖低量值情态动词（占比高达84.8%），比硕士生显著多用此量值（$\chi^2=13.6220$, $p=0.000<0.05$），也显著少用中量值情态动词（$\chi^2=6.3449$, $p=0.012<0.05$），对高量值情态动词的使用频率没

有呈现出显著差异（$\chi^2 = 2.4239$，$p = 0.119 > 0.05$），表现出较明显的学位差异性。

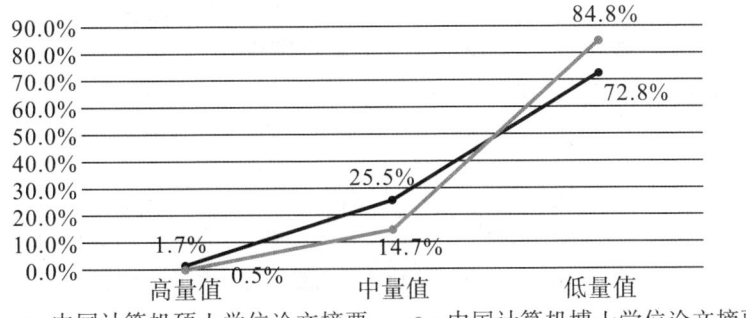

图 5-10 中国计算机硕博学位论文摘要中的情态动词量值占比

中国教育学硕士生与博士生对于情态动词的选择倾向呈现出异同性（具体数据见表 5-8 和表 5-11），如该学科领域的硕博士生均高频使用了 can、will 和 should，通过语料库检索发现，两个学生群体均倾向于用 "should + 动态动词 do" 这一情态序列，表达责任、义务等道义情态意义。博士生对 should 的使用频率在所有情态动词中占比高达 35.7%，有过度依赖之倾向，硕士生也显著多用该词（$\chi^2 = 13.1171$，$p = 0.017 < 0.05$）。这表明，中国教育学硕博士生似乎受到汉语语言文化的影响，在论文摘要中过多表达 should 的对应汉语语义 "应该"，形成了语言僵化现象。此外，该学科领域的两个学生群体对于情态动词的使用频率也呈现出差异与共性。例如，中国教育学硕士生比其相应的博士生显著多用情态动词（$\chi^2 = 142.6338$，$p = 0.017 < 0.05$）以及 must（$\chi^2 = 13.3512$，$p = 0.000 < 0.05$）、will（$\chi^2 = 82.2703$，$p = 0.000 < 0.05$）、should（$\chi^2 = 13.1171$，$p = 0.000 < 0.05$）和 can（$\chi^2 = 70.2684$，$p = 0.000 < 0.05$），但在低频使用的 would（$\chi^2 = 0.9994$，$p = 0.317 > 0.05$）、could（$\chi^2 = 0.0413$，$p = 0.839 > 0.05$）、may（$\chi^2 = 0.3903$，$p = 0.532 > 0.05$）和 might（$\chi^2 = 0.3331$，$p = 0.564 > 0.05$）中没有表现出显著性差异。这两个群体学生对于三个量值情态动词的使用占比排序完全相同，均表现为 "中量值 > 低量值 > 高量值"（见图 5-11），呈现出同学科的语类趋同性。但其硕士生比博士生显著多用低量值（$\chi^2 = 13.3512$，$p = 0.000 < 0.05$）、中量值（$\chi^2 = 66.4237$，$p = 0.000 < 0.05$）和高量值（$\chi^2 = 63.5764$，$p = 0.000 < 0.05$）情态动词，表现出较明显的学位差异性。

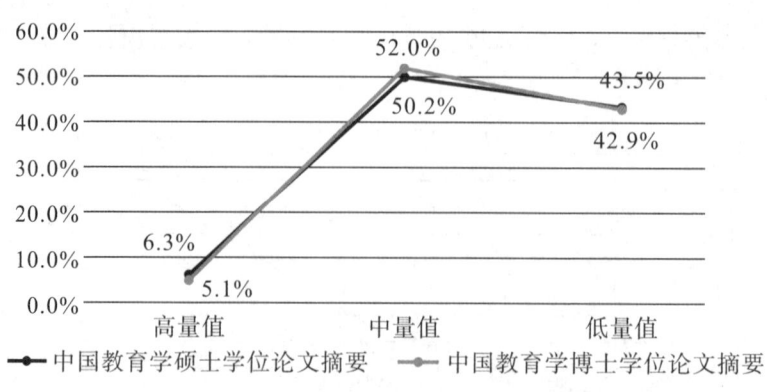

图 5-11　中国教育学硕博学位论文摘要中的情态动词量值占比

概而言之，中国计算机硕博士生与教育学硕博士生对于情态动词及其量值等级的使用频率都在跨学位维度呈现出了同质性与异质性共存的特性。相较而言，中国计算机硕博士生比其教育学硕博士生呈现出更突显的语类同质性特征，且对于情态动词及其量值等级的掌握情况要优于相应的教育学硕博士生。

五、美国硕博士生对情态动词及其量值等级的使用特征

（一）美国硕博士生情态动词的整体使用特征

统计显示，美国硕博士生（包括计算机和教育学）所使用的情态动词及其量值等级在跨学位维度呈现出异同性（见表 5-13 和图 5-12）。

表 5-13　美国硕博学位论文摘要中情态动词及其量值等级统计

量值	情态动词	美国硕士学位论文摘要 绝对频数	美国硕士学位论文摘要 相对频率	美国博士学位论文摘要 绝对频数	美国博士学位论文摘要 相对频率	χ^2	p 值
高值	must	8	2.05	15	2.49	-0.1946	0.659
中值	will	70	17.93	39	6.46	+28.4720	0.000*
中值	would	22	5.64	20	3.31	+3.0264	0.082
中值	should	21	5.38	19	3.15	+2.9349	0.087
中值	小计	113	28.95	78	12.92	+31.7371	0.000*

续表

量值	情态动词	美国硕士学位论文摘要		美国博士学位论文摘要		χ^2	p 值
		绝对频数	相对频率	绝对频数	相对频率		
低值	can	145	37.15	85	14.08	+54.6109	0.000*
	could	22	5.64	36	5.96	-0.0439	0.834*
	may	19	4.87	63	10.44	-8.9236	0.003*
	might	2	0.51	8	1.33	-1.5578	0.212
	小计	188	48.16	192	31.81	+16.6383	0.000*
合计		309	79.16	285	47.22	+40.7048	0.000*

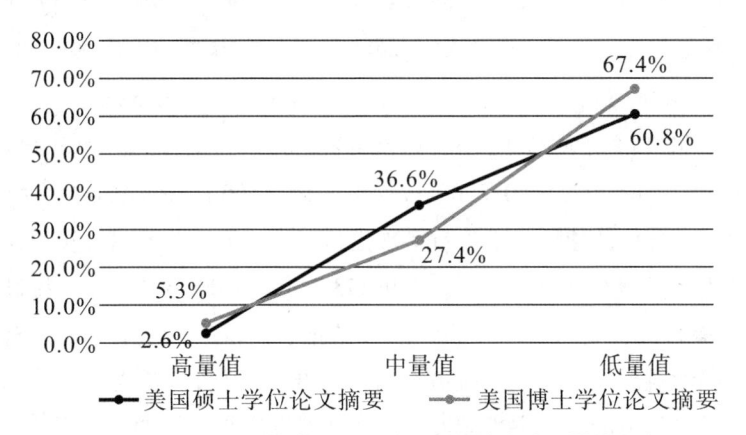

图 5-12 美国硕博学位论文摘要中的情态动词量值占比

首先，表 5-13 显示，美国硕博士生最高频使用的情态动词并不完全相同，硕士生依次高频使用的是 can，will 和 would/could，而博士生则依次为 can，may 和 will。相较于美国博士生，其硕士生显著多用情态动词 can 和 will，显著少用 may，不过对于 would，could，must，should 和 might 的使用频率没有呈现出显著性差异（具体数据见表 5-13）。整体看，美国硕博士生对情态动词的使用呈现出同质性大于异质性特征的趋势，语类差异并不凸显。其次，图 5-9 显示，美国硕博士生对于三个量值情态动词的使用占比排序完全一致，即 "低量值 > 中量值 > 高量值"，两个学生群体均倾向于大量使用低量值情态动词（占比都超过 60%）。但美国硕士生显著多用低量值情态动词和中量值情态动词，在高量值情态动词的使用频率上没有表现出显著性差异（具体数据见表 5-13），呈现出一定程度的语类差异性。

概而言之，在跨学位维度，美国硕博士生对于情态动词及其量值等级的使用语类差异并不明显。

(二) 美国计算机和教育学硕博士生情态动词的使用特征

对于美国计算机和教育学硕博学位论文摘要中情态动词及其量值等级的统计在跨学科和跨学位维度也呈现出差异和共性并存的特征。

首先，跨学科维度。美国计算机硕士生使用的情态动词相对频率由高到低依次是 can > will > could > would > may > should = must > might，而美国教育学硕士生则表现为 can > will > should > may > would > could > must > might（原始数据见表 5-10 和表 5-11），最高频和最低频使用的情态动词具有相似性。这表明，美国硕士生对情态动词的选择具有一定的趋同性。此外，美国两个学科的硕士生群体对于情态动词的整体使用频率（$\chi^2 = 2.7645$，$p = 0.096 > 0.05$）以及 must（$\chi^2 = 0.0213$，$p = 0.884 > 0.05$）、will（$\chi^2 = 0.5863$，$p = 0.444 > 0.05$）、would（$\chi^2 = 0.4479$，$p = 0.503 > 0.05$）、could（$\chi^2 = 2.1497$，$p = 0.143 > 0.05$）、may（$\chi^2 = 0.8361$，$p = 0.361 > 0.05$）和 might（$\chi^2 = 0.0053$，$p = 0.942 > 0.05$）的使用频率没有呈现出显著性差异，只是其计算机硕士生比教育学硕士生显著少用 should（$\chi^2 = 9.4738$，$p = 0.002 < 0.05$），却显著多用 can（$\chi^2 = 9.7739$，$p = 0.002 < 0.05$）。这表明，美国硕士生对于情态动词使用频率表现出学科趋同性，他们就情态动词的语义和语用功能基本达成一致，但作为人文社会科学的教育学更倾向于对实证研究发现提出相应的责任、义务要求，而作为自然科学的计算机则倾向于对实验结果的认知推断。此外，这两个群体学生对于三个量值情态动词的使用占比排序完全相同（见图 5-13），即"低量值 > 中量值 > 高量值"，且对于高量值（$\chi^2 = 0.0213$，$p = 0.884 > 0.05$）和中量值情态动词（$\chi^2 = 1.0427$，$p = 0.307 > 0.05$）的使用频率没有呈现出显著性差异，但计算机硕士生比教育学硕士生显著多用低量值情态动词（$\chi^2 = 8.7078$，$p = 0.003 < 0.05$），学科之间的趋同性大于异质性。

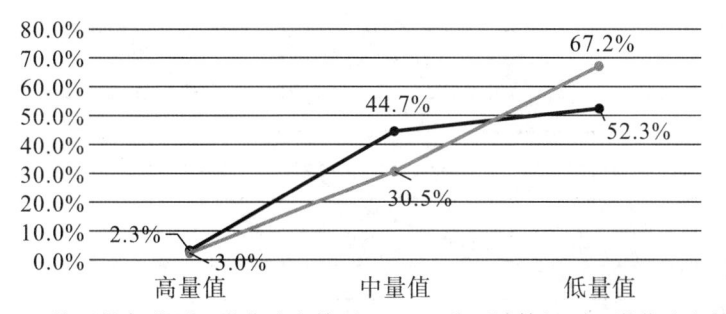

```
80.0%
70.0%                                            67.2%
60.0%
50.0%              44.7%
40.0%                                            52.3%
30.0%
20.0%              30.5%
10.0%   2.3%
 0.0%   3.0%
       高量值       中量值                        低量值
  ──●── 美国教育学硕士学位论文摘要    ──●── 美国计算机硕士学位论文摘要
```

图 5 - 13 美国教育学与计算机硕士学位论文摘要中的情态动词量值占比

在学科维度，美国计算机和教育学博士生对于情态动词的使用特征也表现出异同性。其中，美国计算机博士生使用的情态动词相对频率由高到低依次是 can＞may＞will＞could＞must＝would＞should＞might，而美国教育学博士生的使用频率表现为 can＞may＞could＞will＞would＝should＞must＞might（原始数据见表 5 - 7 和表 5 - 8），这表明，美国计算机和教育学博士生对于高频和低频情态动词的选择倾向具有一定的趋同性，学科差异性并不十分明显。卡方检验发现，美国两个学科博士生群体对于情态动词的整体使用频率（χ^2 = 0.1982，p = 0.656＞0.05）以及这 8 个情态动词的使用频率均没有呈现出显著性差异（具体统计结果分别是，must：χ^2 = 0.3347，p = 0.563＞0.05；will：χ^2 = 1.2668，p = 0.260＞0.05；would：χ^2 = 0.4563，p = 0.499＞0.05；should：χ^2 = 0.8302，p = 0.362＞0.05；can：χ^2 = 1.3471，p = 0.246＞0.05；could：χ^2 = 2.6927，p = 0.101＞0.05；may：χ^2 = 1.0718，p = 0.301＞0.05；might：χ^2 = 0.7260，p = 0.394＞0.05），他们对于情态动词的使用没有受到学科差异的影响，表现出跨学科维度的趋同性。此外，这两个学生群体对于三个量值情态动词的使用占比非常接近，排序完全相同（见图 5 - 14），而且对于三个量值等级的使用频率均没有显著性差异（卡方检验结果分别是，高量值：χ^2 = 0.3347，p = 0.563＞0.05；中量值：χ^2 = 0.0000，p = 0.997＞0.05；低量值：χ^2 = 0.4990，p = 0.480＞0.05）。由此可见，这两个不同学科的博士生群体对于情态动词量值等级的使用特征表现出趋同性。

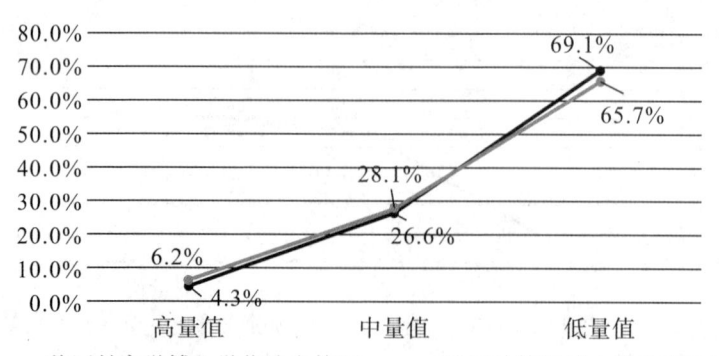

图 5-14　美国教育学与计算机博士学位论文摘要中的情态动词量值占比

　　概而言之，美国计算机和教育学硕士生与博士生对于情态动词及量值等级的使用频率在跨学科维度呈现出了同质性与异质性并存的特性，且同质性大于异质性，尤其是博士生似乎没有受到学科差异的影响。这也就意味着，母语语言文化对于情态动词的影响力要大于学科的影响力。

　　在跨学位维度，美国计算机硕士生与博士生对情态动词的选择倾向呈现出异同性（具体数据见表 5-7 和表 5-10，以及上文描述）。卡方检验发现，其硕士生比博士生显著多用情态动词（$\chi^2 = 8.7078$，$p = 0.003 < 0.05$），如 will （$\chi^2 = 14.4710$，$p = 0.000 < 0.05$）和 can（$\chi^2 = 41.9295$，$p = 0.000 < 0.05$），显著少用 may（$\chi^2 = 4.8460$，$p = 0.028 < 0.05$），但对于 must（$\chi^2 = 0.3958$，$p = 0.529 > 0.05$）、would（$\chi^2 = 1.4182$，$p = 0.234 > 0.05$）、should（$\chi^2 = 0.1786$，$p = 0.673 > 0.05$）、could（$\chi^2 = 1.8806$，$p = 0.170 > 0.05$）和 might（$\chi^2 = 0.3425$，$p = 0.558 > 0.05$）的使用频率没有呈现出显著性差异。这两个学生群体在情态动词使用上表现出的学位差异并不明显。此外，这两个学生群体对三个量值情态动词的使用占比排序完全相同，均表现为"低量值 > 中量值 > 高量值"（见图 5-15），且占比非常接近。但其硕士生比博士生显著多用中量值（$\chi^2 = 12.2915$，$p = 0.000 < 0.05$）和低量值（$\chi^2 = 23.3392$，$p = 0.000 < 0.05$）情态动词，表现出较明显的学位差异，但对高量值情态动词的使用频率没有出现显著性差异（$\chi^2 = 0.3958$，$p = 0.529 > 0.05$）。

图 5-15　美国计算机硕士与博士学位论文摘要中的情态动词量值占比

美国教育学硕士生与博士生对高频情态动词的选择呈现出较大的差异性，但对低频情态动词的选择则表现出趋同性（具体数据见表 5-7 和表 5-10 及上文描述），在某种程度上受到了学位差异的影响。此外，卡方检验发现，该学科领域的硕士、博士两个学生群体对情态动词的使用频率也呈现出异同性。例如，美国教育学硕士生比同学科的博士生显著多用情态动词（$\chi^2 = 10.2120$，$p = 0.001 < 0.05$）以及 will（$\chi^2 = 14.1919$，$p = 0.000 < 0.05$）、should（$\chi^2 = 5.4097$，$p = 0.020 < 0.05$）和 can（$\chi^2 = 13.6723$，$p = 0.000 < 0.05$），显著少用 may（$\chi^2 = 4.1442$，$p = 0.042 < 0.05$），但对 must（$\chi^2 = 0.0023$，$p = 0.962 > 0.05$）、would（$\chi^2 = 1.6102$，$p = 0.204 > 0.05$）、could（$\chi^2 = 2.7815$，$p = 0.095 > 0.05$）、might（$\chi^2 = 1.2842$，$p = 0.257 > 0.05$）的使用频率两个群体没有表现出显著性差异。这两个学生群体对三个量值情态动词的使用占比排序完全相同，均表现为"中量值 > 低量值 > 高量值"（见图 5-16），而且他们对于高量值（$\chi^2 = 0.0023$，$p = 0.962 > 0.05$）和低量值（$\chi^2 = 0.4557$，$p = 0.500 > 0.05$）情态动词的使用频率没有表现出显著性差异，只是硕士生比博士生显著多用中量值情态动词（$\chi^2 = 19.8849$，$p = 0.000 < 0.05$）。

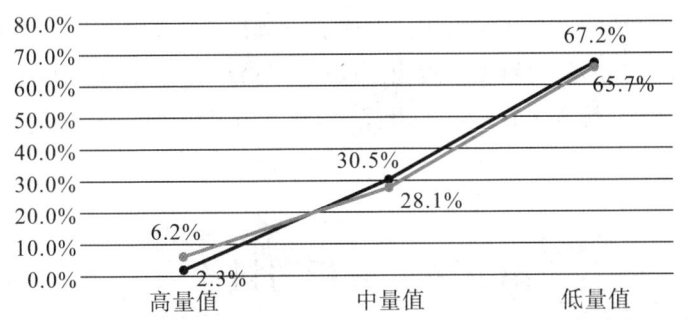

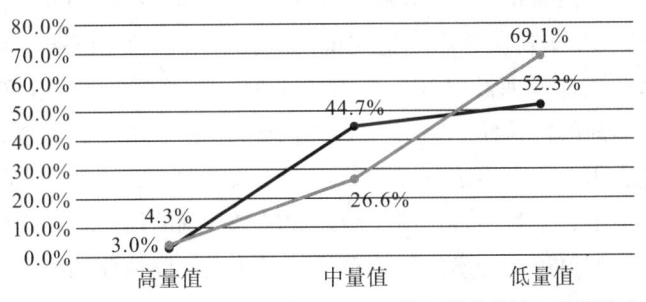

图 5-16　美国教育学硕士与博士学位论文摘要中的情态动词量值占比

概而言之，美国计算机硕博士生与教育学硕博士生对情态动词及其量值等级的使用频率，在跨学位维度呈现出了同质性与异质性并存的特性，且同质性大于异质性。这也就意味着，母语语言文化对情态动词使用的影响力要大于学历的影响力。

第五节　分析与讨论

一、情态动词的整体使用特征分析

（一）跨文化和跨学科维度

相较于美国硕士、博士生，中国硕士、博士生存在过多或极少使用情态动词的现象。具体表现为，作为整体的中国硕博学生，中国博士生、中国硕士生、中国教育学博士生、中国计算机硕士生以及中国教育学硕士生均比美国相应学科的学生群体显著少用情态动词。这与一些学者就情态动词展开的跨文化对比研究结果完全一致——不同母语背景的学习者都存在过多或极少使用情态动词的情况（Basham & Kwachaka，1989；Bulter，1990；Hyland & Milton，1997；Wilson，2005；Atai & Sadr，2008；Alonso‐Almeida，2015；何燕、张继东，2011；徐昉、龚晶，2014；徐江等，2014；王淑雯等，2016；何力等，2017；王淑雯，2017；闫鹏飞，2017；何力，2018；庞继贤、陈珺，2018；王淑雯、何晟，2018；高霞，2020）。例如，王淑雯等（2016）和王淑雯（2017）对中美语言学硕博学位论文中情态动词的调查发现，中国语言学硕士生比美国同学科硕士生显著少用情态动词，但中国语言学博士生却比美国同学科博士生显著多用情态动词，中国硕博士生对情态动词的使用并不稳定。高霞（2020）对比中西学者的英语学术论文也发现，中国学者比西方学者显著少用情态动词。而王淑雯和何晟（2018）对比中美学者发表的石油天然气实验研究论文中情态动词的整体使用频率，发现中国学者比美国本族语学者显著多用情态动词。这表明，受母语语言文化、词汇语义内涵和语用功能等因素影响，对于非本族语学生和学者而言，情态动词的确是最难的语法，难以驾驭。

由此可见，中美硕博士学生群体对于情态动词的整体使用在跨文化维度存在同质性和异质性特征，母语语言文化仍然对中国高级学习者的英语学位论文摘要中情态动词的整体使用产生了负迁移，尤其是对其高频使用的情态动词

should 和低频使用的情态动词 must 的语义潜势和语用功能的了解不够全面，从而出现了道义情态意义表达远高于认知情态意义表达这一与学术语篇特征相悖的现象。但中美硕博士学生群体对于情态动词的整体使用频率在跨学科维度呈现出的同质性特征大于异质性。这表明，相似的研究方法有可能对自然科学和人文社会科学中情态动词的整体使用产生一定的影响。相较而言，母语语言文化对情态动词使用频率的负面影响大于学科差异的影响。

（二）跨学位和跨学科维度

研究发现，中国硕博士生在跨学位维度呈现出较为明显的差异性。其中，中国硕士生比中国博士生显著多用情态动词，中国教育学硕士生也比中国教育学博士生显著多用情态动词，但中国计算机硕士生比中国计算机博士生显著少用情态动词——这与王淑雯（2017）对中国语言学硕博士生的跨学位调查结果一致。在跨学科维度，中国计算机硕士生以及博士生均比中国教育学硕士生和博士生显著多用情态动词。这与 Alonso‑Almeida 和 Carrio‑Pastor（2017）以及高霞（2020）的跨学科调查结果一致。Alonso‑Almeida 和 Carrio‑Pastor（2017）发现语言学与工程学学术论文中的情态动词使用频率存在学科差异。高霞（2020）研究发现，硬科学学术论文中的情态动词使用频率显著多于软科学论文。这说明，即使采用了相似的研究方法，学科因素还是对非本族语学生的情态动词使用频率产生了较大的影响。

而对美国硕士生和博士生而言，情态动词的整体使用频率也存在明显的跨学位差异，美国语言学、计算机、教育学硕士生均比相应学科的博士生显著多用情态动词。这与王淑雯（2017）对美国语言学硕博士生展开的跨学位调查研究结果相悖，她发现这两个群体对情态动词的使用频率并没有在跨学位维度呈现出显著性差异。这可能是因为作为专业的英语语言学习者（而且还是英语本族语者），美国硕博士更熟悉情态动词的语义潜势和语用功能。

美国硕博士学生群体在跨学科维度也呈现出趋同性——美国计算机、教育学硕士生与相应学科的博士生在情态动词的整体使用频率上没有显著差异。这与 Alonso‑Almeida 和 Carrio‑Pastor（2017）以及高霞（2020）的跨学科调查结果相悖。我们认为，这可能是因为：其一，语类不同。Alonso‑Almeida 等人研究的是成熟作者撰写的期刊论文主体部分，而本书的研究对象则是学生作者撰写的学位论文摘要。其二，对研究语料的限定程度不同。Alonso‑Almeida 等人在选择研究语料时并没有将其限定为实验研究或实证研究，这就增加了变量干扰，因为综述类、书评类、思辨类或理论探究类研究都属于不同的子语类,有不同的表达侧重点,都有可能影响到论文作者使用情态动词传递个人观点、态度、推测、传闻的频率。而本书选择的研究语料均为实证/实验型学位论文摘要,这就减少了变量干扰,其结果的信度和效度相对更高。因此,我们认为,对于本族语学生而言,如果采用了相同或相似的研究方法,学科因素对于学位论文摘要中情态动词使用频率的影响较小。当然,这需要未来做进一步的验证。

概而言之,学历层次差异是影响中美硕博士生使用情态动词的重要因素之一,但学科差异对中国学生群体产生了较大影响,却未对美国学生群体产生明显的影响。从某种程度看,这可能还是因为中国硕士、博士学生受到母语语言文化的影响,存在一定的语言僵化现象。

二、核心情态动词的使用特征分析

(一)跨文化和跨学科维度

1)中美硕博士生对于 8 个核心情态动词的使用频率并不均衡。这与国内外一些学者的研究发现相同(Bulter, 1990; Kärkkäinen, 1992; Hinkel, 1995; Hyland & Milton, 1997; McEnery & Kifle, 2002; Wilson, 2005; Atai & Sadr, 2008;杨玉晨,1998;王金铨,2006;程晓棠、裘晶,2007;马刚、吕晓娟,2007;纪小凌、陆晓,2008;梁茂成,2008;何燕、张继东,2011;龙绍赟,2014;徐昉、龚晶,2014;徐江等,2014;龙绍赟等,2016;王淑雯等,2016;何力等,2017;王淑雯,2017;闫鹏飞,2017;何力,2018;王淑雯、何晟,2018;庞继贤、陈珺,2018;高霞,2020;黄晓彬、杨劲松,2022)。本研究发现,中美硕博士生都高频使用了两个相同的情态动词——can 和 will,但中国学生、中国硕士生(包括计算机和教育学)、中国博士生(仅教育学)还高频使用了 should,只有中国计算机博士生高频使用了 may。而美国学生、美国博士生(包括计算机博士生)还高频使用了 may,美国教育学博士生和美国硕士生(包括计算机硕士生)高频使用了 could,只有美国教育学硕士生高频使用了 should,呈现出多样化态势。整体而言,在跨文化维度,中美硕博士生对于高频情态动词的选择具有较大的趋同性。而且,国内外学者对英语本族语作者的硬科学和软科学论文中的情态动词调查发现,may 的使用频率仅次于 can 和 will(Bulter, 1990; Atai & Sadr, 2008;徐江等,2014;王淑雯,2017;王淑雯、何晟,2018)。Atai 和 Sadr(2008)的调查发现,英语本族语者使用最多的情态动词是 can 和 may,这两个词用于表达"可能"的结论,表明说话者对命题的假设或评估把握性不大，反映了作者对使用结果或调查结果可能存在或然性或其他解读的认可，既反映了作者的客观审慎态度，也扩大了作者与读者积极协商的空间，保护了作者的学术面子。

很多学者都指出，can 是学术语篇中使用频率最高的情态动词（Bulter, 1990；Atai & Sadr, 2008；徐江等, 2014；何力等, 2017；王淑雯, 2017；闫鹏飞, 2017；何力, 2018；王淑雯、何晟, 2018）。can 和 will 可以显示作者对结论或推断的信心，尤其是 can 可以提升情态量值（Whitty, 2019）；will 是表达预测时最常用的情态动词，用来对目前情况做出论断，其认知情态意义也暗示作者有足够的证据可以证明该论断的合理性（Coates, 1983），自然而然地适用于科学，或接近科学的论述（Leech, 1971）。这与本研究对象都是实验/实证研究的语篇特征相吻合——此类论文摘要的分析研究是建立在数据之上的，这就意味着数据有被人为干预的可能，其结果必然也带有或然性（王淑雯, 2017）。

may 在学术语篇中具有表示可证性、可能性、策略性含糊以及礼貌（Gibbs, 1990；Facchinetti, 2003；Hinkel, 2009；牛保义, 2017）的语用功能，有助于反映作者对实证/实验结果可能存在的或然性或其他解读的认可，反映了作者审慎的态度（王淑雯, 2017）。牛保义（2017）认为，may 是重要的消极礼貌策略之一，可以降低话语的权威性和指令性，表达认知情态和修饰言语行为的言外之意。

中国学生群体高频使用了 should，该词隐含"不是不得不做"（had better do sth.）之意，其语义强度要弱于 must（暗指"不得不做，没有选择"），尤其是"should + 动态动词"这一情态序列多用于表达义务、规定和许可等道义情态意义，在学术语篇中所占比例较低（Bulter, 1990；Kärkkäinen, 1992；Hinkel, 1995；Hyland & Milton, 1997；McEnery & Kifle, 2002；Atai & Sadr, 2008）。但绝大部分中国学生却高频多用该词表达"应该""务必"等道义情态意义，近似于口号性语言，表现出作者居高临下命令的不可违抗性，在某种程度上使得话语态度生硬、武断，"有作者将个人观念强行推给读者之意，容易引起读者的反感，并不利于构建积极的人际互动关系"（王淑雯, 2017：127）。这种现象可能是受到了汉语母语的影响。汉语表达推测的词汇短语很多，如"一定、可能、会、应该、有可能、也许、能、肯定、该、恐怕、几乎、差不多、大概、有点儿、未必、显然"等。例如，"她这会儿应该在办公室"中的"应该"并非责任和义务，而是表示可能的推测。而"我们应该想办法解决这个问题"一句中的"应该"表示责任和义务。由此可见，情态动词的语义具有多元性,有时超越了句子的局限,需要根据语境判断其语义(王淑雯,2017:206)。但很多中国硕博士生没有考虑语境对情态动词 should 的决定性影响,也没有意识到 should 在英语语言中多表达义务责任、表示根据义务和责任有必要实施某一行为;而 should 在表达确定性推测时多用于某些特定的句型,如 It should be pointed out that - 等结构。中国硕博士生多将"应该"对等翻译为 should,没有考虑其语义潜势和语用功能在语境中的变化。另外,中国学生群体,尤其是人文社会科学的教育学硕博士生可能受到现代汉语某些"口号式"语言的影响,且较早接触 should,以至形成了词汇选择定式。美国教育学硕士生高频使用的 should 多为"should + 静态动词"这一情态序列,用以传递认知意义,指出概率和事情的重要性,表达确信度推测,"有助于传递作者对于所推断的情况具有较高的确信度,并愿意为之承担责任"(王淑雯,2017:127),即表明个人见解和态度立场,而不是用于强调道义责任。学位论文摘要在追求客观陈述事实的基础上,还需要对通过实验获取的证据或观测到的现象的真伪或可能性做出判断,不仅意在传递信息和表达作者的观点,更是旨在说服和影响读者。正如 Coates(1983)和 Biber 等学者(1999)所指出的,在学术论文中情态动词的认知意义(表示必然性和可能性)的使用频率远远多于其道义意义(表示强制性和必要性)。

此外,中美硕博士生(包括计算机和教育学)基本上都低频使用了 must 和 might,这与王淑雯(2017)对中美语言学硕博学位论文以及何力(2018)和王淑雯、何晟(2018)对中美学者发表的石油天然气工程实验研究论文的调查结果一致。不过,本研究发现中国硕博士生仍然倾向于使用"must + 动态动词"这一情态序列,表达职责、义务等道义情态,这使得他们的观点显得过于强势,容易引起读者的反感和对研究结果的不信任;而美国学生群体则倾向于使用"must + 静态动词"结构,传递依据数据做出的唯一可能的推测判断,并表现出高确信度。这与王淑雯、何晟(2018)对 must 在中美学者发表的石油天然气实验研究论文中的使用情况一致。might 一般多用于英语口语而非书面语,且表达可能性太弱以至于无法实现说服读者认同自己观点的意图,从而使作者显得过于缺乏自信(Holmes,1988;Hyland & Milton,1997;王淑雯,2017),因而在学术语篇中的使用频率普遍较低。

相较于美国硕博士生,中国硕博士生存在过多或极少使用某些情态动词的现象,存在明显的文化差异。这与其他学者的研究结果一致(Basham & Kwachaka,1989;Bulter,1990;Hyland & Milton,1997;Wilson,2005;Atai & Sadr,2008;Thompson,2002;Alvarez - Gil & Morales,2021;何燕、张继东,

2011；徐昉、龚晶，2014；徐江等，2014；王淑雯等，2016；何力等，2017；王淑雯，2017；闫鹏飞，2017；何力，2018；庞继贤、陈珺，2018；王淑雯、何晟，2018；高霞，2020；黄晓彬、杨劲松，2022）。具体表现为，在跨文化维度，中国学生比美国学生显著少用 must，will，would，could，may 和 might，却显著多用 should，仅有 can 的使用频率没有显著性差异。其中美国学生使用 must 的频率是中国学生的 2 倍多。这与董艳（2013）对中美博士论文、王淑雯和何晟（2018）对中外学者石油天然气实验研究论文的调查结果一致。另外，中国博士生、中国教育学博士生都比美国博士生及其教育学博士生显著多用 should，且倾向于使用该词表达道义情态意义，没有为读者提供较大的协商余地，表现出作者居高临下的命令的不可违抗性，不利于建构良好的人际关系。中美博士生、计算机博士生以及教育学博士生对这 8 个核心情态动词的使用频率存在较为明显的文化差异性，例如，中国博士生比美国博士生显著少用 must，will，would，could，may，might，显著多用 should，can；中国教育学博士生比美国相应学科博士生显著少用 would，can，could，may 和 might，显著多用 should，仅有 must 和 will 的使用频率没有表现出显著性差异；中美计算机博士生对 8 个情态动词的使用情况更接近——在 will，would，should，might 的使用频率上没有显著性差异，但中国计算机博士生显著多用 can，显著少用 may，could 和 must。然而，中美硕士生对 8 个核心情态动词使用情况表现出的文化差异要小于中美博士生。例如，中美硕士生、中美计算机硕士生以及中美教育学硕士生对 should，must，can 和 might 的使用频率都没有显著性差异，只是中国硕士生（包括计算机和教育学）显著少用 would，could，may 或 will。这表明，文化差异对中美硕士生（包括计算机和教育学）使用 8 个核心情态动词的频率产生的影响要弱于对中美博士生的影响。这可能是因为，作为学术新手，中美硕士生都处于探索核心情态动词语义潜势和语用功能的阶段，熟练程度有待提高；但对于非英语本族语的学生而言，对核心情态动词语义多元性、语义潜势和语用功能适切性的掌握仍然是一个巨大的挑战。

大部分中国学生过度使用了 should，这可能是因为他们没有意识到情态动词所承载的意义和语用功能与汉语并不对等，仅将 should 等同于"应该""务必"，忽略了该词还具有确信程度推测的认知情态意义。例如，"You should consider it seriously"，在汉语文化背景下可以表达对对方的关心、劝导，而在英语背景下就可能会因为语气不够委婉和具有强制性而冒犯对方，有强加观点于他人之嫌，显得过于直接甚至唐突。我们对语料库的检索也发现，中国学生群体多倾向于使用"should + 动态动词"这一情态序列，且主语多是 we 或

you，传递的是典型的责任、义务等道义情态意义。这种结构因隐含作者将个人观点强行推荐给读者之意，容易引起读者反感，因而很少用于学术语类中（自称语 you 基本不用于学术语类，详见本书第六章自称语讨论部分）。

  Palmer（1990）将情态动词分为基本和次要两大类，前者指现在时的情态动词（如 can, will, may, shall），后者指过去时的情态动词（如 could, would, might, should），这类情态动词更"情态化"，因而礼貌程度更强。中国学生群体普遍显著少用 could，这可能是因为他们将汉语的"能""会""可以""能够""可能""许可"等同于 can，而将 could 视为 can 的过去式，忽略了 could 比 can 的确定性弱、协商性高、礼貌程度强的语义潜势和语用功能。中国学生群体少用 would 同样可能是仅将其视为 will 的过去式所致。此外，从情态动词学习过程看，学生更早接触的是 can 和 will，有可能因此形成了词汇使用定式。正如 Hyland 和 Milton（1997）指出的，非本族语学者仅了解情态动词的基本意义（如 can 表示能力，will 表示将来），不熟悉如何使用情态动词表达认知情态及对命题真假的肯定度。

  2）在跨学科维度，中国计算机与教育学博士生、中国计算机与教育学硕士生在8个核心情态动词的使用频率上存在较大的学科差异；而美国计算机与教育学博士生对这8个情态动词的使用频率没有显著差异，美国计算机与教育学硕士生对6个情态动词（包括 must, will, would, may, could 和 might）的使用频率没有显著差异。Hyland（2000）认为，学科是决定、影响学术语篇语言特征的重要因素之一，不同学科的学术论文修辞结构不同，论文作者必须与已形成的学科规范保持一致，以获得本研究领域成员的认可。但本研究发现，如果采用了相同或相似的研究方法，英语本族语作者撰写的不同学科学术语篇的语言特征会呈现出一定的趋同性，这可能是因为国外人文社会科学领域在早期就开始效仿自然科学研究，设计实验或实证，采用量化研究，确定因果关系，运用统计方法来认识世界；同时为揭示研究对象的复杂性、动态性和不确定性，质性研究同样被纳入实证研究中。而非本族语学习者对8个核心情态动词的运用并不稳定，这有可能是因为我国人文社会学科领域采用的实证研究方法晚于自然科学的实验研究方法，学生群体对研究方法的熟悉程度不同。不过，语言背景的影响力大于学科背景和论文研究类型。

  （二）跨学位和跨学科维度

  1）中国和美国硕士生、博士生对8个核心情态动词的使用频率也表现出跨学位维度的不均衡性。其中，中国硕士生和博士生、美国硕士生和博士生以及中国计算机硕博生、美国计算机硕博生对 8 个核心情态动词使用频率的同质性均大于异质性，语类差异不明显。王淑雯（2017）对中国和美国语言学硕博学位论文的跨学位调查也显示，中国学生群体对 can，might，should，must 和 would 的使用频率没有显著差异，表现出跨学位的趋同性；美国学生群体对 7 个核心情态动词（除了 will）的使用频率没有呈现显著差异，表现出典型的跨学位趋同性。本研究还发现，中国教育学硕博士生与美国教育学硕博士生在情态动词的使用上表现出同质性与异质性并存的特征。相较而言，计算机学科的差异性小于教育学，中国计算机硕博士生比其教育学硕博士生呈现出更突显的语类同质性特征，中国和美国计算机博士生对核心情态动词的使用情况更接近于成熟英语本族语学者的使用情况。这意味着，母语语言文化以及作者对研究方法的熟悉程度对 8 个核心情态动词的影响似乎要大于学历的影响。

2）高频和低频情态动词的使用情况也在跨学位和跨学科维度表现出一定的异同性。例如，中国硕士生与博士生以及中国教育学硕士生与同学科博士生都使用了相同的 3 个高频情态动词——can，will 和 should，没有表现出语类差异，这与王淑雯（2017）对中国语言学硕博士生的跨学位调查结果有一定的相似性——这两个学生群体都最高频使用了 can，should 和 could，没有呈现出跨学位差异。但中国计算机硕士生与其博士生却呈现出了一定的异同性，前者高频使用 can，will 和 should，后者则倾向于 can，will 和 may，这与国内外成熟学者发表的国际期刊论文基本一致（Bulter，1990；Atai & Sadr，2008；徐江等，2014；王淑雯、何晟，2018）。中国计算机博士生对学术语篇中高频情态动词的掌握情况似乎优于同学科的硕士生、教育学硕博士生。这可能是因为自然科学研究长期使用实验方法，中国计算机博士生已非常熟悉此类研究，因此对情态动词的使用频率更接近成熟的本族语作者；而实证研究在国内人文社科领域的普及相对较晚，"比国外滞后 20 年左右，变化趋势也相对缓慢。到 20 世纪末，才出现少量实证研究"（文秋芳、林琳，2016：843），这可能是中国教育学硕博士生对情态动词的掌握程度略显不足的原因之一。

美国硕博生对高频情态动词的使用也更加多元，表现出跨学位、跨学科的异同性。美国硕士生高频使用了 can，will 和 would/could，而博士生则更倾向于使用 can，may 和 will，这与英语本族语学者所使用的高频情态动词一致。教育学硕士生高频选择了 can，will 和 should，而博士生则选择了 can，may 和 could。从语义特征和语义潜势看，could 比 can 的确定性弱，与读者之间的协商空间更大。美国计算机硕士生高频使用了 can，will 和 could，但博士生却选择了 can，may 和 will，这与本族语成熟学者发表的国际期刊论文一致

(Bulter，1990；Atai & Sadr，2008；徐江等，2014；王淑雯、何晟，2018）。王淑雯（2017）对美国语言学硕博学位论文的跨学位调查显示，这两个学生群体都最高频使用了 can 和 may，跨学位差异较小。从学位和学科维度看，美国博士生以及中美计算机博士生对情态动词的使用特征更接近于成熟的本族语作者，表现出更好的高频情态动词的语义理解能力和语用能力。这说明教育程度以及对研究方法的熟悉程度对情态动词的使用频率产生了积极的影响。

三、情态动词的量值等级使用特征

"不同量值情态实现不同的语义和语用功能。量值越高，作者表现出的承诺度越高，与读者的商讨性越低；量值越低，承诺度越低，商讨性则越高。"（王淑雯、何晟，2018：94）高商榷性话语是一种谨慎的语用策略，有助于说者或作者的自我保护；低商榷性话语可以表达高确定性，适当使用有助于增强说服力。

（一）情态动词量值等级的占比情况

研究发现，中美硕博学位论文摘要和中美计算机硕博学位论文摘要、美国教育学硕博学位论文摘要中3个量值等级情态动词的使用占比排序完全相同，由高到低依次为"低量值＞中量值＞高量值"，这些学生群体对情态动词量值的选择在跨文化、跨学科和跨学位维度都呈现出了同质性特征。这与已有研究成果相吻合（Vazquez & Giner，2008；Yang et al.，2015；宋改荣、孙淑芹，2013；何力等，2017；王淑雯，2017；何力，2018；王淑雯、何晟，2018；高霞，2020）。例如，Vazquez 和 Giner（2008）指出，学术语篇中用于表达委婉语气的低量值情态动词使用频数最高。宋改荣和孙淑芹（2013）调查了科技论文英语摘要中情态动词的使用特征，也发现情态动词的量值等级占比由高到低是"低量值＞中量值＞高量值"。王淑雯（2017）对中美语言学实证类硕博学位论文的调查发现，四个学生群体情态动词量值使用频率的排序都是"低量值＞中量值＞高量值"，表现出跨文化和跨学位的同质性特征。王淑雯和何晟（2018）对中美石油天然气实验研究论文的调查同样显示，中美学者使用的情态动词量值占比排序相同——"低量值＞中量值＞高量值"，表现出跨文化趋同性。高霞（2020）对中西学者的跨文化和跨学科调查也得到了同样的结论。因此，低量值情态动词的大量使用可以被视为学术语篇的重要语言特征，可用以传递作者对研究成果的谨慎客观，形成与读者群体的商榷互动以及和谐的人际关系。然而，中国教育学硕博学位论文摘要中的三个量值等级情态动词的使用占比由高到低却依次为"中量值＞低量值＞高量值",呈现出同学科、跨学位的语类趋同性。这是因为他们都最高频使用中量值情态动词 should 和 will,尤其过度依赖 should。我们通过对中国教育学硕士学位论文摘要语料库和中国教育学博士学位论文摘要语料库的仔细检索发现,第一,这两个学生群体似乎受到汉语语言文化负迁移的影响,出现了一定程度的语言僵化现象;第二,他们在摘要中更倾向于提出建议,如高频使用"should + 动态动词"情态序列,而不是对实证数据展开合理推测(少用"should + 静态动词"的情态序列),即道义情态意义多于认知情态意义。这与学术语篇中认知情态意义大于责任情态意义的倾向(Biber et al.,1999;杨信彰,2006)相悖;第三,这两个学生群体有必要提高对实证研究摘要语类特征的熟悉度。

(二) 情态动词量值等级的使用特征

1) 在跨文化维度,中国学生比美国学生显著少用低量值、中量值和高量值情态动词;中国硕士生比美国硕士生显著少用低量值和中量值情态动词,但对高量值情态动词的使用频率没有显著差异;中国博士生比美国博士生显著少用高量值和低量值情态动词,而对中量值情态动词的使用频率没有显著差异。这表明,中美硕博士生在利用情态动词传递信息、表达观点态度、推测数据意义、建构和谐人际关系等方面存在非常明显的文化差异。周忠良(2015)通过对中外译学期刊摘要的英汉对比研究发现,中文期刊的英语摘要过少使用低量值情态动词,过多使用高量值和中量值情态动词。然而,何力等(2017)、何力(2018)以及王淑雯、何晟(2018)的调查显示,中国学者比美国学者显著多用低量值情态动词,显著少用高量值情态动词,仅就中量值情态动词的使用频率表现出趋同性。"情态量值可以体现说话者对命题的确信程度,而低量值情态动词的高频使用并不一定是因为作者对某一命题缺乏信心,也有可能是因为作者倾向于使用某种固定或习惯的交际策略"(王淑雯、何晟,2018:94)。本研究中的中国学生群体(包括硕博士生)显著少用低值情态动词的原因属于后者,其过度依赖 can,但对于 could,may 和 might 的语义潜势和语用功能并不熟悉。中国计算机硕士生比美国同学科硕士生显著少用中量值情态动词,但对高量值和低量值情态动词的使用频率没有显著差异;中国计算机博士生比美国同学科学生群体显著少用高量值和低量值情态动词,仅对中量值情态动词的使用频率没有显著差异;中美教育学硕士生和博士生在高量值和中量值情态动词的使用频率上呈现趋同性,但中国教育学硕士生和博士生分别比美国群体显著少用低量值情态动词。相较而言,中国教育学硕士生、博士生对情态动词量值等级的使用情况表现出的跨文化差异性小于中国计算机硕士生、博士生。王淑雯（2017）对中美语言学实证类硕博学位论文的调查发现，中国语言学硕士生比美国语言学硕士生显著少用低量值情态动词，但对高量值和中量值情态动词的使用频率没有显著性差异，而中美语言学博士生对高量值、中量值、低量值情态动词的使用频率均没有呈现显著性差异。王淑雯（2017：81）认为，在某种程度上，英语专业的硕士和博士代表了我国英语学习者的较高和最高水平。中美语言学博士生能够对实验事实或调查事件进行客观、合理的推测，并就学术语类"依据而言"的特征达成一致，通过恰当使用不同量值的情态动词，实现与学术共同体成员的商讨，建构和谐的人际互动关系。高霞（2020）的调查则呈现出多元性特征。她发现，在低量值情态动词的使用上，中西语言学和计算机学者并无显著差异，管理学科中中国学者使用频数显著低于西方学者，物理学中中国学者使用频数则显著高于西方学者；在中量值情态动词的使用上，中国语言学、物理和计算机学者的使用频数均低于西方学者，管理学科中西学者差异不显著；在高量值情态动词的使用上，4个学科中国学者的使用频数均显著低于西方学者。

2）在跨学科维度，中国学生群体对于三个量值的使用频率表现出一定程度的学科差异性。例如，中国计算机博士生比中国教育学博士生显著多用低量值情态动词，不过对中量值和高量值情态动词的使用频率没有显著差异；中国计算机硕士生比中国教育学硕士生显著多用高量值情态动词和中量值情态动词，却显著多用低量值情态动词，表现出非常明显的学科差异性。而美国计算机和教育学博士生对这三个量值的使用频率均没有显著差异；美国计算机和教育学硕士生对高量值和中量值情态动词的使用频率都没有显著差异，前者仅比后者显著多用低量值情态动词，呈现的学科差异并不明显。这表明，对于英语本族学生语而言，相同或相似的研究方法会减弱学科差异对情态动词量值的影响，而对于非英语本族语学生而言，母语语言文化的影响力似乎还是大于学科和研究方法的影响。整体看，硬科学学科（计算机）比软科学学科（教育学）更倾向于通过低量值情态动词表达可能性、合理性等含蓄委婉语气，这可能是因为硬科学采用的实验研究方法通常是对实验数据进行分析、推理并得出结论。"而人类对世界的认知是动态发展的，新的事实或证据有可能推翻之前的假设或理论"（王淑雯，2020：24）。硬科学作者常通过低量值情态动词表达客观性，隐藏自己的阐释责任和个人身份，拒绝对研究结果展开适度推理而非绝对承诺，承认其观点具有可争论性，认同对研究结果的阐释解读存在其他可能性，表现出良好的学术商榷态度，同时也有助于维护自己可能面临质疑的消极学术体面。

3）在跨学位维度，中国硕士生比中国博士生显著多用高量值、中量值、低量值三个量值的情态动词；中国教育学硕士生也比其博士生显著多用高量值、中量值、低量值三个量值的情态动词；中国计算机硕士生比其博士生显著少用低量值、显著多用中量值情态动词，但对高量值情态动词的使用频率没有呈现显著性差异。由此可见，中国硕博士生在情态动词的使用上存在较为明显的跨学位差异性，不过，计算机比教育学的学位差异性相对要小。然而，王淑雯（2017）对中国语言学硕博士生的跨学位调查显示，中国语言学硕士生比其博士生显著少用低量值情态动词，对中量值、高量值情态动词的使用频率没有显著性差异。这可能是因为英语专业学生对情态动词的语义和语用掌握程度高于非英语专业学生。美国硕士生比美国博士生显著多用低量值和中量值情态动词，但对高量值情态动词的使用频率表现出同质性特征；美国计算机硕士生与博士生之间表现出同样的量值使用特征；美国教育学硕士生则比其博士生显著多用中量值情态动词，但对高量值和中量值情态动词的使用频率没有呈现显著性差异。王淑雯（2017）对美国语言学硕博学位论文的跨学位调查却显示，这两个学生群体对于高量值、中量值、低量值三个量值情态动词的使用频率都没有显著性差异，作为专门的语言学习者和研究者，他们更"熟悉情态动词的语义范畴和评价潜势，在对实证数据进行推断时，既能做到态度谨慎，依据而言，承诺度低，扩大与学术共同体成员进行协商的学术空间，又能适时传递高承诺，强信念，积极建构自己的学术身份"（王淑雯，2017：230-231）。此外，美国硕博士生（包括计算机和教育学）在高量值情态动词的语义和语用使用上达成一致。我们通过对美国计算机和教育学硕士、博士论文摘要的四个语料库中高量值情态动词 must 的仔细梳理也发现，绝大多数美国硕博士生使用了"must + 静态动词 be"的情态序列，传递依据实验数据做出唯一可能的推测判断，表现出高确信度，适度表达对自己研究结果的信心，适当凸显自己的学术观点，也期望影响学术共同体成员接受其学术观点。

概而言之，情态动词量值等级在跨学位维度呈现出的特征还是受到了来自母语语言文化的更大影响。

四、结语

研究发现，在情态动词整体使用频率、8 个核心情态动词的使用频率以及情态动词量值等级的使用特征等方面，母语语言文化所产生的影响力要大于学科差异性，学科差异大于学位差异。然而，对于英语本族语学生作者而言，如果采用相同或相似的研究方法，情态动词的使用特征会在跨学科维度和跨学位维度表现出较明显的趋同趋势，尤其是对于硬科学的计算机学科而言，这种趋势更加显性。

第六节 小结

情态动词是实现作者的身份、地位、态度、动机以及对事物的推断和评价等人际功能的重要语言形式，在传递命题信息，表达说者/作者对命题或事件不同程度的态度、判断和推测以及许可、意愿等情态意义，从而直接或间接对听者/读者产生影响等方面发挥着重要功能。

一、小结

本章在全面评述国内外学界情态动词研究成果的基础上，以中美计算机和教育学领域的实验/实证型硕博学位论文英语摘要为研究对象，自建语料库，从跨文化、跨学科和跨学位三个维度对比探讨了情态动词的使用特征。研究发现：

1）中美硕博士生对情态动词的整体使用存在跨文化、跨学科和跨学位的同质性与异质性并存的特征。其一，中美硕博士生在利用情态动词传递信息、表达观点态度、推测数据意义、建构和谐人际关系等方面存在非常明显的文化差异。相较于美国硕博士生，中国硕博士生存在过多使用或较少使用情态动词的现象，这表明母语语言文化仍然对中国高级学习者对情态动词的整体使用产生了负迁移。其二，中美硕博士学生群体对情态动词的整体使用频率在跨学科维度呈现出的同质性特征大于其异质性特征。这表明，相似的研究方法有可能会使得自然科学和人文社会科学中情态动词的整体使用特征呈现出趋同性。其三，相较于美国硕博士生，中国硕博士生在跨学位维度呈现出更为明显的差异性。这意味着，母语语言文化对情态动词使用频率的负面影响大于学科差异的影响。

2）中美硕博学位论文摘要、中美计算机硕博学位论文摘要以及美国教育学硕博学位论文摘要中的三个量值等级情态动词的使用占比排序完全相同，由高到低依次为"低量值＞中量值＞高量值"，这些学生群体对情态动词量值的选择在跨文化、跨学科和跨学位维度都呈现出了同质性大于异质性的趋向。其一，在跨文化维度，中国学生比美国学生显著少用低量值、中量值和高量值情态动词；中国硕士生比美国硕士生显著少用低量值和中量值情态动词，但对高量值情态动词的使用频率没有显著性差异；中国博士生则比美国博士生显著少用高量值和低量值情态动词，而对于中量值情态动词的使用频率没有显著性差异。其二，相同或相似的研究方法会减弱学科差异对情态动词量值的影响，但相较于美国学生群体，中国学生群体对三个量值的使用频率表现出较大程度的学科差异性。其三，情态动词量值等级在跨学位维度呈现出的特征还是受到了来自母语语言文化的更大影响。

概而言之，母语语言文化对情态动词的影响似乎还是大于学科领域和研究方法的影响。

二、教学启示

本研究结果对我国英语学术论文写作教学具有借鉴和启示作用。

第一，情态动词是"最重要"也是"最难"的情态表达手段，其多义性和不确定性以及情态序列结构的多样性，对于传递作者对所述内容的不同判断、评价、观点和态度，完成人际意义的建构发挥了重要功能。因此，在英语学术论文写作教学中，仅仅教授情态动词的基本语义显然是不够的，我们应该结合语境，引导学生观察情态动词在学术语篇中的语义和序列的丰富性，认识到情态动词对实现语篇人际意义的重要性，提高其语用意识。

第二，教师不能局限于介绍传统英语语法书对情态动词的简单划分。例如，不能将情态动词简单地分为现在时态和过去时态，这种划分不但抹杀了情态动词意义上的细微差别，也为学习者的学术论文写作带来了很大的困扰，导致中国硕博士生过多或较少使用某些情态动词。Li（2020）对EFL教材中的情态动词调查发现，情态动词在教材中与自然话语之间存在多处不匹配，对学习者产生了一定的消极影响；而且教材中对情态动词多义性的介绍不足，加上学习机制、教师指导、外部输入等因素的影响，相对于语义错误（即缺乏清晰度、准确性），学习者更容易犯语用错误（即缺乏适切性、合理性）。学生即使意识到情态动词的语用期待，依然会以自己的方式使用情态动词。这就意味着，对于教师而言，情态动词依然是最难处理的结构之一（Celce-Murcia & Larsen-Freeman，1999）。我们认为，教师可以尝试将语言学，尤其是ESP、EAP领域的相关研究成果结合案例分析，融入课堂教学，只有帮助学生准确掌握情态动词的概念属性、语义复杂性和语用多元性，引起学生对有效输入的足够关注，进而加工内化为知识，才能最终有意识地提高其语用能力（Ozturk & Papafragou，2015）。

第三，注重学术语篇分析。语篇分析不仅注重语言特征，而且关注语言特征的成因，对学习者恰当使用语言进行交际非常重要（Bhatia，1993）。Hyland（2000）认为，语篇分析是帮助非本族语者了解学术语篇结构特征的一种强有力的工具。语类能力不是天生的，而是后天习得的，教师可以采用灵活多样的方法培养学生的语类意识和语类能力，如案例分析、语义内涵挖掘、语用功能探讨等。我国大部分面向非英语专业硕博士生开设的英语学术论文写作课程涵盖了多个学科专业，如果以学科作为教学资料的选择标准，那么学科间的术语差异很难满足所有学生的需求，甚至会给学生造成阅读障碍。本研究发现，对于英语本族语者而言，如果采用了相同或相似的研究方法，或者是相似的语篇类型，情态动词的使用特征会呈现出趋同性。因此，在教学中可以将研究类型或语篇类型作为突破口，如实证研究、实验研究、思辨研究、综述研究、书评、理论探讨或模型建构等，培养学生的语类意识，让他们认识到语篇不仅是一种语言建构，还是一种社会意义建构，帮助他们尽快熟悉所属学科话语社团以及特定语篇类型的语言规范，提高语用适切性和合理性。外语学习本质上是一个不断语境化的过程，语类意识有助于提高论文写作教学质量（庞继贤、叶宁，2009），语类能力也是可以习得的。

第四，注重跨文化意识教育，帮助学生克服母语文化的负迁移。在学术英语教学中，我们可以广泛收集中国硕博士生在情态动词使用中出现的文化负迁移的言语表征例证，以探求文化负迁移对情态动词的影响规律。同时，加强英汉对比。英汉语言的情态动词在语义和语用维度并不完全对等。如果用汉语介绍英语情态动词的语义，学习者不可能充分理解情态动词的多义性和模糊性，在撰写英语学术/学位论文时，通常只能做简单的对等翻译。社会文化理论认为，人的认知心理机能是一个受到不同文化产品、行为活动和概念等中介要素调节的过程。在这一过程中，作为中介要素的外化和实现手段，语言发挥了关键作用。中国硕博士生用英语撰写学位论文摘要或学术论文，其难度要大于本族语硕博士生。对中国学生而言，在用英语写作的过程中不可能摆脱汉语母语语言、思维、文化以及社会因素的影响。因此，在教学中，教师可以结合案例帮助学生准确掌握情态动词的英语释义，强化词汇深度、语义丰富性和语用适切性，帮助学生尽可能缩小与本族语者之间的差异。

参考文献

ADAMS H, QUINTANA - TOLEDO A, 2013. Adverbial stance making in the introduction and conclusion sections of legal research articles［J］. Revista de linguistica y lenguas aplicadas

(8): 13-22.

AIKHENVALD A Y, 2004. Evidentiality: Problems and challenges [C] //VAN STERKENBURG P (ed.). Linguistics today—Facing a greater challenge. Amsterdam & Philadelphia: John Benjamins, 1-29.

AIJMER K, 2002. Modality in advanced Swedish learners writteninterlanguage [C] //GRANGER S, HUNG J, PETCH - TYSON S (eds.). Computer learner corpora, second language acquisition and foreign language teaching. Amsterdam: John Benjamins, 55-76.

ALCARAZ - VARO E, 2013. El ingles professional yacademico [J]. Alianza editorial (2): 25-46.

ALONSO - ALMEIDA F, 2015. On the mitigating function of modality andevidentiality: Evidence from English and Spanish medical research papers [J]. Intercultural pragmatics, 12 (1): 33-57.

ALONSO - ALMEIDA F, CARRIO - PASTOR M L, 2017. Variation and function of modals in linguistics and engineering research papers in English: Discourse - pragmatic perspectives [C] //MARIN - ARRESE I, LAVID - LOPEZ J, CARRETERO M, et al. Evidentiality and modality in European languages. Bern: Peter Lang, 277-311.

ALVAREZ - GIL F J, MORALES M E D, 2021. Modal verbs in academic papers in the field of tourism [J]. Revista signos, estudios de lingcistica, 54 (6): 349-374.

ASUNCION J, CRISTINA P G, 2015. A comparison analysis of modal auxiliary verbs in technical and general English [J]. Procedia (Social and behavioral sciences) (212): 292-297.

ATAI M R, SADR L, 2008. A cross - cultural genre study of hedging devices in discussion section of applied linguistics research articles [J]. Journal of teaching English language and literature society of Iran (7): 1-22.

BASHAM C, KWACHAKA P, 1989. Variations in modal use by Alaskan Eskimo student writers [C] //GASS S, MADDEN C, PRESTON D, et al. Variations in second language acquisition: Discourse and pragmatics. Clevedon, UK: Multilingual Matters, 129-143.

BELCHER D, BRAINE G, 1995. Academic writing in a second language: essays on research and pedagogy [M]. Norwood NJ: Ablex.

BHATIA V K, 1993. Analyzing genre: Language use in professional settings [M]. London & New York: Longman.

BIBER D, JOHANSSON S, LEECH C, et al., 1999. Longman grammar of spoken and written English [M]. London: Longman, Beijing: Foreign Language Teaching and Research Press.

BULTER Q, 1990. Qualifications in science: Modal meanings in scientific texts [C] //NASH W (ed.). The writing scholar: Studies in academic discourse. Newbury Park, CA: Sage, 145-147.

BYBEE J, FLEISCHMAN S, 1995. Introduction [C] //BYBEE J, FLEISCHMAN S (eds.). Modality in grammar and discourse. Amsterdam: John Benjamins, 1-14.

BYBEE J L, PERKINS R D, PAGLIUCA W, 1994. The evolution of grammar: Tense, aspect and modality in the languages of the world [M]. Chicago: University of Chicago Press.

CARRIO-PASTOR M L, 2014. Cross-cultural variation in the use of modal verbs in academic English [J]. Sky journal of linguistics, 27 (1): 153-166.

CELCE-MURCIA M, LARSEN-FREEMAN D, 1999. The grammar book: An ESL/EFL teacher's course [M]. 2nd ed. Boston: Heinle & Heinle.

CHAFE W, 1986. Evidentiality in English converstaion and academic writing [C] //CHAFE W, NICHOLAS J (eds.). Evidentiality: The linguistic coding of epistemology. Norwood, NJ: Ablex, Pub Corp, 261-272.

COATES J, 1983. The semantics of modal auxiliaries [M]. London: Croom Helm.

COLLINS P, 2009. Modals and Quasi-modals in English [M]. Amsterdam: Rodopi.

DE HAAN F, 1996. The interaction of modality and negation: A typological study [M]. The Hague: Mouton.

DE HAAN F, 2012. The relevance of constructions for the interpretation of modal meaning: The case of must [J]. English studies (6): 700-728.

DIEULEVEUT A, 2021. Finding modal force [D]. Maryland: University of Maryland, College Park.

DOWNING A, 2009. Surely as a marker of dominance and entitlement in the crime fiction of P. D. James [J]. Brno studies in English, 35 (2): 79-92.

FACCHINETTI R, 2003. Pragmatic and sociological constraints on the functions of may in contemporary British English [M] //FACCHINETTI R, KRUG M, PALMER F (eds.). Modality in contemporary English. Berlin: Mouton de Gruyter, 301-330.

FUNG S, WATSON-BROWN A, 1994. The template: A guide for the analysis of complex legislation [M]. London: Institute of Advanced Legal Studies, London University.

GIBBS D A, 1990. Second language acquisition of the English modal auxiliaries can, could, may, and might [J]. Applied linguistics 11 (3): 297-314.

GLANVILLE R, 1998. Acybemeticm using language and science in the language of science [J]. Cybemetics and human knowledge (4): 79-96.

GÓMEZ L F P, 2011. A contribution to the intercultural and interlinguistic analysis of interpersonal metadiscourse devices in business management research articles [D]. Zaragoza: Universidad Zaragoza.

GOTTI M, 2003. Shall and will in contemporary English: A comparison with past uses [C] // FACCHINETTI R, KRUG M, PALMER F (eds.) Modality in contemporary English. Berlin &

New York: Mouton de Gruyter, 267 - 300.

HALLIDAY M K A, 1985. An introduction to functional grammar [M]. London: Edward Arnold.

HALLIDAY M K A, 1994. An introduction to functional grammar [M]. 2nd. London: Edward.

HALLIDAY M K A, 2000. An introduction to functional grammar [M]. 2nd. Beijing: Foreign Language Teaching and Research Press.

HALLIDAY M K A, MATTHIESSEN C, 2004. An Introduction to functional grammar [M]. 3rd. London: Arnold.

HINKEL E, 1995. The use of modal verbs as a reflection of culture values [J]. TESOL quarterly (2): 325 - 343.

HINKEL E, 2009. The effects of essay topics on modal verb uses in L1 and L2 academic writing [J]. Journal of pragmatics (41): 667 - 683.

HOLMES J, 1988. Doubt and certainty in ESL textbooks [J]. Applied linguistics, 9 (1): 21 - 44.

HOYE L, 1997. Adverbs and modality in English [M]. New York: Addison Wesley Longman Limited.

HUNSTON S, 2004. "We can broke the forest": Approaches to modal auxiliaries in learner corpora [R]. Paper Presented at TaL C6, Granada.

HUNSTON S, FRANCIS G, 2000. Pattern grammar: A corpus - driven approach to the lexical grammar of English [M]. Amsterdam: John Benjamins.

HYLAND K, 1994. Hedging in academic writing and EAP textbooks [J]. English for specific purposes, 13 (3): 239 - 256.

HYLAND K, 1998. Boosting, hedging and the negotiation of academic knowledge [J]. Text, 18 (3): 349 - 382.

HYLAND K, 2000. Disciplinary discourses: Social interactions in academic writing [M]. London: Longman.

HYLAND K, MILTON J, 1997. Qualification and certainty in L1 and L2 student's writing [J]. Journal of second language writing (3): 341 - 367.

JAIME P M, PÉREZ - GUILLOT C, 2015. A comparison analysis of modal auxiliary verbs in technical and general English [J]. Procedia social and behavioral sciences (212): 292 - 297.

KÄRKKÄINEN E, 1992. Modality as a strategy in interaction: Epistemic modality in the language of native and non - native speakers of English [J]. Pragmatics and language learning (3): 197 - 216.

KRATZER A, 1981. The notional category of modality [C] //EIKMEYER H J, RIESER H (eds.). Words, worlds, and contexts: New approaches in word semantics. de Gruyter, Berlin: Cornelson, 38 - 74.

LEECH G N, 1971. Meaning and the English verb [M]. London: Longman.

LEECH G N, 2003. Modality on the move: The English modal auxiliaries 1961 - 1992 [C] // FACCHINETTI R, KRUG M G, PALMER F R (eds.). Modality in contemporary English. Berlin: Mouton de Gruyter, 223 - 240.

LI X D, 2020. Modal verb treatment in EFL textbooks: A quantitative and Qualitative Approach [D]. Hong Kong: The Chinese University of Hong Kong.

LYONS J, 1977. Semantics [M]. Cambridge: Cambridge University Press.

LYONS J, 1995. Linguistic semantics: An introduction [M]. Beijing: Foreign Language Teaching and Research Press.

MARKKANEN R, SCHRODER H, 1997. Hedging and discourse: Approaches to the analysis of a pragmatic phenomenon in academic texts [M]. Berlin/New York: de Gruyter.

MARTIN J R, 1992. English text: System and structure [M]. Philadelphia/Amsterdam: John Benjamins.

MARTIN J R, ROSE D, 2007. Working with discourse: Meaning beyond clause [M]. 2nd ed. London: Continuum.

MCENERY T, KIFLE N A, 2002. Epistemic modality in argumentative essays of second - language writers [J]. Academic discourse (6): 182 - 195.

MINDT D, 1993. An empirical grammar of the English verb: Modal verbs [M]. Berlin: Cornelson.

MYERS G, 1989. The pragmatics of politeness in scientific articles [J]. Applied linguistics (10): 3 - 35.

NAKAMURA J, 1993. Quantitative comparison of Modals in the Brown and the LOB Corpora [J]. ICAME journal (17): 29 - 48.

NANTHAN P, 2013. Academic writing in the business school: The genre of the business case report [J]. Journal of English for academic purposes (12): 57 - 68.

NUYTS J, 2001. Epistemic modality, language and conceptualization: A cognitive - pragmatic perspective [M]. Amsterdam: John Benjamins.

NUYTS J, 2005. The modal confusion: on terminology and the concepts behind it [C] //KLINGE A, MIILLER H H (eds.). Modality: Studies in form and function. London: Equinox, 5 - 38.

NUYTS J, 2006. Modality: overview and linguistic issues [C] //FRAWIEY W (ed.). The expression of modality. Berlin: Mouton deGrulter, 1 - 26.

NUYTS J, 2016. Surveying modality and mood [C] //NUYTS J, VAN DER AUWERA J (eds.). The Oxford handbook of modality and mood. Oxford: Oxford University Press, 1 - 8.

NUYTS J, BYLOO P, DIEPEVEEN J, 2010. On deontic modality, directivity, and mood: The case of Dutchmogen and moeten [J]. Journal of pragmatics, 42 (1): 16 - 34.

NUYTS J, VAN DER AUWERA J, 2016. The Oxford handbook of modality and mood [M]. Oxford: Oxford University Press.

OZTURK O, PAPAFRAGOU A, 2015. The acquisition of epistemic modality: From semantic meaning to pragmatic interpretation [J]. Language learning and development, 11 (3): 191-214.

PALMER F R, 1979. Modality and the English modals [M]. London & New York: Longman.

PALMER F R, 1986. Mood and modality [M]. Cambridge: Cambridge University Press.

PALMER F R, 1990. Modality and the English modals [M]. 2nd ed. London: Longman.

PALMER F R, 2001. Mood and modality [M]. 2nd ed. Cambridge: Cambridge University Press.

PAPAFRAGOU A, 1998. The acquisition of modality: Implications for theories of semantic representation [J]. Mind and language, 13 (3): 370-399.

PAPAFRAGOU A, 2000. Modality: Issues in the semantics – pragmatics interface [M]. Amsterdam: Elsevier.

PERKINS M R, 1983. Modal expressions in English [M]. London: Frances Printer.

QUIRK R, GREENBAUM S, LEECH G, et al., 1985. A comprehensive grammar of the English language [M]. New York: Longman.

SAMERI M, TAVANGAR M, 2013. Epistemic modality in academic discourse: A cross – linguistic and cross – disciplinarystudy [J]. The Iranian EFL journal, 9 (4): 127-147.

SIMON – VANDENBERGEN A – M, AIJMER K, 2007. The semantic field of modal certainty: A corpus – based study of English adverbs [M]. Berlin: Walter de Gruyter.

SWEETSER E, 1990. From etymology to pragmatics: Metaphorical and cultural aspects of semantic structure [M]. London: Cambridge University Press.

TALMY L, 1988. Force dynamics in language and cognition [J]. Cognitive science (2): 49-100.

THOMPSON P, 2002. Modal verbs in academic writing [J]. Language and computers, 7 (1): 305-325.

VAZQUEZ I, GINER D, 2008. Beyond mood and modality: Epistemic modality markers as hedges in research articles: A cross – disciplinary study [J]. Revista alicantina de estudios ingleses (21): 171-190.

VON WRIGHT G H, 1951. An essay in modal logic [M]. Amsterdam: North – Holland Pub. Co.

WHITTY L, 2019. A reanalysis of the uses of can and could: A corpus – based approach [J]. Corpus pragmatics, 3 (3): 225-247.

WILSON A, 2005. Modal verbs in written Indian English: A quantitative and comparative analysis of the kolhapur corpus using correspondence analysis [J]. ICAME journal (29): 151-169.

YANG AN, ZHENG SHUYUAN, GE GUANGCHUN, 2015. Epistemic modality in English-medium medical research articles: A systemic functional perspective [J]. English for specific purpose (38): 1-10.

ZALALTDINOVA L, 2018. "Stop doing this at once!": The preferred use of modality for advice-giving by English language learners [J]. Intercultural pragmatics, 15 (3): 349-372.

ZALALTDINOVA L, 2019. Modality as a reflection of pragmatic competence—Exploring modification of ELLS' pragmatic knowledge based on the use of modality in the context of peer feedback [D]. Albany: State University of New York.

程晓堂,裘晶,2007. 中国学生英语作文中情态动词的使用情况——一项基于语料库的研究 [J]. 外语电化教学 (6): 9-15.

董艳,2013. 中国英语二语博士论文和英美博士论文中的批判性立场和评鉴——评鉴动词和情态动词实证对比研究 [J]. 福建师范大学学报（哲学社会科学版）(6): 85-92.

高霞,2020. 基于中西学者学术论文可比语料库的情态动词研究 [J]. 解放军外国语学院学报 (5): 1-9, 127.

何力,2018. 基于语料库的中国学者和英语本族语学者英语学术论文中情态动词对比研究——以石油天然气实验研究论文为例 [D]. 成都: 西南石油大学.

何力,班颖超,王淑雯. 基于语料库的中外英语学术语篇情态动词对比研究——以石油天然气类实验性论文为例 [J]. 长江大学学报（社会科学版）,2017 (5): 103-109.

何燕,张继东,2011. 基于语料库的科技英语情态动词研究 [J]. 华东大学学报（社会科学版）(1): 73-77.

黄晓彬,杨劲松,2022. 九个核心情态动词在过程写作中的应用——基于语料库的研究 [J]. 长春大学学报 (4): 81-86.

纪小凌,陆晓,2008. 中美大学生情态动词使用对比研究 [J]. 中国外语教育 (3): 18-25.

李莉华,2011. 情态动词will和may在英语学术论文写作和新闻语体中的使用——一项基于语料库的跨语体研究 [J]. 外语教学 (6): 38-43.

李战子,2001. 学术话语中认知型情态的多重人际意义 [J]. 外语教学与研究 (5): 353-358.

梁茂成,2008. 中国大学生英语笔语的情态序列研究 [J]. 外语教学与研究 (1): 51-58.

刘华,2004. 英语专业高年级学生的情态动词用法 [J]. 宁波大学学报（教育科学版）(5): 121-125.

龙绍斌,2014. 中国英语专业大学生英语议论文中的情态序列使用特征研究 [J]. 外国语言文学 (2): 90-102.

龙绍赟,付贺宾,陈天真,等,2016. 专业学生议论文中情态动词的使用特征 [J]. 外语学刊 (1): 124-131.

马刚,吕晓娟,2007. 基于中国学习者英语语料库的情态动词研究[J]. 外语电化教学(3):17-21.

牛保义,2017. 英语情态动词 may 的情境植入功能研究[J]. 外国语(3):12-22.

庞继贤,陈珺,2018. 国际期刊论文的认知情态序列对比分析[J]. 福建师范大学学报(哲学社会科学版)(1):97-109.

庞继贤,叶宁,2009. 语类意识与英语研究论文写作[J]. 外语与外语教学(3):34-36.

秦裕祥,1994. 英语情态动词的语义、语义特征与时态[J]. 外国语(2):37-44.

施兵,2006. 英语情态动词的语用分析[J]. 北京第二外国语学院学报(10):37-41.

宋改荣,孙淑芹,2013. 科技论文摘要中情态动词的语境顺应性解读——一项基于语料库的研究[J]. 阜阳师范学院学报(社会科学版)(1):65-68.

王金铨,2007. 基于SWECCL的中国英语学习者情态动词使用研究[J]. 疯狂英语(教师版)(1):44-47.

王淑雯,2016. 中美硕士论文的言据性研究[J]. 当代外语研究(2):21-27.

王淑雯,2017. 中美语言学硕博学位论文的言据性对比研究[M]. 北京:中国水利水电出版社.

王淑雯,2020. 中国学者与英语本族语学者英语科研论文中情态副词的对比研究——以石油天然气实验研究论文为例[J]. 山东外语教学(5):19-30.

王淑雯,何晟,2018. 中美学者英语研究论文的语境文化特征对比研究——以石油天然气实验研究论文为例[J]. 外语界(1):88-96.

王淑雯,何晟,2021. 英语石油科技论文写作[M]. 北京:中国石油大学出版社.

汪云,2008. 英语情态动词语篇中的对比研究[J]. 成都大学学报(教育科学版)(4):116.

文秋芳,林琳,2016. 2001—2015年应用语言学研究方法的使用趋势[J]. 现代外语(6):842-852.

吴键洪,庞继贤,2019. 国际期刊论文引言语篇的情态序列与推销策略分析[J]. 上海理工大学学报(上海科学版)(4):301-307.

徐昉,龚晶,2014. 二语学术写作言据性资源使用的实证性研究[J]. 解放军外国语学院学报(4):12-22.

徐江,郑丽,张海明,2014. 基于语料库的中国大陆与本族语学者英语科研论文中模糊限制语比较研究——以国际期刊《纳米技术》论文为例[J]. 外语教学理论与实践(2):46-55.

闫鹏飞,2017. 理工科学习者二语学术写作中的情态序列研究[J]. 山东外语教学(3):40-51.

杨曙,2018. 情态的多维度研究[J]. 外国语文(1):106-112.

杨信彰,2006. 英语的情态手段与语篇类型[J]. 外语与外语教学(1):1-2.

杨玉晨, 1998. 情态动词、模糊语言与学术论文写作风格 [J]. 外语与外语教学 (7): 24 - 35.

张楚楚, 2007. 论英语情态动词道义情态的主现性 [J]. 外国语 (5): 23 - 30.

赵璞, 2004. 英语情态助动词意义的语义语用分析 [J]. 外语研究 (2): 11 - 15.

郑雯嫣, 2003. 学术论文中情态助动词的语用功能分析 [J]. 山东外语教学 (5): 56 - 62.

周忠良, 2015. 基于语料库的中文期刊论文英文摘要情态动词使用特征研究 [J]. 外语与翻译 (2): 45 - 51.

剑桥大学出版社, 2008. 剑桥高阶英汉双解词典 [Z]. 北京: 外语教学与研究出版社.

第六章 中美硕博学位论文摘要中的作者自称语使用特征对比研究
——以人文社会学科和自然科学学科为例

第一节 引言

学术论文被视为一种作者高度参与的社会实践活动，是一个作者以论文为媒介与潜在读者进行学术互动、协商和交流，共同完成对知识定义的过程（Myers，1989；Nystrand，1989；Swale，1990；Thompson & Thetela，1995；Hoye，2001；Thompson，2001；Hyland，2004）。在这一过程中，作者需建立适切的作者身份，与读者保持一定程度的个人接触（Hyland，2001），判断读者对其内容可能做出的反应，预测读者对其作品的印象，以及在理解和领会作者意图时可能遇到的困难，并予以回应，寻求认同（Widdowson，1979；Voloshinov，1995；Ivanič，1998），从而建构恰当的作者身份（authorial identity）（Ivanič，1998；Kuo，1999；Tang & John，1999；Hyland，2001、2002；Duenas，2007；Candarli et al.，2015），树立学术形象（Hyland，2002）。而潜在读者也参与了作者在文本中的身份建构，他们并不是文本意义的提取者，而是文本意义的积极建构者（Hatch et al.，1993），他们在阅读学术论文时不断揣测判断作者传递的信息和观点，确定是否接受或认同（Hyland，2001）。因此，在写作过程中，作者需要利用多种修辞手段，不断平衡自己的写作意图与读者期待之间的关系（Nystrand，1989）。自称语（self-referencing）是语篇作者在学术写作中有效建构作者身份、实现作者与读者以及学术共同体之间有效交流的语言策略之一（Ivanič，1998；Kuo，1999；Tang & John，1999；Hyland，2001、2002、2003、2004、2008；Hyland & Tse，2005；Duenas，2007；Kuhi et al.，2013；Zareva，2013；Hyland & Jiang，2017；柳淑芬，2011；李娜、李忠庆，2013），恰当使用自称语能够推动作者在学术领域展现学术成果，"树立学术权威"（Duenas，2007：144）。

第二节 文献综述

一、作者身份探究

Ivanič（1998：32）从社会建构主义理论和社会互动理论视域将写作界定为"一种身份行为，人们通过写作协调自己在生活文化中所形成的各种自我可能性，在再造或挑战占据主导地位的行为、话语、价值观、信念和利益的过程中，扮演自己的角色"（Writing is an act of identity in which people align themselves with socio‑culturally shaped possibilities for self‑hood, playing their part in reproducing or challenging dominant practices and discourses, and the values, beliefs and interests which they embody）。这就意味着，作者身份具有多重性。Ivanič（1998：23‑29）确定了作者身份的四个维度：

1）自传式自我（authobiographical self），即作者带到写作行为中的身份，这一身份由其早期的社会经历和语篇历史建构，如知识、经验、信念、价值观等。这种自我身份是经由社会建构而成的（socially constructed），且不断动态变化（constantly changing），强调作者的以往经历对文本产生的影响。

2）语篇自我（discoursal self），作者在特定语篇中运用一定的话语策略向读者有意识或无意识地表达观点或呈现形象。这种通过语篇特征建构（the discourse characteristics）的自我通常是多元的，有时甚至是彼此矛盾的，与作者写作时所处的社会语境的价值观、信念和权力关系有关。语篇自我关注作者希望听到的声音（voice），而不是作者的立场（stance）。这种"自我"会对读者产生较为固定而久远的印象。

3）作者自我（self as author），即作者在文本中所持的立场、观点或看法，是实现作者身份的基础。作者自我关注的是作者立场、观点和信念下的"声音"。这一维度的"自我"在学术论文写作中尤其重要，因为作者需要动态调整语篇内容的权威程度以及在论文中所确定的作者呈现（authorial presence）程度。

4）社会文化和机构语境中的各种自我可能性（possibilities for self‑hood in the socio‑cultural and institutional context），关注作者在社会语境下所建构的典型自我可能性。社会身份不属于特定个体，任何机构语境下都会存在多种自我可能性：用不同的方式做同样的事情（several ways of doing the same thing），而这种可能性是由写作的个体行为借助各类语言资源塑造的。

自传式自我、语篇自我和作者自我都是撰写真实语篇的真实作者（actual people writing actual texts），其中，自传式自我体现的是文本外的身份，语篇自我和作者自我体现的是文本内身份，即作者的声音。"社会文化和机构语境中的各种自我可能性"则意味着作者自我呈现方式、程度与作者所处的社会文化语境、所属学科类型以及语类有密切关系（Loffler-Laurian，1980；Ivanič，1998；Kuo，1999；Vassileva，2000；Harwood，2005；Hyland，2001、2002）。这四个维度表明学术论文本身也是一种彰显作者身份的行为，因为作者在阐述学术内容的同时也有意识地呈现自我（Hyland，2002）。相关研究表明，学术写作是作者身份建构的重要场所，恰当构建作者身份，不仅不会影响学术语篇的客观性，还会体现作者与读者之间的互动协商关系，有助于实现语篇交际功能，最终说服读者接受学术研究成果（Kuo，1999；Tang & John，1999；Hyland，2001、2002；Candarli，et al.，2015），而学术论文的一个重要功能就是说服读者接受作者的观点（Hunston 1993）。

二、自称语研究

Ivanič（1998）指出，自称语是建构学术作者身份的重要语言实现方式，并根据作者参与度将自称语分为三类（见表6-1）：

表6-1　自称语类型

作者参与度	语言实现方式	功能	举例
最高	第一人称代词	显性呈现作者权威和信度	单数：I, my, mine, me 复数：we, our, ours, us
中等	第三人称名词短语	隐性间接表露作者身份	The author(s)/The present author(s)
最低	无生命的、非人称的抽象主体	隐性表露作者身份，远离评价行为，暗示作者研究发现的客观性，研究方法的有效性	This/the paper/study/research/experiment/thesis/dissertation

表6-1显示，这三种语言实现方式共同建构了参与程度各异的多重作者身份，树立了不同的学术形象和学术权威，实现了不同的语篇功能。

在随后的二十多年中，国内外学者对学术论文中的自称语展开了多维度探讨，主要包括人称使用的适切性、自称语的功能分类和实证研究。

（一）自称语的人称使用适切性探讨

Duenas（2007：144）指出，恰当使用自称语有助于语篇作者在学术写作中有效构建作者身份，在学术领域中展现学术成果，"树立学术权威，成为所在学科共同体中可以信赖的成员（portray themselves as expert, reliable members of a given disciplinary community）"。当前学术界对于学术论文中人称使用达成的共识是禁止使用第二人称，如 you, your 和 yours，但对第一人称和第三人称的使用存在两种相对的观点。一种观点认为学术语篇是一种"作者疏离型"（author-evacuated）语篇（Graetz, 1985），为保持其客观性，应使用第三人称，不使用或少使用表示作者介入（authorial intervention）的"I"和"we"（Arnaudet & Barrett, 1984; Lester, 1993; Spencer & Arbon, 1996）。另一种观点认为使用第一人称代词并不会影响学术语篇的客观性，作者应该通过第一人称代词来明确表明自己的立场（Mills & Water, 1986; Day & Gastel, 1998; Ivanič, 1998; Swales & Feak, 2009）。Ivanič（1998：307）曾指出，"尽管第一人称通常与主观性（subjectivity）相关，但第一人称代词也与其他资源有密切关联，其功能可以视为一个连续统（continuum），从作者参与度最低的不使用第一人称代词 I 到 I 与建构语篇结构的动词连用，到 I 与描述研究过程的动词连用，再到与认知行为的动词连用，都会为论文内容的客观性和真实性留有空间"。葛冬梅和杨瑞英（2005）以及 Ige（2010）指出，人称代词"I"既可以强调作者是个体，也可以强调参与研究的是一个群体。现代学术语篇不仅要客观展示作者的研究成果，还要努力推销作者的观点，让其成果得到包括同行、编辑和读者的认可，而第一人称代词是实现这一目标的手段之一（Kuo, 1999; Hyland, 2001; Jaszezolt, 2013）。从结构上看，第一人称代词可以使语句结构化繁为简，提高语篇的可读性和信息的可理解性。从语用功能上看，第一人称代词可以强调作者的发现和观点，突显作者的学术贡献。从交际功能看，第一人称代词能够体现作者与读者之间互动的人际关系（Harwood, 2005）。另外，西方文化强调个人价值观，这也证实了使用第一人称的合理性。无论是哪种情况，第一人称代词都有助于构建作者的主体地位，突出作者的研究贡献，确定其学术地位，彰显其学术责任心。

（二）自称语的功能分类研究

本维尼斯特（2008）认为人称代词传递了语言的主观性特征。Halliday 和 Hasan（1976）认为，人称系统是指出相关人和物的一种手段，人称形式要么作为某个过程的参与者（如名词词组），要么作为某个实体的所有者（如物主代词）。第一人称代词经常用于指向情境中的说者/作者或听者/读者，但一般不具备语篇内部的衔接功能，而第三人称代词则具有内在的语篇衔接功能，可以回指或下指语篇的内容。Lyons（1977）与 Halliday 和 Hasan（1976）的观点相同，她认为第一人称和第二人称是言语行为的实际参与者，存在于所有语言中，而第三人称有时并不是真正的人称。

Halliday 和 Hasan（1976）还将第一人称复数 we 界定为混合人称，认为 we 可以只涉及说者/作者和听者/读者，也可以延伸到第三人称单数或复数，即包括或不包括听者/读者。Biber 等（1999）也赞同第一人称代词 we 具有重要的社会标记作用，他们将 we 分为包容性（inclusive）和排他性（exclusive）两种功能。包容性 we 既可以指代参与研究的学术群体，表明研究活动的团队合作性，也可以指代说者/作者和听者/读者，其语义特征是［+S，+A］（S 指说者，A 指听者。下同），从而使读者成为被纳入研究领域的"圈内人"，表明作者和读者之间享有共同的知识体系、信念和观点（Harwood，2005），这不仅能让读者感受到尊重、享有与作者平等的学术地位，有助于缩短作者与读者之间的距离，也表明作者与读者之间构成了学术社团，加深了情感交流，构建了学术互动的人际意义，使语篇更具亲和力、接纳力和说服力；排他性 we 仅指说者/作者，其语义特征是［+S］，显示了非同类关系，强调作者在研究中的贡献以及对论文言论负责的态度，具有权威性，有利于建构作者个人学术身份。

Hyland（2002）根据作者与读者的互动方式讨论了立场（stance）和介入（engagement），前者是以作者为导向的互动，直接呈现作者的态度、观点和判断等；后者则是作者与读者建立适当的关系，引导读者解读论文所呈现的命题、观点等。

更多学者聚焦第一人称代词的语篇功能探讨。例如，Kuo（1999）分析了 we 的五种语义指称（semantic reference）及其传递的十二种语篇功能，建构了作者与读者的互动关系。Tang 和 John（1999：S26）认为"学术写作中的第一人称代词所代表的并不是单一的实体，而是多重角色和多元身份"（the first person pronoun in academic writing is not a homogeneous entity, and that there is a range of roles or identities that may be fronted by a first person pronoun），是显性身份标记语。他们根据作者身份的凸显程度，将第一人称代词的语篇功能分为 6 类（Tang & John，1999：S27 - S29）（见表 6 - 2）。

表6-2　第一人称代词的语篇功能类型

作者身份	凸显程度	承担风险程度	语篇功能
代表者 (representative)	弱	低	代表一般群体，通常用复数形式we
导读者 (guide)	↓	↓	向读者展示已有研究领域，吸引读者兴趣，带领读者完成语篇解读
设计者 (architect)	↓	↓	描述研究设计、介绍研究目的、陈述研究意图、提供研究框架
研究过程的描述者 (recounter of research process)	↓	↓	阐述研究过程的具体步骤或研究方法等
观点持有者 (opinion-holder)	↓	↓	基于已知信息，发表作者的观点或看法
观点发起者 (originator)	强	高	呈现作者的新思想、新观点、新结论或新发现

表6-2显示，第一人称代词在语篇中建构了不同的作者身份、身份凸显程度以及作者要承担的不同程度的风险。该框架清晰界定了第一人称代词的语篇功能，被国内外学者广泛采纳（如 Luzón，2009；Karahan，2013；Zareva，2013；吴格奇，2013；杨欣然，2015；李棠，2016；周丽艳，2017；李民、肖雁，2018；娄宝翠、王莉，2020）。

Hyland（2002：355）指出，使用第一人称及其对应的限定词是学术论文中作者身份的最显性体现，并总结了学术语篇中第一人称代词的四种语篇功能：解释事件（explaining what was done）、建构语篇（structuring the discourse）、呈现结果（showing a result）和提出观点（making a claim）。

Martinez（2005：185）归纳了与 Hyland（2002）相似的第一人称代词复数 we 的五种语篇功能：陈述研究结果或提出观点（stating results/claims）、展开详细论证（elaborating an argument）、解释过程（explaining a procedure）、说明研究目的（stating a goal）、表达研究意图或决定（expressing intentions and decisions），而且作者在这五种功能中承担了不同等级的责任风险。

中国学者李萍（2002）比较了第一人称代词 I 和 we 在科技论文中起到的不同语用效果，发现即使是单一作者也倾向于使用复数形式 we，旨在尽量减少作者的个人主观性。张曼（2008）综合 Kuo（1999）、Hyland（2002）和

Martinez（2005）的研究成果，将第一人称代词的语篇功能分为七种：描述内容、提出观点、陈述发现、介绍背景、界定术语、表明目的和评估收益。并将 we 所指对象分为四种：指作者（包括一位、两位及以上的作者）、包括作者在内的相关研究者、包括作者在内的大众（说明人类知识的特点）以及所指对象偶尔不明。吉晓霞（2010）基于实证研究将第一人称代词的语篇功能分为九类：介绍背景、提出目的、得出结论、描述研究、论文导读、界定要点、提出观点、致谢以及含意不清。吴格奇（2013）根据自称特点，将学术论文作者的身份分为四类：研究者、话语建构者、观点持有者和评价者。

（三）自称语在学术语篇中的实证研究

国内外学者从学科属性、语言文化差异、作者学术身份等方面探讨了学术论文中的自称语使用特征。相关研究表明：①学科属性影响自称语的使用，人文社会学科使用自称语的频率高于自然科学学科（如 Hyland, 2002、2005、2009；Hu & Gao, 2015；Hyland & Jiang, 2017；吴忠华、庞继贤，2009；云红，2009；吉晓霞，2010；李棠，2016；等等）；②语言文化差异会影响自称语的使用频率，与英语本族语者相比，非英语本族语作者（如西班牙语和汉语）在学术论文中显著少用自称语，而且在语篇功能选择上呈现的身份凸显度存在较大差异（如 Petch–Tyson, 1998；Martinez, 2005；Duenas, 2007；Williams, 2010；Candarli et al., 2015；梁少兰等，2006；黄大网等，2008；张曼，2008；张秀荣、李增顺，2011；阎建玮、罗卫华，2015；李民、肖雁，2018；赵娜，2018；等等）；③作者学术身份会影响自称语的使用频率，相较于成熟作者，学术新手作者显著少用自称语，且多隐藏作者身份（如 Hyland, 2002；Luzón, 2009；秦枫、陈坚林，2013；徐昉，2011；王晶晶、吕中舌，2017；娄宝翠、王莉，2020；等等）。

概而言之，国内外实证研究主要包括单一研究和对比研究两大类（见表6-3）。

表6-3 "自称语"实证研究成果

研究类型	研究语料	研究语料	自称语类型	研究者
单一研究	学术新手作品	新加坡大一学生论文写作（27篇）	第一人称代词	Tang & John（1999）
	某一/些学科期刊论文	理科（包括计算机、电子工程和物理学）期刊论文（39篇）	人称代词	Kuo（1999）
		TESOL毕业生论文	自我指称	Zareva（2013）
		数学、物理学、农业和医学共12种期刊的科技论文英语摘要（1562篇）	人称代词	陆元雯（2009）
		Science的Research Articles栏目摘要（361篇）	第一人称代词复数	张玫（2009）
		Annals of Physics（36篇）	I和we	周丽艳（2017）
	汉语语言	汉语语言学学术论文的结论部分（30篇）	第一人称代词	吴格奇和潘春雷（2010）
	英语语言	6名在英国大学深造的非英语母语研究生学术文本	第一人称代词	Ivanič & Camps（2001）
	其他语言			
对比研究	跨文化	欧洲英语专业三、四年级大学生的议论文（其母语分别是丹麦语、芬兰语、瑞典语和法语）与美国大学生的议论文	人称代词	Petch-Tyson（1998）
	英语本族语与非英语本族语者的学生（议）论文	经济类研究论文（英语与西班牙语）（24篇）	自我指称语 I/we	Duenas（2007）
		医学研究论文（英语与西班牙语）（192篇）	第一人称	Williams（2010）
		L1和L2新手作者学术写作对比（土耳其学生与美国学生）（133篇）	作者呈现（authorial presence）	Candarli et al.（2015）
		中国语言学专业硕士论文（46篇）和北美语言学硕士学位论文（47篇）	第一人称代词 I/we	杨欣然（2015）

续表

研究类型	研究语料	研究语料	自称语类型	研究者
对比研究	跨文化 英语本族语与非英语本族语者的期刊论文	英语本族语作者与西班牙语作者 生物学期刊	第一人称代词	Martinez（2005）
		英语本族语作者与西班牙语作者发表的期刊论文引言部分（共54篇）	第一人称	Sheldon（2011）
		中外医学作者发表的英语医学科研论文前言部分（共70篇）	第一人称代词 we	梁少兰等（2006）
		中外材料学作者发表的科研论文引言部分（共40篇）	第一人称代词	黄大网等（2008）
		中外语言学期刊论文摘要（各200篇）	第一人称代词 I/we	张曼（2008）
		中（28篇）外生物学实证性科研论文	第一人称代词复数 we/our/us	张秀荣和李增顺（2011）
		中外语言学英语摘要（各620篇）	第一人称代词	阎建玮和罗卫华（2015）
		中（36篇）外（38篇）应用语言学期刊论文	第一人称代词	李民和肖雁（2018）
		中外学者的医学研究论文（各25篇）	第一人称代词	赵娜（2018）
	跨学科 社会学与理学	社会学（经济学和工商管理）和理学（物理学和计算科学）（共40篇）	第一人称代词 I/we	Harwood（2005）
	软科学与硬科学	8个学科领域240篇研究论文	第一人称代词	Hyland（2005）
	两种学科	医学和语言学国际期刊论文摘要（各50篇）	作者身份的明确显露、作者身份的若显若隐、作者身份的隐现	云红（2009）
		语言学和工程技术学国际期刊论文（共40篇）	第一人称代词	吴忠华和庞继贤（2009）

续表

研究类型		研究语料	研究语料	自称语类型	研究者
对比研究	跨学科	社会科学与自然科学	英语本科生学术写作（自然科学 1245 个文本和社会科学 1409 个文本）（共 2654 个文本）	第一人称代词	于涛（2017）
			社会科学（包括社会学、哲学和应用语言学）和自然科学（农学、物理学和数学）（各 30 篇）	第一人称代词	吉晓霞（2010）
			社会科学（包括语言学、社会学、管理学、哲学和教育学）和自然科学（包括农学、化学、物理学、生物学和数学）学术论文摘要（共 100 篇）	第一人称代词	李棠（2016）
	跨语言	英语与汉语	中英语论文前言部分（各 50 篇）	我/我们与 I/we	梅美莲（2002）
			英汉语言学及应用语言学研究论文的结论部分（各 30 篇）	自我指称语（即第一人称代词）	吴格奇（2010）
			国内语言学 CSSCI 期刊的论文汉语摘要（80 篇）与国际权威期刊的论文英语摘要（80 篇）	第一人称、第三人称作者自指和抽象主体	柳淑芬（2011）
		其他语言	五种语言（包括英语、法语、保加利亚语、德语和俄语）的语言学学术论文（各 300 篇）	第一人称代词	Vassileva（2000）
	跨语类跨文化	非英语本族语学术新手与英语本族语成熟作者	香港本科生毕业论文（64 篇）与英语本族语学者发表的期刊论文（240 篇）	第一人称代词 we	Hyland（2002）
			西班牙工程学本科生期末写作论文（55 篇）与英语本族语学者发表的期刊论文（76 篇）	第一人称代词	Luzón（2009）
			中国语言学学士、硕士和博士学位论文（共 120 篇）与国际应用语言学权威期刊论文（共 240 篇）	生命主体、抽象主体和隐藏主体	徐昉（2011）

续表

研究类型	研究语料	研究语料	自称语类型	研究者
对比研究	跨语类跨文化	非英语本族语学术新手与英语本族语成熟作者	中国电子学专业研究生发表的一般水平的国际会议论文（55篇）与同学科高水平国际期刊论文（50篇）	第一人称代词	秦枫和陈坚林（2013）
			我国英语专业语言学方向的学士、硕士和博士毕业论文（各40篇）与国际应用语言学权威期刊研究论文（240篇）	第一人称代词 we	徐昉（2013）
			我国英语专业语言学方向的硕士学位论文（50篇）与国际语言学期刊应用语言学方向论文（100篇）（都是单一作者）	I/my 和 we/our	娄宝翠和王莉（2020）
	跨语类跨文化跨学科	非英语本族语学术新手与英语本族语成熟作者+多学科	理科（物理学、生命科学）与工科（计算机科学与技术、材料科学与工程）学术英语写作课程期末论文（各40份）与国际期刊同学科高质量国际期刊论文（各40篇）	第一人称代词	王晶晶和吕中舌（2017）
	跨语言跨学科	英汉+多学科	国内外期刊上的文学、教育学和化学研究论文（共180篇）	第一人称代词、作者自称、其他间接自我指涉	李娜和李忠庆（2013）
	跨文化跨学科	中外学者+跨学科	中外学者在国际权威期刊发表的物理学和语言学期刊论文（共226篇）的引言和结语部分	第一人称代词	高霞（2015）

从表6-3可以看出，国内外学者对于自称语的实证研究，从时间上看，大多数开展较晚，在某种程度上反映出学术界对此领域的研究还处于起步阶段。从研究内容上看，多数研究集中于第一人称代词的使用特征和语用功能，对自称语展开分类全面讨论的成果较少（如云红，2009；柳淑芬，2011；徐昉，2011；李娜、李忠庆，2015），且同质性、重复性研究较多，跨学科、跨

学位、跨文化的多视角研究较少。从研究对象看，尽管多数研究是对比研究，但主要研究对象是成熟作者，对学术新手的研究成果较少，且多以语言学为研究对象，涉及中美硕博学位论文英语摘要的跨学科、跨学位、跨文化的自称语对比研究更是寥寥无几。从研究方法上看，尽管近年来的研究普遍采用了语料库研究方法，但大多数研究的库容量较小，其研究结果的信度和效度有待验证和提高。

综上所述，本研究拟从四个方面予以突破。①扩大研究对象。本研究将中美硕博士生在人文社会学科（包括语言学、教育学和法学）和自然科学学科（包括医学、化学工程与技术以及石油与天然气工程）的学位论文英语摘要纳入研究对象，就其中的自称语展开跨学科、跨文化、跨学位的对比研究。②拓宽研究视角。本研究拟结合对比语言学、社会语言学、语义学、语用学、二语习得等相关理论，就中美硕博学位论文英语摘要中的自称语展开多元视角的阐释探究。③挖掘研究内容。本研究采用 Ivanič（1998）提出的自称语分类，从三个维度——第一人称代词、第三人称名词短语以及无生命、非人称的抽象主体，对中美硕博学位论文英语摘要中的自称语展开更全面的观察，并结合 Biber 等（1999）、Tang 和 John（1999）、Hyland（2002）、Martinez（2005）以及张曼（2008）等学者的研究成果，对自称语的语篇功能展开更深入的探究，挖掘其后隐藏的认知、文化和功能动因。④完善研究方法。本研究拟采用语料库研究范式，按国家（中美）、学科（宏观学科为人文社会学科和自然科学学科，微观学科为各个子学科）、学位（硕士和博士）等标准严格分类，建立24个子库，定性研究与定量研究相结合，使本研究成果具有信度高、针对性强和现实操作性强等特点。这些研究定位凸显了中美硕博学位论文英语摘要中的自称语使用特征，探索具有较高专业程度学位论文的自称语语言形式的共核成分，学科学位论文摘要之间的异同性，以及不同语言文化背景和教育背景对于学位论文摘要写作产生的影响，以期为我国学术论文写作和教学提供有益的借鉴与启示。

第三节　研究设计

一、语料库建设

本研究自建语料库，以中美硕博士生在人文社会学科（包括语言学、教育学和法学）和自然科学学科（包括医学、化学工程与技术以及石油与天然气工程）的学位论文英语摘要为语料来源。为保证语料的时效性、充分性和可比性，本研究从"CNKI中国博士学位论文全文数据库"和"ProQuest学位论文全文数据库"选取了2016—2021年上述6个学科共2400篇中美硕博学位论文英语摘要。所有语篇均为单一作者。为了减少变量干扰，所有语料均为实验/实证研究，并根据作者的姓氏拼写和致谢语判断作者的母语背景，中国硕博士生的母语为汉语，美国硕博士生则是英语本族语者；语料中的所有语言错误均予以保留。

净化后的中美硕博学位论文英语摘要语料库库容为1387265形符，根据国家、学位和学科分建24个子库（见表6-4）。

表6-4 中美硕博学位论文英语摘要语料库

学科	国家/学位	中国 硕士（篇数/库容量）	中国 博士（篇数/库容量）	美国 硕士（篇数/库容量）	美国 博士（篇数/库容量）
人文社会学科	语言学	100/42605	100/94571	100/22631	100/34769
	教育学	100/43522	100/261288	100/18511	100/28643
	法学	100/44071	100/125532	100/20581	100/20466
	小计	300/130198	300/481391	300/61723	300/83878
自然科学学科	医学	100/37579	100/103584	100/29963	100/36979
	化工	100/50106	100/83939	100/26212	100/39638
	石工	100/63160	100/89708	100/29044	100/40163
	小计	300/150845	300/277231	300/85219	300/116780
合计		600/281043	600/758622	600/146942	600/200658

注："化工"指"化学工程与技术"，"石工"指"石油与天然气工程"。下同。库容量单位为"形符"。

二、分析框架

本研究参照 Ivanič（1998）提出的自称语分类，即第一人称代词（简称"第一人称"）、第三人称名词短语（简称"第三人称"）以及无生命、非人称的抽象主体（简称"抽象主体"），对中美硕博学位论文英语摘要中的自称语及三个子类展开跨文化（中国非英语本族语者与美国英语本族语者）、跨学科（人文社会学科与自然科学学科；各个子学科）、跨学位（硕士与博士）统计分析。

其中，由于主格和所有格形式是作者身份构建的有效手段（Hyland, 2002），本研究中的第一人称主要观察单数形式 I/my 和复数形式 we/our。第三人称统计 the (present) author (s) /researcher (s) /writer (s) 等的使用特征。抽象主体统计 this/the thesis/dissertation/study/research/work/survey/paper 等结构的使用频率和分布特征。

三、研究问题

本研究拟围绕以下 5 个问题，将定量研究与定性研究相结合，从跨文化、跨学科和跨学位三个维度对比分析 6 个学科的中美硕博学位论文英语摘要中自称语的使用情况。

1）中美学生（包括硕士生和博士生）对自称语及其三个子类的使用特征有何异同？

2）中美博士生对自称语及其三个子类的使用特征有何异同？

3）中美硕士生对自称语及其三个子类的使用特征有何异同？

4）中国硕博士生对自称语及其三个子类的使用特征有何异同？

5）美国硕博士生对自称语及其三个子类的使用特征有何异同？

问题 1）、2）、3）旨在从跨文化和跨学科维度讨论中美硕博士生使用自称语的特征，问题 4）和 5）旨在从跨学位和跨学科维度讨论中国硕士生与博士生、美国硕士生与博士生使用自称语的特征。

第四节　研究结果

一、中美学生对自称语及其三个子类的使用特征

统计显示，中美学生所使用的自称语及其三个子类呈现出同质性与差异性并存的特征（见表 6-5）。

表6-5 中国学生论文英语摘要与美国学生论文英语摘要中的自称语统计

学科	项目	中国学生论文英语摘要 第一人称	第三人称	抽象主体	美国学生论文英语摘要 第一人称	第三人称	抽象主体
语言学	出现频次	241	128	959	379	0	427
	百分比（%）	18.2	9.6	72.2	47.0	0.0	53.0
	使用频率	17.57	9.33	69.91	66.03	0.00	74.39
教育学	出现频次	377	55	836	125	5	463
	百分比（%）	29.7	4.3	66.0	21.1	0.8	78.1
	使用频率	12.37	1.80	27.43	26.51	1.06	98.19
法学	出现频次	494	77	700	72	4	196
	百分比（%）	38.9	6.1	55.0	26.5	1.5	72.0
	使用频率	29.13	4.54	41.27	17.54	0.97	47.75
人文社会学科	出现频次	1112	260	2495	576	9	1086
	百分比（%）	28.8	6.7	64.5	34.5	0.5	65.0
	使用频率	18.18	4.25	40.80	39.56	0.62	74.59
医学	出现频次	463	5	369	394	1	223
	百分比（%）	55.3	0.6	44.1	63.8	0.2	36.0
	使用频率	32.80	0.35	26.14	58.86	0.15	33.31
化工	出现频次	317	1	336	201	0	302
	百分比（%）	48.5	0.2	51.3	40.0	0.0	60.0
	使用频率	23.65	0.07	25.07	30.52	0.00	45.86
石工	出现频次	145	34	729	224	1	386
	百分比（%）	16.0	3.7	80.3	36.7	0.2	63.1
	使用频率	9.49	2.22	47.69	32.37	0.14	55.77
自然科学学科	出现频次	925	40	1434	819	2	911
	百分比（%）	38.6	1.6	59.8	47.3	0.1	52.6
	使用频率	21.61	0.93	33.50	40.54	0.10	45.10

续表

学科	项目	中国学生论文英语摘要			美国学生论文英语摘要		
		第一人称	第三人称	抽象主体	第一人称	第三人称	抽象主体
合计	出现频次	2037	300	3929	1395	11	1997
	百分比（％）	32.5	4.8	62.7	41.0	0.3	58.7
	使用频率	19.59	2.89	37.79	40.13	0.32	57.45

注："第一人称代词"简称为"第一人称"，"第三人称名词短语"简称为"第三人称"，"无生命、非人称的抽象主体"简称为"抽象主体"。下同。使用频率为万词频。下同。

表6-5显示，中美硕博士生对于自称语及其三个子类的使用频率、百分比等都呈现出跨文化、跨学科和跨学位的同质性和差异性并存的特征。

（一）自称语的整体使用特征

统计显示，在跨文化维度，中国学生学位（包括硕士和博士。下同）论文英语摘要，中国人文社会学科学生学位论文英语摘要、中国自然科学学科学生学位论文英语摘要中的自称语整体使用频率均显著低于美国同类学位论文摘要（卡方检验分别是$\chi^2 = 532.9770$，$p = 0.000 < 0.05$；$\chi^2 = 430.2260$，$p = 0.000 < 0.05$；$\chi^2 = 185.8788$，$p = 0.000 < 0.05$）。此外，在6个学科领域也存在较为明显的跨文化差异，相较于美国语言学、教育学、医学、化工和石工学生，中国同类学科学生均显著少用自称语（卡方检验分别是$\chi^2 = 70.9449$，$p = 0.000 < 0.05$；$\chi^2 = 549.9199$，$p = 0.000 < 0.05$；$\chi^2 = 71.3353$，$p = 0.000 < 0.05$；$\chi^2 = 58.4374$，$p = 0.000 < 0.05$；$\chi^2 = 58.5236$，$p = 0.000 < 0.05$），但中国法学学生则比美国法学学生显著多用自称语（$\chi^2 = 3.9232$，$p = 0.048 < 0.05$）。这表明语言文化差异会影响自称语的使用频率。在跨学科维度，中国和美国人文社会学科学位论文英语摘要中自称语整体使用频率均显著高于自然科学学科（卡方检验分别是$\chi^2 = 21.7143$，$p = 0.000 < 0.05$；$\chi^2 = 73.5190$，$p = 0.000 < 0.05$），存在学科差异性。

（二）自称语三个子类的使用特征

在跨文化维度，中国学生论文摘要与美国学生论文摘要在人文社会学科领域、自然科学领域以及所有学科领域的自称语分布呈现同质性特征，即"抽象主体"(中国分别是 64.5%、59.8% 和 62.7%,美国分别是 65.0%、52.6% 和 58.7%)>"第一人称"(中国分别是 28.8%、38.6% 和 32.5%,美国分别是 34.5%、47.3% 和 41.0%)>"第三人称"(中国分别是 6.7%、1.6% 和 4.8%,美国分别是 0.5%、0.1% 和 0.3%)。而且,除了中国和美国医学学位论文摘要中的自称语呈现出"第一人称"(分别是 55.3% 和 63.8%)>"抽象主体"(分别是 44.1% 和 36.0%)>"第三人称"(分别是 0.6% 和 0.2%)的特征之外,中美学位论文英语摘要的其他学科(包括语言学、教育学、法学、化工和石工)均表现出"抽象主体">"第一人称">"第三人称"(具体百分比数据见表 6-5)的共性分布特征。这说明,自称语的分布特征基本没有呈现出跨文化差异,也没有呈现出明显的跨学科差异。中美学生就三类自称语语言形式的选择基本达成一致。

不过,自称语三个子类的使用频率存在跨文化和跨学科的同质性与异质性特征。

1. 第一人称代词的使用特征

表 6-5 统计显示,在跨文化维度,中国硕博学位论文英语摘要、中国人文社会学科学位论文英语摘要以及中国自然科学学科学位论文英语摘要中的第一人称使用频率(卡方检验分别是 $\chi^2 = 445.3288$, $p = 0.000 < 0.05$; $\chi^2 = 241.6328$, $p = 0.000 < 0.05$; $\chi^2 = 178.2888$, $p = 0.000 < 0.05$)均显著低于美国同类摘要。在各个学科领域也存在一定程度的跨文化差异。具体表现为,相较于美国语言学、教育学、医学、化工和石工学生,中国对应学科的学生显著少用第一人称(卡方检验分别是 $\chi^2 = 299.1830$, $p = 0.000 < 0.05$; $\chi^2 = 57.3317$, $p = 0.000 < 0.05$; $\chi^2 = 75.1816$, $p = 0.000 < 0.05$; $\chi^2 = 8.0755$, $p = 0.004 < 0.05$; $\chi^2 = 150.3579$, $p = 0.000 < 0.05$),但中国法学学生则比美国法学学生显著多用第一人称($\chi^2 = 17.1428$, $p = 0.000 < 0.05$)。在跨学科维度,中国人文社会学科学位论文摘要中的第一人称使用频率显著低于其在自然科学中的使用频率($\chi^2 = 15.1167$, $p = 0.000 < 0.05$)。而美国人文社会学科与自然科学学科学位论文英语摘要中第一人称代词的使用频率没有呈现出学科差异($\chi^2 = 0.2052$, $p = 0.651 > 0.05$),这表明母语文化和语言习惯的影响力要大于学科规范的影响力。

中美学生对第一人称代词 I、my、we、our 的使用情况也存在跨文化和跨学科的同质性与异质性特征(见表 6-6)。

表6-6 中美学生学位论文英语摘要中的第一人称代词统计

学科	项目	中国学位论文英语摘要				美国学位论文英语摘要			
		I	my	we	our	I	my	we	our
语言学	出现频次	9	3	172	57	257	20	79	23
	百分比（%）	3.7	1.2	71.4	23.7	67.8	5.3	20.8	6.1
	使用频率	0.66	0.22	12.54	4.16	44.77	3.48	13.76	4.01
教育学	出现频次	44	7	211	115	73	26	11	13
	百分比（%）	11.7	1.9	56.0	30.5	59.3	21.1	8.9	10.7
	使用频率	1.44	0.23	6.92	3.77	15.48	5.51	2.33	2.76
法学	出现频次	11	3	286	194	44	4	10	14
	百分比（%）	2.2	0.6	57.9	39.3	61.1	5.6	13.9	19.4
	使用频率	0.65	0.18	16.86	11.44	10.72	0.97	2.44	3.41
人文社会学科	出现频次	64	13	669	366	374	50	100	50
	百分比（%）	5.8	1.2	60.2	32.9	65.2	8.7	17.4	8.7
	使用频率	1.05	0.21	10.94	5.98	25.69	3.43	6.87	3.43
医学	出现频次	5	0	351	107	41	7	257	89
	百分比（%）	1.1	0.0	75.8	23.1	10.4	1.8	65.2	22.6
	使用频率	0.35	0.00	24.86	7.58	6.12	1.05	38.39	13.30
化工	出现频次	5	2	258	52	6	4	154	37
	百分比（%）	1.6	0.6	81.4	16.4	3.0	2.0	76.6	18.4
	使用频率	0.37	0.15	19.25	3.88	0.91	0.61	23.39	5.62
石工	出现频次	3	0	116	26	8	1	168	47
	百分比（%）	2.1	0.0	80.0	17.9	3.6	0.5	75.0	21.0
	使用频率	0.20	0.00	7.59	1.70	1.16	0.14	24.28	6.79
自然科学学科	出现频次	13	2	725	185	55	12	579	173
	百分比（%）	1.4	0.2	78.4	20.0	6.7	1.5	70.7	21.1
	使用频率	0.30	0.05	16.94	9.16	2.72	0.59	28.66	8.56
合计	出现频次	77	15	1394	551	429	62	679	223
	百分比（%）	3.8	0.7	68.4	27.0	30.8	4.5	48.7	16.0
	使用频率	0.74	0.14	13.41	5.30	12.34	1.78	19.53	6.42

首先，在跨文化维度，中国学生学位论文摘要在所有学科领域，以及人文社会学科领域、自然科学领域，美国学生学位论文摘要在所有学科领域，以及自然科学领域，第一人称分布呈现同质性特征，即"we"＞"our"＞"I"＞"my"（详见表6-6的百分比数据），而且，第一人称复数形式的占比最多。仅美国人文社会科学学位论文摘要的第一人称分布呈现出的是"I"＞"we"＞"my"＝"our"（详见表6-6的百分比数据），表现出第一人称单数形式占比大于复数形式的分布特征。这表明，中国学生与美国学生基本上就第一人称代词的单数形式和复数形式的使用选择达成一致，在分布特征上没有表现出跨文化差异，仅在人文社会科学领域表现出跨文化和跨学科分布差异。另外，中美学生对于第一人称单数和复数形式的使用频率也存在同质性与异质性特征。统计显示，中国学生及中国自然科学学科学生，比美国学生及美国自然科学学科学生显著少用复数形式 we/our（卡方检验分别是 $\chi^2 = 66.6999$，$p = 0.000 < 0.05$；$\chi^2 = 133.0442$，$p = 0.000 < 0.05$）和单数形式 I/my（卡方检验分别是 $\chi^2 = 1087.1714$，$p = 0.000 < 0.05$；$\chi^2 = 92.8079$，$p = 0.000 < 0.05$），但中国人文社会科学学生比美国人文社会科学学生显著多用 we/our（卡方检验是 $\chi^2 = 32.9939$，$p = 0.000 < 0.05$），却显著少用 I/my（$\chi^2 = 1380.6635$，$p = 0.000 < 0.05$）。各个学科间也存在一定程度的跨文化差异。除了中美语言学学生对 we/our 的使用频率以及中美化工学生对于 I/my 的使用频率没有显著性差异（卡方检验分别是 $\chi^2 = 0.2760$，$p = 0.599 > 0.05$；$\chi^2 = 5.1553$，$p = 0.023 > 0.05$）之外，中国教育学和法学均比美国同学科显著多用 we/our（卡方检验分别是 $\chi^2 = 12.9163$，$p = 0.000 < 0.05$；$\chi^2 = 70.7430$，$p = 0.000 < 0.05$），显著少用 I/my（卡方检验分别是 $\chi^2 = 357.8818$，$p = 0.000 < 0.05$；$\chi^2 = 131.3456$，$p = 0.000 < 0.05$），中国语言学学生比美国语言学学生显著少用 I/my（$\chi^2 = 612.6095$，$p = 0.000 < 0.05$），而中国医学、化工和石工学生均比美国同学科显著少用 we/our（卡方检验分别是 $\chi^2 = 43.6852$，$p = 0.000 < 0.05$；$\chi^2 = 6.1042$，$p = 0.013 < 0.05$；$\chi^2 = 140.7666$，$p = 0.000 < 0.05$），中国医学和石工学生均比美国同学科学生显著少用 I/my（卡方检验分别是 $\chi^2 = 10.7499$，$p = 0.001 < 0.05$；$\chi^2 = 92.8079$，$p = 0.000 < 0.05$）。

其次，在跨学科维度，中国语言学、教育学、法学、医学、化工和石工以及美国医学、化工和石工等学位论文摘要中的第一人称代词均呈现出"we"＞"our"＞"I"＞"my"（详见表6-6的百分比数据）的分布特征。这表明中国学生论文在跨学科与跨文化维度没有表现出差异。但美国语言学、教育学和法学学科中"I"的占比都是最高的,而且占比分布各不相同。如语言学表现为"I">"we">"our">"my",教育学表现为"I">"my">"our">"we",法学则是"I">"our">"we">"my"(详见表6-6的百分比数据)。这说明,美国人文社会科学领域学生对于第一人称代词的使用呈现出跨学科差异。此外,相较于中国和美国自然科学学科,中美人文社会学科学生均显著少用复数形式we/our(卡方检验分别是$\chi^2 = 25.3401$, $p = 0.000 < 0.05$; $\chi^2 = 237.0129$, $p = 0.000 < 0.05$),却显著多用单数形式I/my(卡方检验分别是$\chi^2 = 23.4956$, $p = 0.000 < 0.05$; $\chi^2 = 399.4058$, $p = 0.000 < 0.05$)。然而,中国学生、人文社会学科学生、自然科学学科学生以及语言学、教育学、法学、医学、化工和石工学生均倾向于使用we/our,显著少用单数形式I/my(卡方检验分别是$\chi^2 = 1687.2734$, $p = 0.000 < 0.05$; $\chi^2 = 826.0783$, $p = 0.000 < 0.05$; $\chi^2 = 866.9096$, $p = 0.000 < 0.05$; $\chi^2 = 195.5618$, $p = 0.000 < 0.05$; $\chi^2 = 200.7209$, $p = 0.000 < 0.05$; $\chi^2 = 440.2282$, $p = 0.000 < 0.05$; $\chi^2 = 443.9440$, $p = 0.000 < 0.05$; $\chi^2 = 289.9612$, $p = 0.000 < 0.05$; $\chi^2 = 133.3115$, $p = 0.000 < 0.05$),学科差异性较小;但美国人文社会学科及其子学科语言学、教育学和法学学生则显著多用单数形式I/my(卡方检验分别是$\chi^2 = 131.0527$, $p = 0.000 < 0.05$; $\chi^2 = 81.0724$, $p = 0.000 < 0.05$; $\chi^2 = 45.7914$, $p = 0.000 < 0.05$; $\chi^2 = 8.0070$, $p = 0.005 < 0.05$),美国学生、自然科学学生及其子学科医学、化工和石工学生则倾向于复数形式we/our,显著少用单数形式I/my(卡方检验分别是$\chi^2 = 121.5076$, $p = 0.000 < 0.05$; $\chi^2 = 574.0881$, $p = 0.000 < 0.05$; $\chi^2 = 226.0561$, $p = 0.000 < 0.05$; $\chi^2 = 163.2392$, $p = 0.000 < 0.05$; $\chi^2 = 189.7535$, $p = 0.000 < 0.05$),学科差异性较大。

2. 第三人称的使用特征

表6-5显示,第三人称的使用情况在中美学生学位论文摘要、中美人文社会学科学位论文摘要、中美自然科学学科学位论文摘要以及中美各个子学科学位论文摘要自称语中的占比都是最低的,且都使用单数形式。检索发现,美国语言学和化工学生论文英语摘要没有使用第三人称 the author(s)/researcher(s)/writer(s)的。

统计显示,在跨文化维度,中国学生学位论文英语摘要以及中国人文社会学科学位论文英语摘要、中国自然科学学科学位论文英语摘要中第三人称的使用频率均分别显著高于美国同类学位论文摘要(卡方检验分别是$\chi^2 = $

76.7192，$p=0.000<0.05$；$\chi^2=43.7098$，$p=0.000<0.05$；$\chi^2=14.3695$，$p=0.000<0.05$），存在明显的语言文化差异。此外，第三人称的使用频率在各个学科领域也存在一定程度的跨文化差异。具体表现为，中国语言学、法学和石工学生比美国同学科学生分别显著多用第三人称（卡方检验分别是$\chi^2=53.5956$，$p=0.000<0.05$；$\chi^2=11.0789$，$p=0.001<0.05$；$\chi^2=13.0751$，$p=0.000>0.05$），而中国教育学、医学和化工学生对于该类自称语的使用频率与美国同学科学生的使用频率没有显著差异（卡方检验分别是$\chi^2=1.3264$，$p=0.249>0.05$；$\chi^2=0.6607$，$p=0.416>0.05$；$\chi^2=0.4913$，$p=0.483>0.05$）。

在跨学科维度，第三人称在中美人文社会学科论文英语摘要中的使用频率均分别显著高于中美自然科学学科（卡方检验分别是$\chi^2=96.0340$，$p=0.000<0.05$；$\chi^2=7.2055$，$p=0.007<0.05$）。

3. 抽象主体的使用特征

表6-5显示，抽象主体（结构为this/the+名词）是中美学生、中美人文科学学科学生、中美自然科学学科学生以及中美语言学、教育学、法学、化工和石工领域学生所使用占比最多的自称语子类（具体数据见表6-5），表现出同质性特征。不过，中美学生对于抽象主体的使用频率却表现出多元性特征。其一，中国学生学位论文英语摘要以及中国人文社会学科学位论文英语摘要、中国自然科学学科学位论文英语摘要中的抽象主体使用频率均显著低于美国同类论文摘要（卡方检验分别是$\chi^2=236.7233$，$p=0.000<0.05$；$\chi^2=285.3035$，$p=0.000<0.05$；$\chi^2=49.8082$，$p=0.000<0.05$）。其二，中国教育学、医学、化工和石工领域学生比美国同学科学生显著少用抽象主体（卡方检验分别是$\chi^2=556.0893$，$p=0.000<0.05$；$\chi^2=8.2351$，$p=0.004<0.05$；$\chi^2=60.0229$，$p=0.000<0.05$；$\chi^2=6.2359$，$p=0.013<0.05$），但中美语言学及法学学生对于抽象主体的使用频率则没有显著性差异（卡方检验分别是$\chi^2=1.1484$，$p=0.284>0.05$；$\chi^2=2.8927$，$p=0.089>0.05$）。

在跨学科维度，中国人文社会学科和美国人文社会学科学位论文英语摘要中抽象主体使用频率（卡方检验分别是$\chi^2=35.6114$，$p=0.000<0.05$；$\chi^2=128.8052$，$p=0.000<0.0$）均显著高于其对应的自然科学学科的使用频率，呈现出学科差异。

我们通过对语料库中出现的抽象主体结构的名词词项检索发现，中美学生使用的抽象主体结构中的词汇有 thesis、dissertation、study、research、work、investigation、experiment、survey、project、survey、test 等，其中最高频使用的 3 个词汇存在异同性（见表 6-7）。

表 6-7 中美学生学位论文英语摘要中的高频抽象主体名词词项统计

学科	项目	中国学位论文英语摘要			美国学位论文英语摘要		
语言学	词项	research	paper	study	study	research	thesis
	出现频次	312	212	175	162	117	72
	使用频率	22.74	15.45	12.76	28.22	20.38	12.54
教育学	词项	research	paper	study	study	research	thesis
	出现频次	269	227	163	312	64	41
	使用频率	8.83	7.45	5.35	66.17	13.57	8.69
法学	词项	paper	research	study	study	research	thesis
	出现频次	294	123	81	117	57	21
	使用频率	17.33	7.25	4.78	28.50	13.89	5.12
人文社会学科	词项	paper	research	study	study	research	thesis
	出现频次	733	704	419	591	238	134
	使用频率	11.99	11.51	6.85	40.59	16.35	9.20
医学	词项	study	paper	research	study	research	thesis
	出现频次	152	74	61	133	24	18
	使用频率	10.77	5.24	4.32	19.87	3.59	2.69
化工	词项	paper	research	study	work	study	thesis
	出现频次	94	69	50	81	63	62
	使用频率	7.01	5.15	3.73	12.30	9.57	9.42
石工	词项	paper	study	research	study	research	work
	出现频次	378	131	94	141	82	73
	使用频率	24.73	8.57	6.15	20.37	11.85	10.55
自然科学学科	词项	paper	study	research	study	work	research
	出现频次	546	333	224	237	154	106
	使用频率	12.75	7.78	5.23	11.73	7.62	5.25

续表

学科	项目	中国学位论文英语摘要			美国学位论文英语摘要		
	词项	paper	research	study	study	research	thesis
合计	出现频次	1279	928	752	828	344	214
	使用频率	12.30	8.93	7.23	23.82	9.90	6.16

表6-7显示，在跨文化维度，中美学生以及中美人文社会学科学生、中美自然科学学科学生和各个子学科学生都最高频使用了research（注：检索发现，美国化工学生对该词的使用频次是60，是该学科第四高频词项）和study。不过，中国学生以及中国人文社会学科学生、中国自然科学学科学生和各个子学科学生最高频使用的词汇是paper，但该词在美国硕博学位论文摘要库中的出现频次仅为12次，是所有抽象主体词项中出现频次最低的词汇。美国学生以及美国人文社会学科学生、自然科学学科学生和各个子学科学生都高频使用的词项是thesis和work。在跨学科维度，中国学生使用的抽象主体高频词汇没有学科差异，而美国语言学、教育学、法学、医学和化工学生高频使用的词项是thesis，其化工和石工学科学生则倾向于work，存在一定的学科差异。

二、中美博士生对自称语及其三个子类的使用特征

统计显示，中美博士生所使用的自称语及其三个子类呈现出一定的异同性（见表6-8）。

表6-8 中美博士学位论文英语摘要中的自称语统计

学科	项目	中国博士学位论文英语摘要			美国博士学位论文英语摘要		
		第一人称	第三人称	抽象主体	第一人称	第三人称	抽象主体
语言学	出现频次	207	41	538	296	0	240
	百分比（%）	26.3	5.2	68.5	55.2	0.0	44.8
	使用频率	21.89	4.34	56.89	85.13	0.00	69.03
教育学	出现频次	300	22	484	46	2	267
	百分比（%）	37.2	2.7	60.1	14.6	0.6	84.8
	使用频率	11.48	0.84	18.52	16.06	0.70	93.22

续表

学科	项目	中国博士学位论文英语摘要			美国博士学位论文英语摘要		
		第一人称	第三人称	抽象主体	第一人称	第三人称	抽象主体
法学	出现频次	355	35	448	36	2	41
	百分比（%）	42.4	4.2	53.4	45.6	2.5	51.9
	使用频率	28.28	2.79	35.69	17.59	0.98	20.03
人文社会学科	出现频次	862	98	1470	378	4	548
	百分比（%）	35.5	4.0	60.5	40.6	0.5	58.9
	使用频率	17.91	2.04	30.54	45.07	0.48	65.33
医学	出现频次	384	1	227	239	0	126
	百分比（%）	62.7	0.2	37.1	65.5	0.0	34.5
	使用频率	37.07	0.10	21.91	64.63	0.00	34.07
化工	出现频次	243	0	190	147	0	174
	百分比（%）	56.1	0.0	43.9	45.8	0.00	54.2
	使用频率	28.95	0.00	22.64	37.09	0.00	43.90
石工	出现频次	93	22	325	184	0	176
	百分比（%）	21.1	5.0	73.9	51.1	0.0	48.9
	使用频率	10.37	2.45	36.23	45.81	0.00	43.82
自然科学学科	出现频次	720	23	742	570	0	476
	百分比（%）	48.5	1.5	50.0	54.5	0.0	45.5
	使用频率	25.97	0.83	26.76	48.81	0.00	40.76
合计	出现频次	1582	121	2212	948	4	1024
	百分比（%）	40.4	3.1	56.5	48.0	0.2	51.8
	使用频率	20.85	1.59	29.16	47.24	0.20	51.03

（一）自称语的整体使用特征

统计显示，在跨文化维度，中国博士学位论文英语摘要、中国人文社会学科博士学位论文英语摘要以及中国自然科学学科博士学位论文英语摘要中的自称语整体使用频率均显著低于美国同类论文摘要（卡方检验分别是 $\chi^2 = 571.1429$，$p = 0.000 < 0.05$；$\chi^2 = 440.9821$，$p = 0.000 < 0.05$；$\chi^2 = 166.8918$，

$p=0.000<0.05$）。此外，在6个学科领域也存在较为明显的跨文化差异，相较于美国语言学、教育学、医学、化工和石工博士生，中国相应学科博士生均显著少用自称语（卡方检验分别是 $\chi^2=126.8487$，$p=0.000<0.05$；$\chi^2=419.6312$，$p=0.000<0.05$；$\chi^2=61.9811$，$p=0.000<0.05$；$\chi^2=38.3700$，$p=0.000<0.05$；$\chi^2=74.6481$，$p=0.000<0.05$），但中国法学博士生则比美国法学博士生显著多用自称语（$\chi^2=22.3498$，$p=0.000<0.05$）。在跨学科领域，中国人文社会学科博士学位论文英语摘要中自称语整体使用频率与其自然科学学科的使用频率没有显著差异（$\chi^2=3.2647$，$p=0.071>0.05$），没有呈现出学科差异；但美国人文社会学科博士生比其自然科学学科博士生显著多用自称语（$\chi^2=22.7247$，$p=0.000<0.05$），存在学科差异。这表明语言文化对自称语的影响力要大于学科差异。

另外，中美博士生使用频率最低的自称语形式都是"第三人称"结构，这表明他们在该结构的语用功能上达成一致。而且，三类自称语形式在中国博士学位论文摘要、人文社会学科博士学位论文摘要、自然科学学科博士论文摘要以及美国博士学位论文摘要、人文社会学科博士学位论文摘要中的分布特征相同，即"抽象主体"（中国分别是56.5%、60.5%和50.0%，美国分别是51.8%和58.9%）>"第一人称"（中国分别是40.4%、35.5%和48.5%，美国分别是48.0%和40.6%）>"第三人称"（中国分别是3.1%、4.0%和1.5%，美国分别是0.2%和0.5%）。此外，中美语言学、化工和石工博士学位论文摘要自称语中"第一人称"和"抽象主体"的占比表现出文化差异，其他学科摘要自称语类型的分布则表现出趋同性（具体百分比数据见表6-8）。这说明，自称语的分布特征在跨文化维度呈现的同质性特征大于其异质性特征。

在跨学科维度的分布上，中国人文社会学科博士学位论文与中国自然科学学科博士论文表现出趋同性，即"抽象主体">"第一人称">"第三人称"的分布特征，没有学科差异。但美国人文社会学科领域呈现出"抽象主体">"第一人称">"第三人称"的分布特征，而其自然科学学科领域则呈现了"第一人称">"抽象主体">"第三人称"的分布特征（具体百分比数据见表6-8），呈现出学科差异。

概而言之，自称语的整体分布特征表明，即使采用了相同或相似的研究方法，相较于中国人文社会学科与自然科学学科，美国呈现出更明显的学科差异性。这表明语言文化的影响力要大于学科差异的影响力。

（二）自称语三个子类的使用特征

1. 第一人称的使用特征

统计显示，在跨文化维度，中国博士生以及中国人文社会学科、自然科学学科博士生均比美国对应博士生显著少用第一人称（卡方检验分别是 $\chi^2 = 420.1640$，$p = 0.000 < 0.05$；$\chi^2 = 240.7166$，$p = 0.000 < 0.05$；$\chi^2 = 131.3361$，$p = 0.000 < 0.05$）。此外，在各个学科领域也存在较大程度的跨文化差异，除了中国法学博士生比美国法学博士生显著多用第一人称（$\chi^2 = 7.5282$，$p = 0.006 < 0.05$）之外，中国语言学、教育学、医学、化工和石工博士生均比其美国对应学科博士生显著少用第一人称（卡方检验分别是 $\chi^2 = 262.4984$，$p = 0.000 < 0.05$；$\chi^2 = 4.5391$，$p = 0.033 < 0.05$；$\chi^2 = 46.9078$，$p = 0.000 < 0.05$；$\chi^2 = 5.6651$，$p = 0.017 < 0.05$；$\chi^2 = 163.7750$，$p = 0.000 < 0.05$）。但在跨学科维度，中国人文社会学科博士学位论文摘要中的第一人称使用频率显著低于其在自然科学论文中的使用频率（$\chi^2 = 54.9812$，$p = 0.000 < 0.05$），而美国人文社会学科与自然科学学科博士学位论文英语摘要中第一人称代词的使用频率没有呈现出学科差异（$\chi^2 = 1.4555$，$p = 0.228 > 0.05$）。这表明，母语文化和语言习惯的影响力要大于学科规范的影响力。

中美博士生对第一人称代词 I、my、we、our 的使用情况也表现出跨文化和跨学科的同质性与异质性特征（见表 6-9）。

表 6-9 中美博士学位论文英语摘要中的第一人称代词统计

学科	项目	中国博士学位论文英语摘要				美国博士学位论文英语摘要			
		I	my	we	our	I	my	we	our
语言学	出现频次	3	1	153	50	206	14	55	21
	百分比（%）	1.4	0.5	73.9	24.2	69.6	4.7	18.6	7.1
	使用频率	0.32	0.11	16.18	5.29	59.25	4.03	15.82	6.04
教育学	出现频次	32	5	172	91	24	13	4	5
	百分比（%）	10.7	1.7	57.3	30.3	52.2	28.3	8.7	10.9
	使用频率	1.22	0.19	6.58	3.48	8.38	4.54	1.40	1.75

续表

学科	项目	中国博士学位论文英语摘要				美国博士学位论文英语摘要			
		I	my	we	our	I	my	we	our
法学	出现频次	6	2	223	124	22	2	5	7
	百分比（%）	1.7	0.6	62.8	34.9	61.1	5.6	13.9	19.4
	使用频率	0.48	0.16	17.76	9.88	10.75	0.98	2.44	3.42
人文社会学科	出现频次	41	8	548	265	252	29	64	33
	百分比（%）	4.8	0.9	63.6	30.7	66.7	7.7	16.9	8.7
	使用频率	0.85	0.17	11.38	5.50	30.04	3.46	7.63	3.93
医学	出现频次	5	0	292	87	31	5	152	51
	百分比（%）	1.3	0.0	76.0	22.7	13.0	2.1	63.6	21.3
	使用频率	0.48	0.00	28.19	8.40	8.38	1.35	41.10	13.79
化工	出现频次	0	0	198	45	2	3	113	29
	百分比（%）	0.0	0.0	81.5	18.5	1.4	2.0	76.9	19.7
	使用频率	0.00	0.00	23.59	5.36	0.50	0.76	28.51	7.32
石工	出现频次	0	0	79	14	7	1	141	35
	百分比（%）	0.0	0.0	85.0	15.0	3.8	0.5	76.6	19.1
	使用频率	0.00	0.00	8.81	1.56	1.74	0.25	35.11	8.71
自然科学学科	出现频次	5	0	569	146	40	9	406	115
	百分比（%）	0.7	0.0	79.0	20.3	7.0	1.6	71.2	20.2
	使用频率	0.18	0.00	20.52	5.27	3.43	0.77	34.77	9.85
合计	出现频次	46	8	1117	411	292	38	470	148
	百分比（%）	2.9	0.5	70.6	26.0	30.8	4.0	49.6	15.6
	使用频率	0.61	0.11	14.72	5.42	14.55	1.89	23.42	7.38

首先，在跨文化维度，中美博士生使用的第一人称代词的主格形式（I/we）均多于其物主代词形式（my/our），即均倾向于使用"I/we+动词（短语）+宾语"结构，没有表现出跨文化差异。然而，第一人称的占比分布特征维度，中美博士学位论文摘要表现出了异同性。例如，中美自然科学学科及其子学科医学博士学位论文摘要中的第一人称分布呈现同质性特征，即"we" > "our" > "I" > "my"（详见表6-9的百分比数据），以复数形式为主；但中国博士学位论文摘要中的第一人称代词分布为"we" > "our" > "I" > "my"（详

见表 6-9 的百分比数据），美国则是"we">"I">"our">"my"（详见表 6-9 的百分比数据），使用占比最多的都是 we，最少的都是 my，且都以复数形式为主；第一人称代词在中美人文学科博士学位论文摘要中的分布差异性较大，中国为"we">"our">"I">"my"（详见表 6-9 的百分比数据），美国则是"I">"we">"our">"my"（详见表 6-9 的百分比数据），且中国以复数形式为主，而美国则是以单数形式为主。第一人称在各个子学科（医学除外）的分布也呈现出了跨文化差异性（详见表 6-9 的百分比数据）。概而言之，就分布特征而言，中美博士生基本上就第一人称的单数形式和复数形式的使用情况达成一致，尤其是中国博士生几乎完全依赖复数形式，化工和石工博士生甚至根本不使用单数形式，这表明语言文化差异对于第一人称单复数的使用影响力要大于学科的影响力。不过，美国人文社会学科博士生则更倾向于使用单数形式。此外，中美博士生对于第一人称单数和复数形式的使用频率也存在较明显的跨文化差异。统计显示，中国博士生和中国自然科学博士生比美国博士生及其自然科学博士生显著少用复数形式 we/our（卡方检验分别是 $\chi^2 = 80.7394$，$p = 0.000 < 0.05$；$\chi^2 = 93.0970$，$p = 0.000 < 0.05$）和单数形式 I/my（卡方检验分别是 $\chi^2 = 981.7639$，$p = 0.000 < 0.05$；$\chi^2 = 96.6875$，$p = 0.000 < 0.05$），但中国人文社会学科博士生 we/our 的使用频率与美国人文社会学科博士生没有显著性差异（卡方检验是 $\chi^2 = 0.4478$，$p = 0.503 > 0.05$），却显著少用 I/my（$\chi^2 = 1291.8202$，$p = 0.000 < 0.05$）。

此外，各学科间也存在较大程度的跨文化差异。除了中美语言学博士生对于 we/our 的使用频率没有显著性差异（$\chi^2 = 0.0183$，$p = 0.893 > 0.05$）之外，中国教育学和法学博士生均比美国同学科博士生显著多用 we/our（卡方检验分别是 $\chi^2 = 13.2012$，$p = 0.000 < 0.05$；$\chi^2 = 34.0280$，$p = 0.000 < 0.05$），显著少用 I/my（卡方检验分别是 $\chi^2 = 133.8234$，$p = 0.000 < 0.05$；$\chi^2 = 98.7540$，$p = 0.000 < 0.05$），中国语言学博士生也比美国语言学博士生显著少用 I/my（$\chi^2 = 580.8852$，$p = 0.000 < 0.05$）；而中国医学、化工和石工博士生均比美国同学科博士生显著少用 we/our（卡方检验分别是 $\chi^2 = 22.1502$，$p = 0.000 < 0.05$；$\chi^2 = 4.0970$，$p = 0.043 < 0.05$；$\chi^2 = 150.2151$，$p = 0.000 < 0.05$），也显著少用 I/my（卡方检验分别是 $\chi^2 = 80.0044$，$p = 0.000 < 0.05$；$\chi^2 = 10.5886$，$p = 0.001 < 0.05$；$\chi^2 = 17.8699$，$p = 0.000 < 0.05$）。

其次，在跨学科维度，中国人文社会学科、自然科学学科以及各个子学科博士学位论文摘要中的第一人称代词均呈现出"we">"our">"I">"my"（详见表6-9的百分比数据）的分布特征，没有表现出学科差异。但美国人文社会学科与其自然科学学科摘要中的第一人称分布则呈现了一定的学科差异性，前者为"I">"we">"our">"my"，而后者则是"we">"our">"I">"my"，尤其是人文社会学科的三个子学科——语言学、教育学和法学中的第一人称占比分布各不相同，分别呈现为"I">"we">"our">"my"、"I">"my">"our">"we"以及"I">"our">"we">"my"（详见表6-9的百分比数据），其共性特征为I的使用频率均为最高。此外，相较于中国和美国自然科学学科，中美人文社会学科均显著少用复数形式we/our（卡方检验分别是$\chi^2 = 245.7926$，$p = 0.000 < 0.05$；$\chi^2 = 173.6579$，$p = 0.000 < 0.05$），却显著多用单数形式I/my（卡方检验分别是$\chi^2 = 17.3371$，$p = 0.000 < 0.05$；$\chi^2 = 255.3314$，$p = 0.000 < 0.05$）。然而，中国博士生以及中国人文社会学科、自然科学学科博士生，及各个子学科，如语言学、教育学、法学、医学、化工和石工博士生均显著多用we/our，却显著少用单数形式I/my（卡方检验分别是$\chi^2 = 1374.8064$，$p = 0.000 < 0.05$；$\chi^2 = 387.1958$，$p = 0.000 < 0.05$；$\chi^2 = 701.0492$，$p = 0.000 < 0.05$；$\chi^2 = 191.5188$，$p = 0.000 < 0.05$；$\chi^2 = 170.3511$，$p = 0.000 < 0.05$；$\chi^2 = 324.1795$，$p = 0.000 < 0.05$；$\chi^2 = 364.9369$，$p = 0.000 < 0.05$；$\chi^2 = 243.3522$，$p = 0.000 < 0.05$；$\chi^2 = 93.0482$，$p = 0.000 < 0.05$），没有呈现出学科差异。但美国人文社会学科及其子学科语言学、教育学和法学博士生显著多用单数形式I/my（卡方检验分别是$\chi^2 = 89.7684$，$p = 0.000 < 0.05$；$\chi^2 = 70.3535$，$p = 0.000 < 0.05$；$\chi^2 = 17.0572$，$p = 0.000 < 0.05$；$\chi^2 = 4.0035$，$p = 0.045 < 0.05$），而美国博士生、自然科学博士生及其子学科医学、化工和石工博士生则与中国博士生一样，倾向于使用复数形式we/our，显著少用单数形式I/my（卡方检验分别是$\chi^2 = 87.7008$，$p = 0.000 < 0.05$；$\chi^2 = 391.8053$，$p = 0.000 < 0.05$；$\chi^2 = 117.0687$，$p = 0.000 < 0.05$；$\chi^2 = 127.9175$，$p = 0.000 < 0.05$；$\chi^2 = 153.7435$，$p = 0.000 < 0.05$），呈现出一定程度的学科差异。

2. 第三人称的使用特征

表6-9显示，第三人称的使用情况在中美博士学位论文摘要，以及中美人文社会学科博士学位论文摘要、中美自然科学学科博士学位论文摘要，以及中美各个学科博士学位论文摘要自称语中的占比和使用频率都是最低的，且都只检索到单数形式，如the（present）author/writer/research等，没有表现出文

化差异。在中国化工、美国语言学、医学、化工和石工博士学位论文摘要中都未检索到第三人称结构。然而，统计显示，在跨文化领域，中国博士生，以及中国人文社会学科博士生，及中国语言学和石工博士生，均比美国相应博士生显著多用第三人称结构（卡方检验分别是 $\chi^2 = 23.7238$，$p = 0.000 < 0.05$；$\chi^2 = 9.6217$，$p = 0.002 < 0.05$；$\chi^2 = 15.0784$，$p = 0.000 < 0.05$；$\chi^2 = 9.8512$，$p = 0.002 < 0.05$），不过，中美自然科学学科以及教育学和医学博士生对该结构的使用没有显著性差异（卡方检验分别是 $\chi^2 = 3.3323$，$p = 0.068 > 0.05$；$\chi^2 = 0.0644$，$p = 0.800 > 0.05$；$\chi^2 = 0.0368$，$p = 0.848 > 0.05$）。这表明，第三人称结构在中美博士学位论文摘要中的跨文化差异性并不是特别突出，大部分学科博士生就该结构语用功能的使用基本达成一致。

在跨学科维度，中国人文社会学科和美国人文社会学科博士学位论文英语摘要中第三人称的使用频率都显著高于中国和美国相应的自然科学学科使用频率（卡方检验分别是 $\chi^2 = 16.0478$，$p = 0.000 < 0.05$；$\chi^2 = 5.5692$，$p = 0.018 < 0.05$），均普遍存在学科差异性。

3. 抽象主体的使用特征

表 6-9 显示，抽象主体（结构为 this/the + 名词）是中美博士生、中美人文科学学科博士生、中美教育学和法学博士生，中国自然科学学科、语言学和石工博士生，以及美国化工博士生所使用占比最多的自称语子类（具体数据见表 6-9），其同质性大于异质性。但是，中美博士生对抽象主体的使用频率还是呈现出非常明显的跨文化差异。其一，中国博士学位论文英语摘要和自然科学学科博士学位论文英语摘要中的抽象主体使用频率均显著低于美国同类论文摘要（卡方检验分别是 $\chi^2 = 225.8376$，$p = 0.000 < 0.05$；$\chi^2 = 52.2274$，$p = 0.000 < 0.05$），但中国人文社会学科博士学位论文摘要中的抽象主体使用频率却显著多于美国同类（$\chi^2 = 243.1356$，$p = 0.000 < 0.05$）。其二，中国语言学、教育学和法学博士生比美国同学科博士生显著多用抽象主体（卡方检验分别是 $\chi^2 = 6.2650$，$p = 0.012 < 0.05$；$\chi^2 = 557.4202$，$p = 0.004 < 0.05$；$\chi^2 = 12.9192$，$p = 0.000 < 0.05$），但中国医学、化工和石工博士生却比美国同学科博士生显著少用抽象主体（卡方检验分别是 $\chi^2 = 16.0823$，$p = 0.284 > 0.05$；$\chi^2 = 41.4433$，$p = 0.089 > 0.05$；$\chi^2 = 4.1620$，$p = 0.041 < 0.05$）。这表明学科对于抽象主体使用频率的影响有可能大于语言文化背景的影响。

在跨学科维度，中美人文社会学科博士学位论文英语摘要中抽象主体的使用频率均显著高于中美相应自然科学学科中的使用频率（卡方检验分别是$\chi^2=8.6085$，$p=0.003<0.05$；$\chi^2=58.0551$，$p=0.000<0.05$），呈现出学科差异。

我们通过对语料库中出现的抽象主体词项检索发现，中美博士生最高频使用的3个抽象主体结构词汇存在异同性（见表6-10）。

表6-10　中美博士学位论文英语摘要中的高频抽象主体词项统计

学科	项目	中国博士学位论文英语摘要			美国博士学位论文英语摘要		
语言学	词项	research	study	paper	dissertation	study	research
	出现频次	216	215	115	115	72	22
	使用频率	22.84	22.73	12.16	33.08	20.71	6.33
教育学	词项	research	paper	study	study	research	dissertation
	出现频次	189	111	87	211	34	14
	使用频率	7.23	4.25	3.33	73.67	11.87	4.89
法学	词项	paper	research	study	study	research	dissertation
	出现频次	155	98	70	19	16	5
	使用频率	12.35	7.81	5.58	9.28	7.82	2.44
人文社会学科	词项	research	paper	study	study	dissertation	research
	出现频次	503	381	372	302	134	72
	使用频率	10.45	7.91	7.73	36.00	15.98	8.58
医学	词项	study	research	paper	study	dissertation	research
	出现频次	120	38	30	66	23	17
	使用频率	11.58	3.67	2.90	17.85	6.22	4.60
化工	词项	thesis	work	study	work	dissertation	study
	出现频次	49	42	34	56	43	30
	使用频率	5.84	5.00	4.05	14.13	10.85	7.57
石工	词项	paper	study	research	study	research	work
	出现频次	133	60	41	68	38	36
	使用频率	14.83	6.69	4.57	16.93	9.46	8.96
自然科学学科	词项	study	paper	research	study	work	dissertation
	出现频次	214	190	103	164	97	89
	使用频率	7.72	6.85	3.72	14.04	8.31	7.62

续表

学科	项目	中国博士学位论文英语摘要			美国博士学位论文英语摘要		
	词项	research	study	paper	study	dissertation	research
合计	出现频次	606	586	571	230	223	141
	使用频率	7.99	7.72	7.53	11.46	11.11	7.03

表 6-10 显示，在跨文化维度，中美博士生，中美人文社会学科博士生、中美自然科学学科博士生，以及各个子学科（中美化工除外）博士生都最高频使用了 research 和 study，表现出趋同性；但是，中国博士生，中国人文社会学科博士生、中国自然科学学科博士生，以及各个子学科（中国化工除外）博士生最高频使用的词汇是 paper，但该词在美国博士学位论文摘要库中的出现频次仅为 3 次，是所有抽象主体词项中出现频次最低的词汇。而美国博士生，美国人文社会学科博士生、自然科学学科博士生及其各个子学科（石工除外）博士生都高频使用的词项是 dissertation。在跨学科维度，中国博士生使用的抽象主体高频词汇基本上呈现出学科趋同性，只有化工使用的高频词与其他学科不同；而美国人文社会学科与自然科学学科博士生使用的高频词存在一定的差异性，前者倾向于 research，而后者则是 work，而且美国语言学、教育学、法学和医学博士生最高频使用的词项完全相同，化工和石工博士生最高频使用的词项完全相同。概而言之，中美博士生选择高频抽象主体词汇的同质性大于异质性，不过语言文化差异对词汇选择的影响力依然大于学科差异。

三、中美硕士生对自称语及其三个子类的使用特征

统计显示，中美硕士生使用的自称语及其三个子类呈现出异同性（见表 6-11）。

表 6-11 中美硕士学位论文英语摘要中的自称语统计

学科	项目	中国硕士学位论文英语摘要			美国硕士学位论文英语摘要		
		第一人称	第三人称	抽象主体	第一人称	第三人称	抽象主体
语言学	出现频次	34	87	421	83	0	187
	百分比（%）	6.3	16.1	78.6	30.7	0.0	69.3
	使用频率	7.98	20.42	98.81	36.68	0.00	82.63

续表

学科	项目	中国硕士学位论文英语摘要			美国硕士学位论文英语摘要		
		第一人称	第三人称	抽象主体	第一人称	第三人称	抽象主体
教育学	出现频次	77	33	352	79	3	196
	百分比（%）	16.7	7.1	76.2	28.4	1.1	70.5
	使用频率	17.69	7.58	80.88	42.68	1.62	105.88
法学	出现频次	139	42	252	36	2	155
	百分比（%）	32.1	9.7	58.2	18.7	1.0	80.3
	使用频率	31.54	9.53	57.18	17.49	0.97	75.31
人文社会学科	出现频次	250	162	1025	198	5	538
	百分比（%）	17.4	11.3	71.3	26.7	0.7	72.6
	使用频率	19.20	12.44	78.73	32.08	0.81	87.16
医学	出现频次	79	4	142	155	1	97
	百分比（%）	35.1	1.8	63.1	61.3	0.4	38.3
	使用频率	21.02	1.06	37.79	51.73	0.33	32.37
化工	出现频次	74	1	146	54	0	128
	百分比（%）	33.5	0.5	66.0	29.7	0.0	70.3
	使用频率	14.77	0.20	29.14	20.60	0.00	48.83
石工	出现频次	52	12	404	40	1	210
	百分比（%）	11.1	2.6	86.3	15.9	0.4	83.7
	使用频率	8.23	1.90	63.96	13.77	0.34	72.30
自然科学学科	出现频次	205	17	692	249	2	435
	百分比（%）	22.4	1.9	75.7	36.3	0.3	63.4
	使用频率	13.59	1.13	45.87	29.22	0.23	51.04
合计	出现频次	455	179	1717	447	7	973
	百分比（%）	19.4	7.6	73.0	31.3	0.5	68.2
	使用频率	16.19	6.37	61.09	30.42	0.48	66.22

（一）自称语的整体使用特征

统计显示，在跨文化维度，除了中国人文社会学科和法学硕士学位论文摘要中的自称语使用频率与相应的美国学科领域没有显著性差异（卡方检验分别是 $\chi^2 = 3.4986$，$p = 0.061 > 0.05$；$\chi^2 = 0.2930$，$p = 0.588 > 0.05$）之外，相较于美国硕士生、美国自然科学学科硕士生以及教育学、医学、化工和石工硕士生，中国硕士生及相应学科领域硕士生均显著少用自称语（卡方检验分别是 $\chi^2 = 19.9815$，$p = 0.000 < 0.05$；$\chi^2 = 32.0546$，$p = 0.000 < 0.05$；$\chi^2 = 21.3586$，$p = 0.000 < 0.05$；$\chi^2 = 14.3143$，$p = 0.000 < 0.05$；$\chi^2 = 21.0167$，$p = 0.000 < 0.05$；$\chi^2 = 3.9049$，$p = 0.048 < 0.05$），但中国语言学硕士生比美国语言学硕士生显著多用自称语（$\chi^2 = 153.2710$，$p = 0.000 < 0.05$）。这表明语言文化差异会影响自称语的使用频率。在跨学科维度，中国和美国人文社会学科硕士学位论文英语摘要中自称语的整体使用频率均显著高于相应自然科学学科硕士学位论文英语摘要中自称语的使用频率（卡方检验分别是 $\chi^2 = 208.7431$，$p = 0.000 < 0.05$；$\chi^2 = 58.2343$，$p = 0.000 < 0.05$），呈现出了显著的学科差异。

（二）自称语三个子类的使用特征

表 6-11 显示，在自称语类型的分布方面，除美国医学硕士生之外，中美硕士生自称语使用占比最高的都是"抽象主体"；除中国语言学硕士生之外，中美硕士自称语使用占比最低的都是"第三人称"；而且，除中国语言学硕士和美国医学硕士生使用的自称语类型呈现出特殊性［前者为"抽象主体"（78.6%）＞"第三人称"（16.1%）＞"第一人称"（6.3%）；后者为"第一人称"（61.3%）＞"抽象主体"（38.3%）＞"第三人称"（0.4%）］之外，中美硕士生、中美人文社会学科硕士生以及中美自然科学学科硕士生使用的三类自称语均呈现了相同的分布特征——"抽象主体"＞"第一人称"＞"第三人称"（具体数据见表 6-11），在跨文化和跨学科维度均未表现出差异性，这说明，中美硕士生在自称语的语言形式选择和功能方面基本达成一致。

自称语中的第一人称、第三人称和抽象主体的使用频率存在跨文化和跨学科的同质性与异质性特征。

1. 第一人称的使用特征

表 6-11 统计显示，在跨文化维度，中美化工硕士生在第一人称的使用频率上呈现出趋同性，没有显著性差异（$\chi^2 = 3.4965$，$p = 0.062 > 0.05$）；中国语言学和法学硕士生则比美国相应学科硕士生显著多用第一人称（卡方检验分别是 $\chi^2 = 67.9787$，$p = 0.000 < 0.05$；$\chi^2 = 10.2564$，$p = 0.001 < 0.05$）；中

国硕士学位论文摘要、人文社会学科和自然科学学科硕士学位论文摘要以及教育学、医学和石工硕士学位论文摘要中的第一人称使用频率均显著低于美国相应学科的论文摘要（卡方检验分别是 $\chi^2 = 92.9110$，$p = 0.000 < 0.05$；$\chi^2 = 29.8151$，$p = 0.000 < 0.05$；$\chi^2 = 69.2929$，$p = 0.000 < 0.05$；$\chi^2 = 32.3200$，$p = 0.000 < 0.05$；$\chi^2 = 45.5331$，$p = 0.000 < 0.05$；$\chi^2 = 6.1239$，$p = 0.013 < 0.05$）。在跨学科维度，中国人文社会学科硕士学位论文摘要中的第一人称使用频率显著高于其在自然科学学科中的使用频率（$\chi^2 = 13.6136$，$p = 0.000 < 0.05$）。美国人文社会学科与自然科学学科硕士学位论文摘要中第一人称代词的使用频率没有呈现出学科差异（$\chi^2 = 0.9654$，$p = 0.326 > 0.05$）。这表明语言文化因素对第一人称使用的影响要大于学科影响。

中美硕士生对第一人称代词 I、my、we、our 的使用情况也存在跨文化和跨学科的同质性与异质性特征（见表 6-12）。

表 6-12 中美硕士学位论文英语摘要中的第一人称代词统计

学科	项目	中国硕士学位论文英语摘要				美国硕士学位论文英语摘要			
		I	my	we	our	I	my	we	our
语言学	出现频次	6	2	19	7	51	6	2	24
	百分比（%）	17.6	5.9	55.9	20.6	61.4	7.2	2.4	28.9
	使用频率	1.41	0.47	4.46	1.64	22.54	2.65	0.88	10.60
教育学	出现频次	12	2	39	24	49	13	9	8
	百分比（%）	15.6	2.6	50.6	31.2	62.0	16.5	11.4	10.1
	使用频率	2.76	0.46	8.96	5.51	26.47	7.02	4.86	4.32
法学	出现频次	5	1	63	70	22	2	5	7
	百分比（%）	3.6	0.7	45.3	50.4	61.1	5.6	13.9	19.4
	使用频率	1.13	0.23	14.30	15.88	10.69	0.97	2.43	3.40
人文社会学科	出现频次	23	5	121	101	122	21	16	39
	百分比（%）	9.2	2.0	48.4	40.4	61.6	10.6	8.1	19.7
	使用频率	1.77	0.38	9.29	7.76	19.77	3.40	2.59	6.32
医学	出现频次	0	0	59	20	10	2	105	38
	百分比（%）	0.0	0.0	74.7	25.3	6.5	1.3	67.7	24.5
	使用频率	0.00	0.00	15.70	5.32	3.34	0.67	35.04	12.68

续表

学科	项目	中国硕士学位论文英语摘要				美国硕士学位论文英语摘要			
		I	my	we	our	I	my	we	our
化工	出现频次	5	2	60	7	4	1	41	8
	百分比（%）	6.8	2.7	81.1	9.4	7.4	1.9	75.9	14.8
	使用频率	1.00	0.40	11.97	1.40	1.53	0.38	15.64	3.05
石工	出现频次	3	0	37	12	1	0	27	12
	百分比（%）	5.8	0.0	71.1	23.1	2.5	0.0	67.5	30.0
	使用频率	0.47	0.00	5.86	1.90	0.34	0.00	9.30	4.13
自然科学学科	出现频次	8	2	156	39	15	3	173	58
	百分比（%）	3.9	1.0	76.1	19.0	6.0	1.2	69.5	23.3
	使用频率	0.53	0.13	10.34	2.59	1.76	0.35	20.30	6.81
合计	出现频次	31	7	277	140	137	24	189	97
	百分比（%）	6.8	1.5	60.9	30.8	30.6	5.4	42.3	21.7
	使用频率	1.10	0.25	9.86	4.98	9.32	1.63	12.86	6.60

首先，在跨文化维度，中美硕士学位论文摘要中第一人称的分布呈现出多元性特征。其一，人称代词主格（I/we）的使用比例和频率均高于其物主代词形式（my/our），两国学生在这点上没有呈现文化差异。其二，中美自然科学学科、医学、化工和石工学位论文摘要中的第一人称分布相同，即"we">"our">"I">"my"（详见表6-12的百分比数据）；但中美硕士生、人文社会学科硕士生以及语言学、教育学和法学硕士生对第一人称的使用比例各不相同（详见表6-11的百分比数据），文化差异性较大，尤其是美国人文社会学科及其子学科硕士生都倾向于使用第一人称单数形式I，而中国相应学科硕士生则更倾向于第一人称复数形式we。整体而言，中美硕士生均倾向于第一人称复数形式，只是对单数形式和复数形式的使用频率存在异同性。统计显示，中美仅化工和石工硕士生对I/my的使用频率没有显著性差异（卡方检验分别是$\chi^2=0.2853$，$p=0.593>0.05$；$\chi^2=0.0783$，$p=0.780>0.05$），但中国硕士生、自然科学学科硕士生、人文社会学科硕士生以及语言学、教育学、法学和医学硕士生均比美国相应学科领域的硕士生显著少用I/my（卡方检验分别是$\chi^2=191.5252$，$p=0.000<0.05$；$\chi^2=207.7794$，$p=0.000<0.05$；$\chi^2=9.6441$，$p=0.002<0.05$；$\chi^2=80.6734$，$p=0.000<0.05$；$\chi^2=$

97.2923，$p=0.000<0.05$；$\chi^2=32.0891$，$p=0.000<0.05$；$\chi^2=15.0528$，$p=0.000<0.05$）。对于复数形式 we/our 的使用频率更是呈现出了多元性，中美教育学和化工硕士生对 we/our 的选择表现出趋同性，没有显著性差异（卡方检验分别是 $\chi^2=2.8236$，$p=0.093>0.05$；$\chi^2=3.2118$，$p=0.073>0.05$），中国硕士生、自然科学学科硕士生以及语言学、医学和石工硕士生均比相应学科的美国硕士生显著少用 we/our（卡方检验分别是 $\chi^2=12.5911$，$p=0.000<0.05$；$\chi^2=60.7801$，$p=0.000<0.05$；$\chi^2=5.3834$，$p=0.020<0.05$；$\chi^2=36.2854$，$p=0.000<0.05$；$\chi^2=6.7076$，$p=0.010<0.05$），但中国人文社会学科和法学硕士生却比美国同领域硕士生显著多用 we/our（卡方检验分别是 $\chi^2=19.2516$，$p=0.000<0.05$；$\chi^2=37.1665$，$p=0.000<0.05$）。概而言之，仅中美化工硕士生对 I/my 和 we/our 的选择一致，母语语言文化对第一人称的使用产生了非常明显的影响力。

其次，在跨学科维度，第一，中国人文社会学科和自然科学学科学位论文英语摘要中第一人称的占比分布相同，均呈现出"we">"our">"I">"my"（详见表 6-12 的百分比数据）的特征，没有学科差异；但美国相应学科领域却出现了学科差异，摘要中第一人称占比在人文社会学科的分布是"I">"our">"my">"we"，而在自然科学学科中的分布则是"we">"I">"our">"my"。第二，在各个子学科中，中国学生的学位论文摘要中第一人称占比仅法学呈现出与其他学科不同的分布特征——"our">"we">"I">"my"，其他学科都是"we">"our">"I">"my"，学科差异不大；而美国仅医学、化工和石工的第一人称分布没有学科差异，均为"we">"our">"I">"my"，其语言学、教育学和法学中的分布各不相同（详见表 6-12 数据），在人文社会学科内部呈现出较大的学科差异性。第三，中国人文社会学科硕士生均比其自然科学学科硕士生显著多用 I/my 和 we/our（卡方检验分别是 $\chi^2=11.4395$，$p=0.001<0.05$；$\chi^2=8.0211$，$p=0.005<0.05$）；而相较于美国自然科学学科硕士生，美国人文社会学科硕士生显著多用 I/my（$\chi^2=145.0033$，$p=0.000<0.05$），却显著少用 we/our（$\chi^2=61.0110$，$p=0.000<0.05$）。这说明美国硕士生对第一人称单数形式和复数形式的使用呈现出较大的学科差异，而中国硕士生呈现的学科差异性相对较小，这在很大程度上可能是受到了母语语言文化的影响。

2. 第三人称的使用特征

表 6-11 显示，除了中国语言学硕士生之外，中美硕士生使用第三人称自

称语的占比和频率都是自称语中最低的,且均为单数形式;通过检索发现,中美医学、化工和石工硕士生对第三人称的使用频率具有趋同性,没有显著性差异(卡方检验分别是 $\chi^2=1.2024$, $p=0.273>0.05$; $\chi^2=0.5231$, $p=0.470>0.05$; $\chi^2=3.4153$, $p=0.065>0.05$),但中国硕士生、人文社会学科硕士生、自然科学学科硕士生以及语言学、教育学和法学硕士生均比美国同领域硕士生显著多用第三人称(卡方检验分别是 $\chi^2=77.1314$, $p=0.000<0.05$; $\chi^2=65.1719$, $p=0.000<0.05$; $\chi^2=5.3872$, $p=0.020<0.05$; $\chi^2=46.2745$, $p=0.000<0.05$; $\chi^2=7.9585$, $p=0.005<0.05$; $\chi^2=15.1091$, $p=0.000<0.05$),呈现出较大的跨文化差异性。在跨学科维度,中国人文社会学科硕士生比其自然科学学科硕士生显著多用第三人称($\chi^2=140.5770$, $p=0.000<0.05$),存在学科差异;但美国人文社会学科和自然科学学科硕士生对第三人称的使用频率没有受到学科差异的影响(卡方检验分别是 $\chi^2=2.4878$, $p=0.115>0.05$)。

3. 抽象主体的使用特征

表6-11显示,抽象主体是中美硕士生、人文社会学科硕士生、自然科学学科硕士生以及中美语言学、教育学、法学、医学(美国除外)、化工和石工硕士生使用占比最多的自称语类型(具体数据见表6-11)。统计显示,中美人文社会学科硕士生、自然科学学科硕士生以及医学和石工硕士生对抽象主体的使用频率没有显著性差异(卡方检验分别是 $\chi^2=3.6903$, $p=0.055>0.05$; $\chi^2=3.0635$, $p=0.080>0.05$; $\chi^2=1.3857$, $p=0.239>0.05$; $\chi^2=2.0918$, $p=0.148>0.05$)。但是,中国语言学和法学硕士生比美国相应学科硕士生显著多用抽象主体(卡方检验分别是 $\chi^2=4.1931$, $p=0.041<0.05$; $\chi^2=7.3730$, $p=0.007<0.05$),而中国硕士生以及教育学和化工硕士生却比美国同类硕士生显著少用抽象主体(卡方检验分别是 $\chi^2=4.0543$, $p=0.044<0.05$; $\chi^2=9.2735$, $p=0.002<0.05$; $\chi^2=18.6589$, $p=0.000<0.05$)。在跨学科维度,中美人文社会学科硕士学位论文英语摘要中抽象主体的使用频率均显著高于中美自然科学学科(卡方检验分别是 $\chi^2=124.2031$, $p=0.000<0.05$; $\chi^2=70.9936$, $p=0.000<0.0$),呈现出明显的学科差异。

我们通过对语料库中出现的抽象主体词项检索发现,中美硕士生最高频使用的3个抽象主体词汇存在异同性(见表6-13)。

表6-13 中美硕士学位论文英语摘要中的高频抽象主体词项统计

学科	项目	中国硕士学位论文英语摘要			美国硕士学位论文英语摘要		
语言学	词项	study	research	paper	study	thesis	research
	出现频次	111	97	88	90	50	24
	使用频率	26.05	22.77	20.65	33.77	22.09	10.60
教育学	词项	paper	research	study	study	thesis	research
	出现频次	116	80	76	101	40	30
	使用频率	26.65	18.38	17.46	54.56	21.61	16.21
法学	词项	paper	article	research	study	research	thesis
	出现频次	139	58	25	97	39	34
	使用频率	31.54	13.16	5.67	47.13	18.95	16.52
人文社会学科	词项	paper	research	study	study	thesis	research
	出现频次	343	202	198	288	124	93
	使用频率	26.34	15.51	15.21	46.66	20.09	15.07
医学	词项	paper	study	research	study	thesis	research
	出现频次	57	32	23	67	12	10
	使用频率	15.17	8.52	6.12	22.36	4.00	3.34
化工	词项	paper	research	study	thesis	study	work
	出现频次	67	21	16	36	33	25
	使用频率	13.37	4.19	3.19	13.73	12.59	9.54
石工	词项	paper	study	research	study	research	work
	出现频次	245	71	53	73	51	37
	使用频率	38.79	11.24	8.39	25.13	17.56	12.74
自然科学学科	词项	paper	study	research	study	research	thesis
	出现频次	369	119	97	173	82	69
	使用频率	24.46	7.89	6.43	20.30	9.62	8.10
合计	词项	paper	study	research	study	thesis	research
	出现频次	712	317	299	461	193	175
	使用频率	25.33	11.28	10.64	31.37	13.13	11.91

表6-13显示，在跨文化维度，其一，中美硕士生、中美人文社会学科硕士生、中美自然科学学科硕士生以及各个子学科硕士生都最高频使用了study

和 research（注：检索发现，美国化工硕士生对该词的使用频次是 21，是该学科第四高频词项，仅次于 work）；其二，中国学生使用的三个高频词完全一样，而美国仅化工和石工硕士生高频使用了 work，其他学生则使用了两个完全一样的高频词；中国所有学科硕士生均最高频使用了 paper，但该词在美国硕士学位论文摘要语料库中仅检索到 9 次，且只有 3 人使用，是所有抽象主体词项中出现频率最低的词汇。在跨学科维度，中国人文社会学科和自然科学学科硕士生使用的抽象主体高频词汇完全一样，都是 paper、research 和 study，没有学科差异；美国人文社会学科和自然科学学科硕士生所使用的高频词汇也完全一样，都是 study、research 和 thesis。此外，中国各个子学科中学生学位论文使用的最高频词汇完全一样，美国只有化工和石工的一个高频词汇（work）与其他学科不同。概而言之，高频抽象主体词汇呈现出一定的文化差异，但学科差异不大。因此，语言文化对抽象主体词汇选择的影响似乎大于学科差异。

四、中/美硕士与博士学位论文摘要中自称语及其三个子类的使用特征

统计显示，中/美硕士生与博士生使用的自称语及其三个子类存在同质性和异质性特征。

（一）自称语的整体使用特征

中国的硕士生比博士生显著多用自称语（$\chi^2 = 351.5439$，$p = 0.000 < 0.05$），人文社会学科、自然科学学科以及语言学、教育学和石工硕士生均比相应学科的博士生显著多用自称语（卡方检验分别是 $\chi^2 = 585.0800$，$p = 0.000 < 0.05$；$\chi^2 = 8.6550$，$p = 0.003 < 0.05$；$\chi^2 = 720.4995$，$p = 0.000 < 0.05$；$\chi^2 = 510.7153$，$p = 0.000 < 0.05$；$\chi^2 = 39.3888$，$p = 0.003 < 0.05$），法学硕士却显著少用自称语（$\chi^2 = 43.5013$，$p = 0.014 < 0.05$），仅医学和化工学科的硕士生和博士生对自称语的使用频率没有显著性差异（卡方检验分别是 $\chi^2 = 0.0293$，$p = 0.864 > 0.05$；$\chi^2 = 3.6144$，$p = 0.057 > 0.05$）。中国硕士生与博士生对自称语的使用频率表现出较明显的语类差异性。

美国硕士生和博士生对自称语的使用频率没有显著性差异（卡方检验分别是 $\chi^2 = 0.1625$，$p = 0.687 > 0.05$），在人文社会学科领域以及医学、化工和石工学科中的自称语使用频率也没有显著性差异（卡方检验分别是 $\chi^2 = $

2.6397，$p=0.104>0.05$；$\chi^2=3.6835$，$p=0.055>0.05$；$\chi^2=2.7763$，$p=0.096>0.05$；$\chi^2=0.1990$，$p=0.656>0.05$），但是美国自然科学学科领域和语言学硕士生比其相应的博士生显著少用自称语（卡方检验分别是$\chi^2=4.7695$，$p=0.029<0.05$；$\chi^2=12.0290$，$p=0.001<0.05$），教育学和法学硕士生则显著多用自称语（卡方检验分别是$\chi^2=14.6380$，$p=0.000<0.05$；$\chi^2=47.4576$，$p=0.000<0.05$）。

相较而言，中国硕士生与博士生在使用自称语时呈现出的跨学位和跨学科差异性大于美国的硕士生和博士生。

（二）自称语的分布特征

中/美硕士生和博士生对三种自称语的使用分布呈现出异同性（见图6-1和图6-2）（其他具体数据见表6-11和表6-8）。

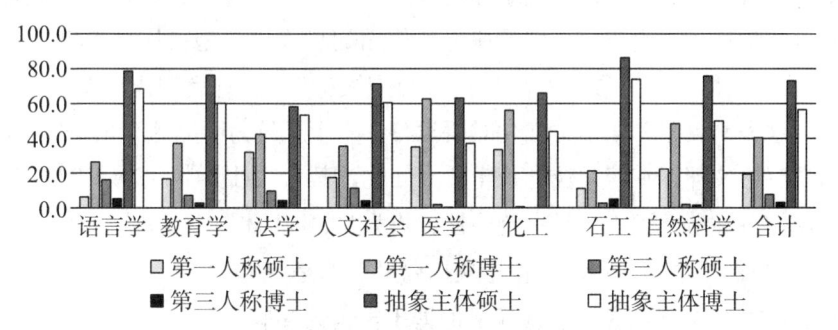

图6-1　中国硕士与博士学位论文摘要中的自称语类型分布

注：图中数据为百分比。下同。

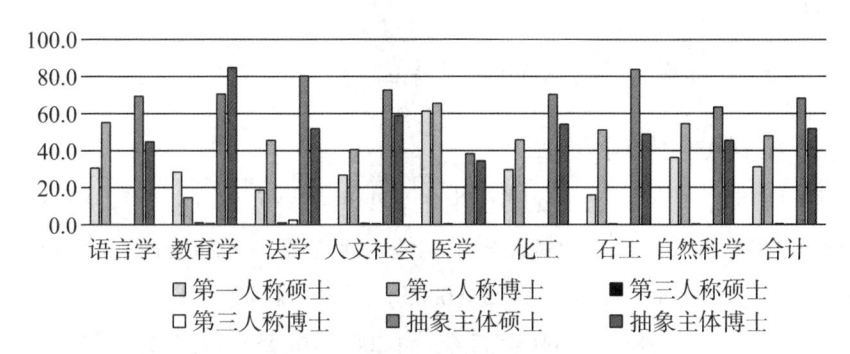

图6-2　美国硕士与博士学位论文摘要中的自称语类型分布

图6-1显示，中国硕士生和博士生使用的自称语类型占比均呈现出"抽象主体">"第一人称">"第三人称"的特征，在人文社会学科和自然科

学学科领域也呈现出了同样的分布特征，没有表现出跨学位差异。但一些具体学科却有一定程度的语类异同性。例如，中国语言学硕士生使用占比最低的自称语形式是"第一人称"，而中国医学和化工博士生使用量最高的是"第一人称"，教育学、法学和石工的硕士生与博士生使用的自称语类型分布相同。

图6-2显示，美国硕士生和博士生使用占比最低的自称语都是第三人称，表明他们对该结构的语用功能认识达成一致，另外，这些自称语类型占比均呈现出"抽象主体"＞"第一人称"＞"第三人称"的分布特征，它们在人文社会学科领域也呈现出了同样的分布特征，但在自然科学领域的分布呈现异质性，在具体学科也呈现出一定程度的语类异同性。例如，美国语言学和石工硕士生使用的自称语中占比最多的是"抽象主体"，而相应学科的博士生则大量使用了"第一人称"。概而言之，中国硕士学位论文摘要和博士学位论文摘要，以及美国硕士生学位论文摘要和博士学位论文摘要中自称语的分布特征在跨学位领域呈现的同质性均大于异质性。在跨学科领域，中国人文社会学科和自然科学学科硕士生与其相应的博士生使用的自称语类型占比表现出趋同性，即"抽象主体"＞"第一人称"＞"第三人称"，没有表现出跨学位的学科差异，这表明汉语母语语言文化对语类特征产生了较为明显的影响。但美国学生的学位论文却存在跨学位和跨学科异同性，其人文社会学科的硕士生和博士生使用的自称语类型占比具有趋同性，均为"抽象主体"＞"第一人称"＞"第三人称"；自然科学学科硕士学位论文摘要呈现的是"抽象主体"＞"第一人称"＞"第三人称"的分布特征，相应领域的博士学位论文摘要则是"第一人称"＞"抽象主体"＞"第三人称"的分布特征，这说明自称语的使用分布受到了学位和学科的影响。

（三）自称语三个子类的使用特征

1. 第一人称的使用特征

统计显示，中国硕士生比博士生显著少用第一人称（$\chi^2 = 22.8118$，$p = 0.006 < 0.05$），人文社会学科硕士生与博士生对第一人称的使用频率没有显著性差异（$\chi^2 = 1.1939$，$p = 0.275 > 0.05$），但自然科学学科硕士生比其博士生显著少用第一人称（$\chi^2 = 69.4517$，$p = 0.006 < 0.05$）。在具体学科方面，除了法学和石工的硕士生与博士生使用第一人称的频率没有显著性差异（卡方检验分别是$\chi^2 = 1.1939$，$p = 0.275 > 0.05$；$\chi^2 = 1.7810$，$p = 0.182 > 0.05$）外，语言学、教育学、医学和化工的硕士生均比相应学科的博士生显著少用第一人称（卡方检验分别是$\chi^2 = 32.3964$，$p = 0.000 < 0.05$；$\chi^2 = 11.6491$，$p = 0.001 < 0.05$；$\chi^2 = 21.7259$，$p = 0.000 < 0.05$；$\chi^2 = 26.7442$，$p = 0.000 < 0.05$）。美国硕士生比其博士显著少用第一人称（$\chi^2 = 60.0695$，$p = 0.006 < 0.05$），且人文社会学科和自然科学学科硕士生均比其相应的博士生显著少用第一人称（卡方检验分别是$\chi^2 = 15.2191$，$p = 0.010 < 0.05$；$\chi^2 = 46.8267$，$p = 0.000 < 0.05$）；在具体学科方面，则呈现出了更为复杂的特征，例如，语言学、医学、化工和石工的硕士生均比其相应学科的博士生显著少用第一人称（卡方检验分别是$\chi^2 = 49.0754$，$p = 0.000 < 0.05$；$\chi^2 = 4.7081$，$p = 0.030 < 0.05$；$\chi^2 = 14.0893$，$p = 0.000 < 0.05$；$\chi^2 = 53.6361$，$p = 0.000 < 0.05$），但教育学硕士生比其博士生显著多用第一人称（$\chi^2 = 30.1320$，$p = 0.006 < 0.05$），不过法学硕士生和博士生对该结构的使用没有显著差异（$\chi^2 = 0.0006$，$p = 0.981 > 0.05$）。相较而言，对第一人称的使用频率，中国硕士生和博士生之间的跨学位差异没有美国群体表现得那么明显和复杂，有可能是出现了语言僵化现象。

中/美硕士生和博士生对第一人称代词 I、my、we、our 的使用情况也同样呈现出跨学位的同质性与异质性特征。

中国硕士生和博士生（涉及各个学科）使用第一人称自称语的占比和频率均为"we">"our">"I">"my"，且都倾向于使用"I/we + 动词（短语）+宾语"结构，而非物主代词形式（my/our），表现出跨学位的趋同性特征；对于单数形式 I/my 的统计显示，中国硕士生、人文社会学科硕士生以及自然科学硕士生均比相应的博士生显著多用 I/my；在具体学科方面，除了法学和医学硕士生、博士生的使用频率没有显著性差异（卡方检验分别是$\chi^2 = 2.0724$，$p = 0.150 > 0.05$；$\chi^2 = 1.8140$，$p = 0.178 > 0.05$）外，语言学、教育学、医学、化工和石工硕士生均比相应学科的博士生显著多用 I/my（卡方检验分别是$\chi^2 = 7.1065$，$p = 0.008 < 0.05$；$\chi^2 = 7.2313$，$p = 0.007 < 0.05$；$\chi^2 = 2.0724$，$p = 0.000 < 0.05$；$\chi^2 = 11.7272$，$p = 0.001 < 0.05$；$\chi^2 = 4.2611$，$p = 0.039 < 0.05$）；对于复数形式 we/our 的使用频率则更为复杂多元。其中，硕士生比博士生显著少用 we/our（$\chi^2 = 30.8980$，$p = 0.000 < 0.05$），但人文社会学科硕士生比相应的博士生显著多用（$\chi^2 = 33.8230$，$p = 0.000 < 0.05$），而自然科学学科硕士生却比相应学科的博士生显著少用（$\chi^2 = 76.2044$，$p = 0.000 < 0.05$），在具体学科方面，法学和石工的硕士生和博士生对 we/our 的使用频率没有显著差异（卡方检验分别是$\chi^2 = 0.7435$，$p = 0.389 > 0.05$；$\chi^2 =$

2.7183，$p=0.099>0.05$），但语言学、医学和化工硕士生比相应学科的博士生显著少用 we/our（卡方检验分别是 $\chi^2=41.5957$，$p=0.000<0.05$；$\chi^2=20.6611$，$p=0.000<0.05$；$\chi^2=33.0003$，$p=0.000<0.05$），而教育学硕士生则比其博士生显著多用 we/our（$\chi^2=6.7910$，$p=0.009<0.05$）。

  美国硕士生和博士生使用第一人称自称语的占比和频率均为"we" > "our" > "I" > "my"，且都倾向于使用"I/we + 动词（短语）+ 宾语"结构，而非物主代词"my/our + 名词（短语）"结构，表现出跨学位的趋同性特征；美国自然科学学科硕士生和博士生使用第一人称自称语的占比和频率均为"we" > "our" > "I" > "my"，呈现出了跨学位的同质性特征，但其人文社会学科却存在跨学位的异质性特征；在具体学科方面，法学、医学和石工的硕士生与博士生表现出第一人称分布的跨学位趋同性，但语言学、教育学和化工的硕士生与博士生却呈现出了跨学位差异性。此外，对于单数形式 I/my 的统计显示，美国硕士生、人文社会科学硕士生、自然科学硕士生均比其相应的博士生显著少用 I/my（卡方检验分别是 $\chi^2=18.1197$，$p=0.000<0.05$；$\chi^2=13.0752$，$p=0.000<0.05$；$\chi^2=6.4514$，$p=0.011<0.05$）；然而，硕士生和博士生在各个学科方面却呈现出了多元特征，其中，法学、化工和石工的硕士生与博士生对 I/my 的使用频率没有显著性差异（卡方检验分别是 $\chi^2=0.0004$，$p=0.985>0.05$；$\chi^2=0.4338$，$p=0.510>0.05$；$\chi^2=3.5188$，$p=0.061>0.05$），但教育学硕士生比其博士生显著多用 I/my（$\chi^2=22.7220$，$p=0.000<0.05$），而语言学和医学硕士生则比其博士生显著少用 I/my（卡方检验分别是 $\chi^2=41.4090$，$p=0.000<0.05$；$\chi^2=7.5852$，$p=0.006<0.05$）。对 we/our 的统计显示，美国硕士生比博士生显著少用该复数形式（$\chi^2=42.0169$，$p=0.000<0.05$），自然科学硕士生也比其博士生显著少用 we/our（$\chi^2=40.7135$，$p=0.000<0.05$），不过人文社会学科硕士生和博士生对该形式的使用没有呈现出显著差异（$\chi^2=2.4010$，$p=0.121>0.05$）；在具体学科方面也表现出跨学位的复杂多样性，其中，法学硕士生与博士生对 we/our 的使用频率没有显著性差异（$\chi^2=0.0002$，$p=0.989>0.05$），但教育学硕士生比博士生显著多用 we/our（$\chi^2=7.4476$，$p=0.006<0.05$），而语言学、化工和石工的硕士生均比相应学科博士生显著少用 we/our（卡方检验分别是 $\chi^2=8.3103$，$p=0.004<0.05$；$\chi^2=16.0096$，$p=0.000<0.05$；$\chi^2=50.2756$，$p=0.000<0.05$）。

2. 第三人称的使用特征

表 6-11 和表 6-8 显示，第三人称是中国硕士生和博士生以及美国硕士生和博士生使用的自称语中占比和频率最低的，且都只检索到单数形式，是最具趋同性的自称语类型。然而，中国硕士生比其博士生显著多用该结构（$\chi^2 = 162.0286$，$p = 0.000 < 0.05$），中国人文社会学科硕士生也比相应的博士生显著多用第三人称（$\chi^2 = 261.1859$，$p = 0.000 < 0.05$），而自然科学硕士生和博士生对该结构的使用频率没有显著性差异（$\chi^2 = 0.9245$，$p = 0.336 > 0.05$），在各个学科方面，化工和石工的硕士生、博士生对第三人称自称语的使用频率没有显著性差异（卡方检验分别是$\chi^2 = 1.6752$，$p = 0.196 > 0.05$；$\chi^2 = 0.5087$，$p = 0.476 > 0.05$），但语言学、教育学、法学和医学的硕士生均比相应学科的博士生显著多用第三人称（卡方检验分别是$\chi^2 = 81.5162$，$p = 0.000 < 0.05$；$\chi^2 = 93.9537$，$p = 0.000 < 0.05$；$\chi^2 = 32.6726$，$p = 0.000 < 0.05$；$\chi^2 = 7.2934$，$p = 0.007 < 0.05$）。由此可见，中国自然科学及其子学科的硕士生和博士生在第三人称的语用上基本达成一致，跨学位的同质性特征大于异质性特征，但人文社会学科内部却存在非常明显的跨学位差异性。

第三人称在美国硕士/博士学位论文摘要（$\chi^2 = 2.0573$，$p = 0.151 > 0.05$）、人文社会学科硕士/博士学位论文摘要（$\chi^2 = 0.6386$，$p = 0.424 > 0.05$）和自然科学硕士/博士学位论文摘要（$\chi^2 = 2.7407$，$p = 0.098 > 0.05$）、各个学科硕士/博士学位论文摘要（语言学和化工均未使用；其他学科卡方检验分别是：教育学$\chi^2 = 0.9023$，$p = 0.342 > 0.05$；法学$\chi^2 = 0.0000$，$p = 0.996 > 0.05$；医学$\chi^2 = 1.2342$，$p = 0.267 > 0.05$；石工$\chi^2 = 1.3829$，$p = 0.240 > 0.05$）中均呈现出跨学位的同质性特征，美国硕士生与博士生在学术论文写作中似乎更能熟练掌握第三人称结构。

3. 抽象主体的使用特征

中国硕士生与博士生对抽象主体的使用频率呈现出明显的跨学位差异性。所有学科硕士生、人文社会学科硕士生、自然科学硕士生以及各个子学科的硕士生均比相应的博士生显著多用抽象主体（见表 6-14）。

表 6-14　抽象主体在中国硕博学位论文摘要中使用情况统计

项目 学科	中国硕士学位论文摘要中的出现频次	中国博士学位论文摘要中的出现频次	χ^2	p 值	+/-
语言学	421	538	74.3735	0.000*	+
教育学	352	484	530.3439	0.000*	+
法学	252	448	36.6584	0.000*	+
人文社会学科	1025	1470	585.7553	0.000*	+
医学	142	227	26.6464	0.000*	+
化工	146	190	5.3064	0.021*	+
石工	404	325	60.0767	0.000*	+
自然科学学科	692	742	106.8593	0.000*	+
合计	1717	2212	555.5353	0.000*	+

注：*$p<0.05$ 表示具有显著差异。下同。+/- 表示"多于/少于"。下同。

美国硕士生与博士生对抽象主体的使用频率表现出了跨学位的同质性和异质性特征（见表 6-15）。

表 6-15　抽象主体在美国硕博学位论文摘要中使用情况统计

项目 学科	美国硕士学位论文摘要中的出现频次	美国博士学位论文摘要中的出现频次	χ^2	p 值	+/-
语言学	187	240	3.4354	0.064	+
教育学	196	267	1.8555	0.173	+
法学	155	41	65.9845	0.000*	+
人文社会学科	538	548	22.8902	0.000*	+
医学	97	126	0.1441	0.704	+
化工	128	174	0.8418	0.359	+
石工	210	176	24.6539	0.000*	+
自然科学学科	435	476	11.6070	0.001*	+
合计	973	1024	34.2395	0.000*	+

表 6-15 显示，美国硕士生以及人文社会学科硕士生和自然科学硕士生均比其相应的博士生显著多用抽象主体；在具体学科方面，语言学、教育学、医

学和化工学科的硕士生与博士生对抽象主体的使用频率没有显著差异，表现出跨学位的趋同性特征，但法学和石工硕士生均比其相应学科的博士生显著多用抽象主体。

我们通过对语料库中出现的抽象主体词项检索发现，中国硕士生和博士生所用的 3 个最高频抽象主体词汇完全一样，都是 research、study 和 paper（只有中国法学硕士高频使用了 article 而不是 study），基本上没有跨学位差异性。而美国硕士生和博士生使用的高频抽象主体词汇则呈现出跨学位的异同性，例如，都高频使用了 study，但硕士生倾向于使用 thesis，而博士生则倾向于使用 dissertation（具体数据见表 6-13 和表 6-10）。

第五节　研究讨论

一、自称语的整体使用情况分析

（一）跨文化维度

研究发现，其一，中国学生、硕士生和博士生均比美国相应学科领域的学生显著少用自称语；其二，中国人文社会学科学生和博士生以及自然科学学生、硕士生和博士生都比美国相应学科的学生显著少用自称语；其三，各个学科的中国学生（法学例外）、硕士生（语言学例外）和博士生（法学例外）都比相应学科的美国学生显著少用自称语。这表明中美学生在自称语的整体使用上存在明显的文化差异，中国学生的作者身份构建意识相对薄弱，在学位论文中表现出较低的参与度，没有能够像美国学生那样凸显自己的学术贡献、积极推销自己的研究成果；而美国学生则表现出较高的参与度，通过自称语手段表述内容，呈现自我，与读者积极互动，以推介自己的观点。这与其他学者的观点相吻合——语言文化差异也会影响自称语的使用频率。与英语本族语者相比，非英语本族语作者（如西班牙语和汉语）在学术论文中显著少用自称语，而且在语篇功能选择上呈现的身份凸显度存在较大差异（如 Williams，2010；Candarli, et al., 2015；柳淑芬，2011；徐昉，2011；李娜、李忠庆，2013；等等）。例如，柳淑芬（2011）将自称语分为第一人称、第三人称名词短语和抽象主体三类，对中外语言学期刊论文摘要展开跨语言文化对比研究，发现自称语在中文摘要中出现的频率明显低于英语摘要。徐昉（2011）借鉴云红

（2009）建构的分析框架，将作者身份语块（即自称语）分为三类——生命主体（仅统计了 I/we）、抽象主体和隐藏主体（如 It is suggested/hypothesized that -），发现中国语言学学生（包括学士、硕士和博士）比国际应用语言学权威期刊论文作者显著少用身份语块。李娜和李忠庆（2013）对中外学者在文学、教育学和化学领域期刊上发表的中文和英文论文展开跨语言文化和跨学科调查，他们根据作者主体性的彰显，将自称语分为显性的自我指涉（第一人称代词，包括我/我们、I/we）、含蓄的自我指涉［作者自称，包括笔者、the author（s）］以及更为含蓄的自我指涉（this essay/paper/research/study），发现中文作者使用自称语的频率显著低于英文作者。

对自称语分布特征的研究结果显示，中美学生、中美人文社会学科学生、中美自然科学学生、中美博士生、中美人文社会学科博士生、中美自然科学博士生，以及中美硕士生、中美人文社会学科硕士生以及中美自然科学学科硕士生使用的三类自称语均呈现了相同的分布特征——"抽象主体" > "第一人称" > "第三人称"，没有出现跨文化差异性。这一研究结果与柳淑芬（2011）以及李娜和李忠庆（2013）的结论既有相似性也有差异性。柳淑芬（2011）发现，中国语言学期刊论文摘要中的自称语分布情况是"抽象主体" > "第三人称 > "第一人称"，而英美语言学期刊论文摘要中的自称语则呈现为"抽象主体" > "第一人称" > "第三人称"的分布特征。李娜和李忠庆（2013）发现中文学者倾向于使用"（我）们"（即第一人称），其次是"本研究"（即抽象主体）和"笔者"（即第三人称），而国外学者则倾向于"第一人称"、"第三人称"和"抽象主体"。本研究发现中美学生学位论文摘要基本上都呈现出与英美语言学期刊论文摘要相同的分布特征，没有表现出文化差异性。这可能是由以下因素所致：①学位论文与期刊论文分属于不同的语类，有不同的自称语写作要求。《中华人民共和国国家标准学位论文编写规则》（GB/T 7713.1—2006）明确规定，摘要"一般以第三人称语气写成，不加评论和补充的解释"。《中华人民共和国国家标准文摘编写规则》（GB 6447—86）也明确规定摘要部分"要用第三人称的写法。应采用'对……进行了研究''报告了……现状''进行了……调查'等记述方法标明一次文献的性质和文献主题，不必使用'本文''作者'等作为主语"。但是，我国期刊对自称语的使用类型要求并不一致，有些明确要求不能使用"笔者"，有些则规定不能使用"我/我们"，而很多国外期刊基本上不明令禁止使用某种语言形式。②摘要与论文主体同样属于不同的语类，有着不同的自称语写作规范要求。③研究对象不同。本书的研究对象是学术新手，而李娜和李忠庆（2013）的研究对象是成熟作者。④语料来源的时间不同。不同时代的学者或许会采用不同的修辞手段在论文中突出自己在研究中的作用及贡献，拉近或疏离与读者的距离。

然而，中美学生所用自称语类型在各个子学科中却呈现出一定的文化差异性。例如，中国语言学硕士生对自称语的使用特征是"抽象主体">"第三人称">"第一人称"，美国医学硕士生则是"第一人称">"抽象主体">"第三人称"。概而言之，作为学术新手的中美硕博士生在撰写追求客观性的学术论文摘要时都会受到所属语言文化特征（Dahl，2004）以及自身社会语言文化属性的影响。

（二）跨学科维度

研究发现，除了中国人文社会学科和自然科学博士生对自称语的使用没有呈现出宏观学科差异之外，中国和美国人文社会学科学生、中国和美国人文社会学科硕士生以及美国人文社会学科博士生均比其相应的自然科学学生显著多用自称语，存在较明显的学科差异性。这表明学科属性影响自称语的使用。一些研究表明，人文社会学科使用自称语的频率高于自然科学学科（Hyland，2002、2005；Hu & Gao，2015；Hyland & Jiang，2017；吴忠华、庞继贤，2009；云红，2009；吉晓霞，2010；李棠，2016；等等）。例如，Hyland（2005）发现，相较于硬科学，软科学论文中作者的身份体现更加凸显。而且不同专业学科学术写作之间也存在一定的差异性。

然而，对于自称语分布特征的研究结果显示，学科影响的趋同性大于异质性。其中，中国人文社会学科学生、硕士生和博士生与中国自然科学学生、硕士生和博士生对自称语的使用频率均呈现为"抽象主体">"第一人称">"第三人称"，除了中国语言学硕士生自称语的使用特征表现为"抽象主体">"第三人称">"第一人称"之外，中国其他各学科均为"抽象主体">"第一人称">"第三人称"。美国人文社会学科学生、硕士生和博士生与其自然科学学生、硕士生和博士生对自称语的使用分布同样呈现出同质性——"抽象主体">"第一人称">"第三人称"，除了美国语言学、医学和石工博士生对自称语的使用呈现"第一人称">"抽象主体">"第三人称"的分布特征之外，美国所有学科的学生和硕士生以及教育学、法学和化工博士生对自称语的使用分布均表现出学科趋同性，即"抽象主体">"第一人称">"第三人称"。这与云红（2009）的研究发现相悖。云红（2009）借鉴 Quirk 等（1985）以及 Hyland 和 Tse（2005）对作者身份显隐的修辞方式，将作者身份分为三类：作者身份的明确显露（即生命主体，包括第一人称代词和第三人称名词短语）、作者身份的若隐若现（即抽象主体）和作者身份的隐现（即隐蔽主体，如 it is suggested/hypothesized that –），并对国际医学和语言学期刊论文摘要展开跨学科研究，发现语言学学者以显现的生命主体为主，而医学学者以隐现的隐蔽主体为主，存在较大的学科差异性。但是，李娜和李忠庆（2013）则发现自称语在文学、教育学和化学三个学科的中英文期刊论文中的分布是一致的，即"第一人称">"抽象主体">"第三人称"，没有呈现学科差异。这些研究发现的差异性可能还是受到子语类（包括学位论文与期刊论文、摘要与论文主体、学术新手与成熟作者）差异的影响。作为学术新手的中美硕博士生在撰写学位论文摘要时更加倾向于使用中立的、没有明显主观色彩的语言形式（即抽象主体），隐性呈现研究内容、陈述个人观点，在构建作者与读者之间的联系时显得更加谨慎。因而，无论是英语本族语学生还是非本族语学生在撰写学位论文摘要时，都有可能超越其母语文化而去遵循学科或学术话语所要求的规范模式。本维尼斯特（2008）也曾指出，人一旦通过话语进入社会，便必然把自己定位于某一个社团中，每个社团内部的成员会逐渐形成符合该社团特征的特殊言语活动和言语形式，从而建构社会语义能力。学术语篇也是如此。论文作者要想成为学术语篇社团的合格成员，就需了解学术社团的属性，并熟悉社团内成员使用的语类特征，遵守社团成员在交流、协商和合作过程中所形成的学术规约（Swales，1990）。不过，有时候作者也可以在某种程度上偏离这些规约（Hoey，2001），形成一些特例。

（三）跨学位维度

研究发现，中国硕士生、人文社会学科硕士生、自然科学硕士生以及语言学、教育学和石工学科的硕士生均比其相应的博士生显著多用自称语，呈现出明显的跨学位差异性。这与徐昉（2011）对中国英语语言学学士、硕士、博士学位论文的调查结果一致，她发现，中国硕士生对于身份语块（即自称语）的使用频率显著高于博士生。但中国医学和化工学科的硕士生和博士生对自称语的使用频率没有显著差异，而中国法学硕士生却比其博士生显著少用自称语。美国硕博士生、人文社会学科硕博士生以及医学、化工和石工硕博士生对自称语的使用频率没有显著性差异，但其自然科学和语言学硕士生却比其博士生显著少用自称语，教育学和法学硕士生却比其博士生显著多用自称语。整体而言，中国硕士生和博士生在自称语的使用频率上呈现出的跨学位差异性要大于美国硕博士生，这种差异性极有可能是由语言文化差异所致。

自称语的跨学位差异性也受到了学科规范性的影响。对自称语分布特征的研究结果显示，其趋同性大于异质性。其中，中国/美国硕士生与博士生、中国/美国人文社会学科硕士生与博士生、中国/美国自然科学学科硕士生与博士生对自称语的使用分布呈现出一致性特征，即"抽象主体">"第一人称">"第三人称"，均没有跨学位和跨文化差异性。不过，各个子学科中自称语的分布略有不同，中国仅语言学硕士生和博士生对自称语的使用分布呈现出差异性，前者为"抽象主体">"第三人称">"第一人称"的特征，后者则是与所有中国各个学科硕士生与博士生所用自称语相同的分布特征——"抽象主体">"第一人称">"第三人称"。由此可见，中国博士生在自称语类型使用上达成一致，而硕士生则存在一定程度的差异性。美国各个学科的硕士生与博士生对自称语的使用呈现了两种不同的分布特征：其一，教育学、法学和化工学科的硕士生和博士生均为"抽象主体">"第一人称">"第三人称"，表现出同质性；其二，语言学、医学和石工硕士生均为"抽象主体">"第一人称">"第三人称"，而相应学科的博士生则均是"第一人称">"抽象主体">"第三人称"。概而言之，美国硕士生在自称语类型使用分布上是一致的，但博士生却存在一定程度的差异性。相较而言，美国硕士生与博士生在各个子学科自称语分布特征上呈现的语类差异性明显大于中国硕士生与博士生。美国语言学、医学和石工博士生似乎更愿意积极建构个人身份，显性呈现个人观点。

Dahl（2004）曾提出，至少有三种因素影响了作者使用不同呈现方式的自称语：一是作者所属的语言文化特征；二是作者所属的整体学术文化特征；三是作者所属的具体学科文化特征。本研究发现，在影响自称语使用的因素中，语言文化属性的影响力最大，其次是学科的规范性，影响力最小的是学位的规约性，尤其是非英语本族语学生极有可能因母语文化的影响，其英语驾驭能力并没有随着学术积累而出现明显改善。

二、第一人称代词的使用情况分析

言语交际中，人称代词作为一种重要的语言策略经常被用来显性传递作者观点。Hyland（2002）认为，第一人称代词及其相对应的限定词是学术写作中作者身份最明显的体现。很多学者指出，第一人称代词明晰了研究主体，不仅不会威胁学术研究的客观性和科学性，还可以显性表达作者的语篇参与程度，强调作者的学术贡献以及对论文内容负责的态度（Ivanič，1998；Kuo，1999；Tang & John，1999；Hyland，2000、2001、2002；Harwood，2005；李萍，2002；李海军、吴迪龙，2006；张曼，2008），有利于构建作者的主体地位，明确作者的立场（Mills & Water，1986；Day & Gastel，1998；Swales & Feak，2009），推销作者的研究成果，建构个人权威（Kuo，1999；Hyland，2001、2005；Harwood，2005；Martinez，2005；Sheldon，2011；李海军、吴迪龙，2006；吴忠华、庞继贤，2009），并说服读者接受作者的观点（Kuo，1999；Hyland，2001、2002）。

（一）跨文化维度

首先，研究发现，绝大多数中国和美国硕士生及博士生并没有最大量使用第一人称代词。这表明中美学生对第一人称语用功能基本达成一致，为追求学术研究的客观性和科学性而采取了与研究内容保持一定距离的语言策略，减弱了语篇参与程度。这与中美学生作为学术新手的身份是相吻合的。

其次，中国学生、人文社会学科学生、自然科学学科学生以及各个子学科（法学例外）学生均比美国相应学生显著少用第一人称；中国硕士生及博士生、人文社会学科硕士生及博士生、自然科学学科硕士生及博士生以及各个子学科（语言学和法学）硕士生及博士生都比美国相应学科硕士生及博士生显著少用第一人称。概而言之，相较于美国学生，中国学生对语篇的参与度更低，权威性更弱。这一研究结果与 Hyland（2001、2002、2004）、Flowerdew（2001）、Okamura（2003）、Martinez（2005）、Candarli 等（2015）、梁少兰等（2006）、欧阳护华和唐适宜（2006）、黄大网等（2008）、张曼（2008）、柳淑芬（2011）、徐昉（2011、2013、2015）、张秀荣和李增顺（2011）、李娜和李忠庆（2013）、阎建玮和罗卫华（2015）、杨欣然（2015）、赵娜（2018）、娄宝翠和王莉（2020）等学者的研究结果一致——非本族语作者比本族语作者显著少用第一人称代词。这可能是由以下几个原因所致：①中西文化差异。中国文化的思想内核是集体意识，强调每个个体都是群体的一部分，这可能使得中国学生在撰写学位论文英语摘要时仍然受到中国文化的影响，倾向于隐匿自我，低调含蓄；而西方文化的思想内核是个体意识，强调每个人都是具有独立人格和自由意志的个体，应对自己的行为负责，因此，美国学生在撰写学位论文摘要时会在一定程度上凸显自我，突出自己的学术贡献，展示学术信心。②摘要写作规范要求的影响。中国国家标准及规范、学位论文编写规则、各类期刊稿件要求和一些英语学术论文写作教材都要求在摘要写作中不使用或尽可能少用第一人称，以此来保证学术话语的科学性和客观性。还有一些高校的硕博士培养方案对学位论文英语摘要的写作也明确规定不用或尽可能少用第一人称。这些都在某种程度上影响了我国学生使用第一人称的频率。而 American National Standards Institute（ANSI）（《美国国家科学论文写作标准》）规定：撰写论文及其摘要时，当动词的动作是由作者完成，应该使用第一人称，尤其是实验设计部分，在描写论文研究目的时，"I"和"we"应出现在句子的开头。因而，美国学生使用了比中国学生更多的第一人称，与读者进行更有效的人际互动，更积极推销个人学术观点和研究成果。③学术论文是论辩型语篇，其首要目的是劝说读者接受论文所传递的信息、知识和论断。这一论辩过程是威胁作者自己面子或读者面子的行为。因为说服读者是对读者的强加，威胁到了读者的消极面子（Myers，1989），而表示谦虚谨慎则威胁了作者自身的积极面子。中国学生注重维护自身的积极面子，采用不用或少用第一人称的语言策略有助于保护自己的积极面子，减少潜在读者可能带来的批评和反对，提高自己的学术安全感。这种积极礼貌的策略也能帮助作者获得所在学科社团的认同。概而言之，母语语言文化对第一人称使用频率产生了较大的影响。不过，李民和肖雁（2018）通过对中外学者所发表的应用语言学期刊论文（均为单一作者）中第一人称代词的调查发现，中外学者对第一人称代词的总体使用没有显著差异。这可能是因为他们的研究语料都来自非常成熟的学者群体，而在国际应用语言学权威期刊发表论文的中国学者比本研究中的学生群体更熟悉国际学术研究领域的规范要求，他们在某种程度上也代表了中国英语学习者的最高水平，其语言产出质量更接近于英语本族语学者，更有可能使学科规范性的影响力超越母语语言文化的影响力。

　　再次，对第一人称单数形式 I/my 与复数形式 we/our 的比较调查显示，在单一作者的学位论文摘要中，中国和美国的学生、人文社会学科学生、自然科学学科学生，中国和美国的硕士生、人文社会学科硕士生、自然科学学科硕士生，以及中国和美国的博士生、自然科学学科博士生、中国人文社会学科博士生都倾向于使用 we/our，而不是 I/my，没有表现出文化差异性。这与一些学者对学生作文、期刊论文、学位论文、会议论文或摘要的研究发现基本一致（Petch-Tyson，1998；Kuo，1999；Hyland，2001、2002；李萍，2002；云红，2009；陆元雯，2009；吴格奇、潘春雷，2010；李娜、李忠庆，2013；高霞，2015；阎建玮、罗卫华，2015；娄宝翠、王莉，2020；等等）——作者多倾向于第一人称复数形式，而非其单数形式。例如，Petch-Tyson（1998）通过对欧洲英语专业三、四年级大学生的议论文与美国大学生的议论文比较发现，欧洲学生使用最多的是第一人称复数形式。Kuo（1999）观察了科技论文中代词的使用量，发现第一人称代词复数形式（we，us，our）比其他人称代词的使用频率高，尤其是 we 的使用占比高达 70% 左右。Hyland（2001、2002）指出，中国香港学生论文写作中很少使用第一人称代词的单数形式。云红（2009）对国际医学和语言学期刊的调查也发现 we 的使用频率高于 I。柳淑芬（2011）对中外语言学期刊论文摘要的调查发现，中外学者分别倾向于使用复数形式"我们"和 we/our/us。高霞（2015）的研究发现，中外物理学和语言学期刊论文学者均倾向于使用 we 指代自己。阎建玮和罗卫华（2015）对中外语言学期刊论文英语摘要中第一人称代词（包括 I，me，my，we，us，our）的使用调查发现，复数形式均多于单数形式。娄宝翠和王莉（2020）对比我国应用语言学硕士生学位论文与国际权威期刊中 we/our、I/my 的使用情况发现，学生和学者都最高频使用了复数形式 we。正如 Kuo（1999）和 Hyland（2001）等学者指出的，第一人称代词的复数形式强调个人的团体属性，凸显所述知识的共享性，能起到缓和面子威胁的功能；而其单数形式则更强调观点的独特性和新颖性，因此话语所承载的面子威胁性更大。作为学术新手的硕博士生可能更倾向于通过第一人称复数形式彰显自己的学术共同体属性，将读者塑造为一个在场的"圈内人"，将读者的观点融入作者的观点中（Harwood，2005），让读者感受到自己与作者的平等地位，努力保护自己积极的学术面子，降低对读者面子的威胁。不过，第一人称代词在各个子学科领域却呈现出一定的跨文化差异性，其中，中国所有学科的学生、硕士生和博士生，以及美国医学、化工和石工的学生、硕士生和博士生对复数形式 we/our 的使用频率均大于单数形式 I/my，没有呈现出文化差异性；但美国语言学学生、硕士生和博士生却都倾向于使用单数形式 I/my。这一方面是语言文化差异的影响，但更有可能是学科属性所致（这将在跨学科维度予以详细阐释）。

然而，本研究对单数形式 I/my 的调查却与部分已有成果相悖。例如，Kuo（1999）观察到科技论文中 I 的使用量为 0。张曼（2008）对中外语言学期刊论文摘要的研究发现，中国学者不用 I。吴格奇和潘春雷（2010）对中国汉语语言学 CSSCI 来源期刊学术论文结论部分的自我提及语（即我、我的、我们）的调查显示，中国学者不使用单数形式的"我"和"我的"来指代自己，即使是在单一作者的论文中，也倾向于使用"我们"指称自己。柳淑芬（2011）的调查发现，中国学者不使用"我"。但本研究仅观察到中国化工和石工博士生使用 I/my 的频率为 0，其他学科的中美学生、硕士生和博士生都使用了 I/my，尽管其使用量不多。这可能是因为：①研究对象的时间不同。张曼等学者的研究对象基本上都是10多年前的，而学术话语的规范要求会随着时间的推移有所变化。传统教材一直过度强调学术语篇的客观性，不建议在学术论文中使用第一人称代词（Lester，1993；Spencer & Arbon，1996），但越来越多的研究发现，学术语篇中人称代词的使用频率并不低（Hyland，2001），而且学术语篇作者还会借助人称代词来构建不同的作者身份，彰显自己在研究中的贡献和立场（Kuo，1999；Tang & John，1999；Hyland，2002），调整与读者的距离。②学科领域不同。前文学者的研究对象多为语言学这一单一学科，或者是理科（包括计算机、电子工程和物理）（如 Kuo，1999），而本研究的学科领域涵盖了人文社会学科和自然科学学科共六个子学科，不同学科可能对第一人称代词的使用有着不同的期待要求。③语料数量不同。上述相关研究的语料数量较少，例如，Kuo（1999）观察了36篇科技期刊论文，吴格奇和潘春雷（2010）的研究样本为30篇，柳淑芬（2011）则为160篇，而本研究的研究样本则多达2400篇，研究结果的效度更高。④语料来源不同。上述相关研究的语料来源是国际权威期刊论文或其摘要，本研究的语料则是中美硕博学位论文摘要，语料来源差异可能会影响第一人称代词的使用。⑤作者的学术身份不同。上述相关研究的作者都是成熟作者，而本研究的作者则是学习者。作者身份差异有可能会影响其自我建构时的身份凸显度。

综上所述，对于第一人称代词的使用应结合学科、研究对象、学术群体、语料来源、作者身份及样本数量等因素予以全面考察阐释。

（二）跨学科维度

研究发现，中国人文社会学科学生、硕士生和博士生对第一人称代词的使用频率显著低于相应的自然科学学科学生、硕士生和博士生，存在明显的学科差异性。这与 Hyland（2005）的研究结果相悖，但与高霞（2015）的研究发现一致。Hyland（2005）对期刊论文的调查发现，人文社会学科（如哲学等）论文中的第一人称代词使用频率明显高于理工学科（如机械工程学）。而高霞（2015）通过对中外学者发表的物理学和语言学论文的调查发现，中外语言学学者对第一人称代词的使用频率显著小于中外物理学学者的。不过，她在进行学科对比时将中外学者纳入同一学科范畴内，并未统计中国物理学与中国语言学、国外物理学与国外语言学之间是否存在跨文化视域下的跨学科差异性。王晶晶和吕中舌（2017）发现中国理科博士生（包括物理和生命科学）比工科（包括计算机科学与技术、材料科学与工程）博士生显著多用第一人称代词。而美国人文社会学科学生、硕士生和博士生对第一人称代词的使用频率与相应的自然科学学科学生、硕士生和博士生之间也没有学科差异。这表明学科差异并没有影响美国硕博士生对第一人称代词的使用频率。这与吉晓霞（2010）以及李娜和李忠庆（2013）的研究结果相同。吉晓霞（2010）对比人文社会学科（包括社会学、哲学、应用语言学）和自然科学（包括农学、物理学和数学）国际期刊论文中的第一人称代词（包括 I, my, me; we, our, us）的使用情况后指出，尽管人文社会学科中第一人称代词的使用频率低于自然科学，但两者并没有呈现出显著差异。李娜和李忠庆（2013）对照了三个学科（文学、教育学和化学）英文期刊论文中第一人称的使用情况，也未发现学科差异。由此可见，第一人称代词在学术论文和学位论文中的使用情况比较复杂，有可能会受到学科规范的影响。

本研究对第一人称单数形式 I/my 与复数形式 we/our 的比较调查显示，中国人文社会学科（包括其三个子学科）学生、硕士生和博士生与其相应的自然科学（包括其三个子学科）学生、硕士生和博士生对复数形式 we/our 的使用频率均大于单数形式 I/my，没有呈现出学科差异性。这与陆元雯（2009）、吴忠华和庞继贤（2009）的跨学科调查结果一致。陆元雯（2009）在对英美国家数学、物理、农业和医学领域期刊论文摘要中人称代词使用情况的调查发现，使用频率最高的都是第一人称代词复数形式 we，没有学科差异。吴忠华和庞继贤（2009）对语言学和工程技术学国际期刊中第一人称代词（包括 I/me/my 和 we/us/our）的跨学科调查显示，论文作者都大量使用 we/our 与读者协商自己的话语权，以建构权威意识，并未呈现出学科差异。然而，美国人文社会学科（包括其三个子学科）学生、硕士生和博士生与其相应的自然科学（包括其三个子学科）学生、硕士生和博士生却呈现出了学科差异性，前者显著多用单数形式 I/my，而后者则多用复数形式 we/our。这与 Harwood（2005）、吉晓霞（2010）、李棠（2016）以及于涛（2017）的跨学科对比研究结果相吻合。Harwood（2005）对比分析了经济学、工商管理学、物理学和计算科学四个学科研究论文中 we 和 I 的使用情况，发现在抽离自我的自然科学中，作者倾向于使用 we 来实现自我推销的目的。吉晓霞（2010）发现，自然科学作者倾向于使用 we，而人文社会学科中 I 的使用量显著高于自然科学；这点即使是在同一领域的不同学科中也存在差异，如 we 在数学和物理学中的使用频率高于其他 5 个第一人称代词（即 I, me, my, us, our），但 I 在人文社会学科中的使用量最多。李棠（2016）对自然科学（包括农学、化学、物理、生物和数学）和人文社会学科（包括语言学、社会学、管理学、哲学和教育学）领域国际知名期刊论文摘要中第一人称代词的使用情况展开的跨学科调查发现，第一人称代词的整体使用情况没有出现学科差异，且使用频率最高的都是 we，但人文社会学科学者比自然科学学者显著多用 I。于涛（2017）在对自然科学和人文社会学科的英国本科生学术写作中 I 的使用情况调查发现，人文社会学科使用 I 的频率高于自然科学，并指出学科差异对于 I 的使用影响较大。

本研究认为，导致美国硕博士生对于第一人称单复数形式的使用存在学科差异的原因主要有：①尽管都是单一作者撰写的学位论文，但人文社会学科及其子学科在研究方法上虽然借鉴和参照了自然科学的实证方法，但作者个体基本上就可以完全处理采用的问卷调查、教学实验、访谈等主要研究方法；而自然科学采用的实验方法更加复杂，通常需要更多的设备仪器和团队互助才能完成，we 可以强调其他成员的参与性，凸显研究活动的团队合作性，即可缩短读者与作者的距离，也可强调作者在研究中的贡献。②尽管本研究已经将语料限定为实证/实验研究，但人文社会学科思辨性特征依然比自然学科更加突出，也不可避免地要承担意识形态功能，研究者个人的解读也更为凸显。而中国硕博士生对第一人称单复数形式的使用存在学科差异的原因，更大程度上可能是受到了汉语母语负迁移的影响。

Hyland（2001）认为，并非所有的话语团体都采用相同的规范，不同学科领域的读者对论证或表述方式有不同的期待，因而第一人称的使用特征与其所在学科的社会认知属性有着紧密关系。

(三) 跨学位维度

调查显示，中国硕士生、自然科学硕士生以及语言学、教育学、医学和化工领域的硕士生对于第一人称的使用频率均显著低于相应学科的博士生。这与徐昉（2011）的调查一致，她发现中国英语专业硕士生对生命主体（I 和 we）的使用频率显著低于博士生。但中国人文社会学科、法学、石工领域的硕士生与其相应学科的博士生在第一人称的使用频率上没有显著差异。美国硕士生、人文社会学科硕士生、自然科学硕士生以及语言学、医学、化工和石工领域的硕士生对第一人称的使用频率均显著低于相应学科的博士生。但美国教育学硕士生却比其博士生显著多用第一人称，而法学硕士生与博士生对第一人称的使用没有显著性差异。这表明，学习者身份仍然是影响第一人称代词使用频率的重要因素。本研究结果也在很大程度上与一些学者的研究结果相吻合——作者学术身份也会影响自称语的使用频率，相较于成熟作者，学术新手显著少用自称语，且多隐藏作者身份（如 Hyland，2002；Luzón，2009；秦枫、陈坚林，2013；徐昉，2011；王晶晶、吕中舌，2017；娄宝翠、王莉，2020；等等）。

相较于博士生这一较为成熟的学术新手作者群体，硕士生对第一人称的使用和作者身份的凸显更为谨慎。

不过还有一些对第一人称代词的跨学位调查研究呈现出彼此矛盾的结果。例如，Hyland（2002）比较了香港64名不同专业的本科生毕业论文与英语本族语发表的期刊论文，发现相关学生作者显著少用I，过分隐藏作者身份。Hyland（2004）指出，作为学科专业新手，许多中国硕士生认为第一人称代词有悖于学术写作的正式性和客观性，因而不习惯使用I。Luzón（2009）发现，西班牙工程学大学生并不懂得如何像专家学者那样在学术语类中使用we来强调论文观点的可信度和创新性，建构自己的学术身份。李小坤（2012）指出，中国学生在学位论文写作中不善于表达自我，没有有效建构作者身份。秦枫和陈坚林（2013）对比观察了电子学学科领域中国研究生发表的国际会议论文与高水平期刊论文中的第一人称使用情况，发现中国研究生比学者显著少用I和we。娄宝翠和王莉（2020）指出，尽管中国硕士生和专家学者都最高频使用了we，但中国硕士生使用过多；中国硕士生显著少用I，没有凸显作者身份，作者身份缺少权威性。然而，王晶晶和吕中舌（2017）对照了北京某高校物理、生命科学、计算机科学与技术、材料科学与工程专业博士生所撰写的学术英语写作课程期末论文与国际期刊同学科高质量国际期刊论文（均为单一作者）中we、our、us和I、my、me的使用情况，发现中国博士生与专家对第一人称代词的使用没有显著差异，都倾向于使用we，但中国博士生使用we的频率是专家的2倍多。

中国和美国硕士生、人文社会学科硕士生、自然科学硕士生与各自相应学科的博士生对第一人称单数形式和复数形式的使用没有呈现出差异。其中，中国硕士生和博士生均倾向于使用复数形式；但美国自然科学硕士生和博士生倾向于使用复数形式，而其人文社会学科硕士生和博士生则倾向于单数形式，没有表现出同学科的跨学位差异性。

概而言之，母语语言文化背景对第一人称使用情况的影响力要大于学科影响力和学位影响力。

三、第三人称的使用情况分析

第三人称能够间接隐性表达作者的参与程度，作者与读者之间的关系相对疏离，"使得作者身份表露不会过于强大和直白，不会显得咄咄逼人"（柳淑芬，2011：86），也不会像第一人称那样承担学术风险。

(一) 跨文化维度

调查发现，中美学生、硕士生及博士生，中美人文社会学科学生、硕士生及博士生，以及中美自然科学学生、硕士生及博士生在其学位论文摘要中使用的第三人称是三种自称语中占比最低的；而在各个子学科领域，中美学生、硕士生和博士生在其学位论文摘要中第三人称的使用分布也呈现出同样的特征（只有中国语言学硕士生例外），且都只是用了 the (present) author/writer/researcher 等单数形式。这表明中美学生对第三人称的语用功能使用基本达成一致，均采用了间接隐性的语言策略以减弱作者参与程度，倾向于构建较低风险的作者身份。这与其学术新手、学习者身份是相吻合的。此外，第三人称"给人的感觉很学术化，好像是在摆出一种学者的姿态，缺乏亲和力，或许这也正是其出现频率较低的原因"（李娜、李忠庆，2013：20）。本研究结果与柳淑芬（2011）、李娜和李忠庆（2013）的调查结果存在异同性。柳淑芬（2011）发现中国学者对第三人称的使用频率要高于第一人称；而国外学者第三人称的使用频率则是三种自称语中最低的。李娜和李忠庆（2013）的研究得到了相反的结论，他们发现，中国学者使用第三人称"笔者"的频率最低，而国外学者并非如此。这可能是因为：①前述学者的调查对象都是成熟学者，而本研究的调查对象为学术新手。②前述学者的样本选自 2006—2011 年之间的期刊论文，而本研究的样本选自 2016—2021 年间的学位论文。③前述学者的研究没有限定样本所采用的研究方法，而本研究将样本限定为实证/实验研究法。④前述学者的研究样本数量较少，分别为 160 篇和 180 篇，而本研究样本数量达 2400 篇。⑤前述学者所研究的学科相对较少。柳淑芬（2011）仅探讨了应用语言学学科，李娜和李忠庆（2013）选择了三个学科——文学、教育学和化学。本研究则以六个学科为研究对象，更为复杂多元，影响因素也更为多样。⑥前述学者均展开跨语言跨文化对比研究——英语期刊和汉语期刊的对比，考察的是英语和汉语的对照；而本研究为同语言跨文化对比，考察的是中国非英语本族语作者与英语本族语作者用英语撰写学位论文摘要所呈现出的文化影响力。

本研究对第三人称使用频率的调查发现，中国学生、硕士生和博士生，中国人文社会学科学生、硕士生和博士生，以及中国自然科学学生、硕士生和博士生均比相应学科的美国学生、硕士生和博士生显著多用第三人称，呈现出明显的文化差异。这表明，整体而言，中国学生更倾向于采用间接隐性的语言策略，以减弱自己的语篇参与程度。不过，在各个子学科中，中国教育学、医学和化工学生和博士生，以及中国医学、化工和石工硕士生与美国相应学科的学生、博士生和硕士生在第三人称的使用频率上没有呈现出显著的跨文化差异。概而言之，母语文化的规范力对第三人称的使用频率仍产生了较大影响。

（二）跨学科维度

本研究调查显示，中国人文社会学科学生、硕士生和博士生对第三人称的使用频率均显著高于相应的自然科学学生、硕士生和博士生，存在明显的学科差异。美国人文社会学科学生和博士生对第三人称的使用频率显著高于相应的自然科学学生和博士生，同样存在明显的学科差异性，但其人文社会学科与自然科学硕士生对第三人称的使用频率却没有呈现出学科差异性。李娜和李忠庆（2013）所做的跨语言跨学科调查发现，"笔者"在三个学科中国学者论文中所占比例依次为"化学＞教育学＞文学"，而国外学者则是"教育学＞文学＞化学"，但他们没有进行卡方检验，无法判断国内外学者在第三人称的使用上是否都存在显著性学科差异。概而言之，学科规范力对第三人称的使用频率产生了较大的影响。

（三）跨学位维度

本研究调查显示，中国硕士生和博士生、美国硕士生和博士生对第三人称的使用没有呈现跨学位的差异性。中国自然科学及其子学科的硕士生和博士生在第三人称的语用基本上达成一致，跨学位的同质性特征大于异质性特征，但人文社会学科内部却存在非常明显的跨学位差异性。然而，美国硕士生与博士生、人文社会学科硕士生与博士生、自然科学硕士生与博士生以及各个子学科的硕士生与博士生对第三人称的使用频率均呈现出跨学位的同质性特征，他们似乎更能熟练掌握学术论文写作中的第三人称结构。这表明，在第三人称的使用上，母语语言文化似乎比学科规范和学历层次具有更大影响力。

四、抽象主体的使用情况分析

在学术论文中，作者常常将自己隐匿于非人称语言中。Leech 和 Svartvik（1974：13）指出：

> Formal written language often goes with an impersonal style; ie one in which the speaker does not refer directly to himself or his readers, but avoids the pronouns I, you, we. Some of the common features of impersonal language are

passives, sentences beginning with introductory it, and abstract nouns.

（正式的书面语通常使用非人称结构，即说话人并不直接指称自己或其读者，回避使用人称代词 I, you, we。非人称语言的常见共性特征是使用被动语态、用 it 开头的句子以及抽象名词。）

抽象名词作主语，即本研究所指涉的非人称、无生命抽象主体。这种结构是英语学术论文中常见的一种语言形式，"往往使叙述显得客观、冷静，结构趋于严密、紧凑，语气较为委婉、间接"（连淑能，2010：105），是非常典型的间接隐蔽的语言策略，在三类自称语中构建了最低参与度的作者身份，作者也因此承担了最低的学术风险，在最大限度保护作者学术面子的同时，也最大限度降低了对读者面子的伤害。

（一）跨文化维度

抽象主体的占比统计显示，中国和美国学生、硕士生和博士生对抽象主体的使用占比都是三类自称语中最多的，没有表现出跨文化差异性。这与 Hyland 和 Tse（2005）的研究发现一致。他们指出，近半数作者在论文中采用抽象主体，尽量让自己远离评价行为，而把评价的任务交给抽象实体，如研究的课题或其结果。这与徐昉（2011）对中国英语语言学学士、硕士和博士学位论文的调查结果相悖。她指出，首先，我国本、硕、博学生使用最多的是生命主体（即第一人称 I/we）。其次，抽象主体的使用频率统计显示存在一定的文化差异性。例如，中国学生、人文社会学科学生、自然科学学生，教育学、医学、化工和石工学生，以及博士生和自然科学博士生对抽象主体的使用频率均显著低于相应的美国学生和博士生，但中国人文社会学科博士生使用抽象主体的频率却显著高于相应的美国博士生，中国语言学、教育学和法学博士生对抽象主体的使用频率均显著高于相应学科的美国博士生，而中国医学、化工和石工博士生则是显著低于美国同学科博士生，呈现了非常明显的文化差异。此外，中美硕士生对抽象主体的使用频率呈现出了多元性。这些都说明语言文化因素对抽象主体的使用有一定的影响。但整体看，抽象主体的使用特征是符合中美硕博士生作为学术新手和学习者的身份的。他们都更倾向于通过大量使用抽象主体这种语言策略来凸显研究发现的客观性和可靠性，拉远与读者的关系，保护自己和读者的面子。

（二）跨学科维度

抽象主体的占比统计显示，中美人文社会学科与各自相应的自然科学学生、硕士生和博士生对抽象主体的使用占比呈现出学科趋同性。然而，中美人文社会学科学生、硕士生和博士生对抽象主体的使用频率均显著大于相应的中美自然科学学生、硕士生和博士生，这表明学科规范性对抽象主体的影响大于母语语言文化。

（三）跨学位维度

统计显示，中美硕士生、人文社会学科硕士生、自然科学硕士生均比中国相应的博士生显著多用抽象主体，呈现出显著差异。Hyland 和 Tse（2005）的研究发现，学生作者在其学位论文中更倾向于使用非人称评价主体，将这种语言策略视为展示其学术能力和自信的主要方式。通过这种方式，作者把责任转嫁给了无生命的评价主体，以实现论文评价的客观性、可靠性和有效性。徐昉（2011）也发现，我国语言学硕士生比其博士生显著多用抽象主体。不过，中国各个子学科的硕士生也比相应学科的博士生显著多用抽象主体，而美国语言学、教育学、化工和医学硕博士生对抽象主体的使用频率没有呈现出显著的跨学位差异。概而言之，中美博士生比硕士生似乎更能适度使用抽象主体以实现更积极的人际互动，因为过度滥用这种非人称、无生命的抽象主体会使语篇缺乏人称指向，不利于凸显作者的学术贡献。

抽象主体高频词的跨文化、跨学科和跨学位调查显示，中美学生、硕士生和博士生所用词项的同质性大于异质性，三个高频词中有两个是相同的，即 research 和 study，但中国学生都大量使用了 paper，而美国学生则倾向于 thesis 或 dissertation。由此可见，语言文化差异对抽象主体高频词产生了一定的影响。中美人文社会学科学生、硕士生和博士生与中美自然科学学生、硕士生和博士生所用词项的同质性也大于异质性，尤其是中国学生所用的高频词项完全相同，均为 paper, research 和 study，没有学科差异；美国人文社会学科多用 thesis 或 dissertation，自然科学则倾向于 work 或 thesis，呈现出一定的学科差异性。在各个子学科领域，中国学生基本上都使用了三个相同的高频词，只有中国法学硕士生选择了 article；美国只有化工和石工使用了与其他学科不同的一个高频词 work。整体看，学科差异对抽象主体高频词选择的影响不大。我国硕士生和博士生使用了 3 个相同的高频词 paper, research 和 study，没有语类差异；美国硕士生与博士生使用了两个相同词 study 和 research，一组近义词 thesis（硕士生）和 dissertation（博士生）。

从语义视域和语用功能看，中国硕博士生高频使用的 paper 和 article 应为使用不当。在指称"论文"时，paper 多指在学术刊物上发表的期刊论文或在学术会议上宣读的专题论文，也指高等学校的学期论文；article 指发表在报纸杂志上的文章（a piece of writing that is published in a newspaper or magazine），可以指科普文章或是学术期刊上发表的研究论文，但通常用于指称学位论文。因此，中国硕博士生用 paper 或 article 指称学位论文显然是对这两个词的语义内涵不了解，导致语类选择错误。中国博士生也高频使用 paper，这说明中国学生对该词的使用呈现出语言僵化现象。Kwon（2003）曾指出，语用知识不一定随着语言知识的习得而增加，甚至语言水平越高，语言迁移现象越易发生。

汉语"论文"的语义范畴较为宽泛模糊，并不强调类型差异，但英语中有多个词汇可以指称"论文"，且有着不尽相同的语义内涵。例如：thesis 和 dissertation 专指学位论文。在美式英语中，thesis 的语义是 a dissertation advancing an original point of view as a result of research, especially as a requirement for an academic degree；dissertation 的语义是 a lengthy, formal treatise especially one written by a candidate for a doctoral degree at a university；a thesis（*Collins COBUILD Advanced Dictionary of American English*, 2007）。尽管 thesis 和 dissertation 语义非常接近，可以互换，但 **thesis** 常用于指为获取硕士学位而撰写的论文，而 **dissertation** 常用于指为获取博士生学位而撰写的论文。然而，英式英语恰好相反：**thesis** 特指博士论文，而 **dissertation** 被用于泛指所有学位论文。下面是 *Webster's New World College Dictionary*（1996）对这两个词的定义。

A **thesis** is a long piece of writing based on your own ideas and research that you do as part of a university degree, especially a higher degree such as a PhD.

A **dissertation** is a long formal piece of writing on a particular subject, especially for a university degree.

Oxford Advanced Learner's Dictionary（2016）对 **thesis** 与 **dissertation** 的定义与 *Webster's New World College Dictionary*（1996）基本一致。

由此可见，美国硕士生倾向于高频使用 thesis，博士生选择高频使用 dissertation 是完全符合"学位论文"的语义所指的。

另外，还有几个词汇也可以指称"论文"，但有语义区别：manuscript 指尚未发表出版的稿件（a handwritten or typed document, especially a writer's first version of a book before it is published）；essay 多用于指短文、论说文、散文、杂记（a short piece of writing on a particular subject, especially one done by students as part of the work for a course）；composition 指作义（a piece of written work that children write at school）。

此外，中美学生均高频使用的 research 和 study 在语义内涵上并不完全相同。Research is work that involves studying something and trying to discover facts about it，强调就某一课题展开具体研究，旨在发现新事实、科学规律或测试某一观念的正确性。Study is a thorough enquiry into a particular subject，主要是系统收集某一课题的相关资料，并展开深入的分析阐释，在实质证据的基础上，发现、解释、验证某一命题或理论，或提出解决方案。

美国化工和石工硕博士生高频使用的 work 则隐含强调创新性，暗示成功或有效等意思，something produced by the exercise of creative talent or expenditure of creative effort; a thing or things that are produced as a result of work。

汉语"调查研究"的语义较宽泛模糊，并不强调研究方法和研究目的的差异，但其英译却存在"多词一义"情况，需根据研究内容的不同而选择更为确切的语义。例如：

experiment：An experiment is a scientific test which is done in order to discover what happens to something in particular conditions. 侧重于采用实验手段以测试事物在特定条件下的真实性或有效性，或验证某一观念的正确性，或找出问题的答案，具有较强的探索性。

investigation：Investigation is to examine a crime, problem, statement, etc. carefully, especially to discover the truth. 强调为揭开真相而展开的调查或审查。

survey：If you carry out a survey, you try to find out detailed information about a lot of different people or things, usually by asking people a series of questions. 多用问卷调查、提问、访谈、观察等方式收集获取信息，并加以分析，以解释某种现象或行为特征；亦可指就某一主题进行全面评述的"概论"。

test：If an event or situation is a test of a thing, it reveals its qualities or effectiveness. 强调采用试验手段以验证某事物在特定条件下的品质、性能或有效性。

还有一些科技论文倾向于使用"**analysis**"，其语义是 separating or distinguishing the component parts of something (as a substance, a process, or a situation) so as to discover its true nature or inner relationships. (*The Merriam-Webster Dictionary of Synonyms and Antonyms*, 1992: 20)，侧重于将研究对象、现象、概念、过程等分解成各个部分，并分别加以考察，从而寻找到问题的本质及其内在联系。

在撰写英语学术论文时，中国作者需要权衡英汉语言文化差异，选择确切词汇准确传递个人学术信念（王淑雯、何晟，2021：24-25）。

第六节 小结

自称语是有效建构学术作者身份、实现作者与读者以及学术共同体之间有效交流的语言策略。

本章在全面评述自称语的概念属性、语用功能以及研究成果的基础上，确定研究突破口，建构分析框架，采用语料库研究范式，以中美硕博士生在人文社会学科（包括语言学、教育学和法学）和自然科学学科（包括医学、化学工程与技术以及石油与天然气工程）的2400篇学位论文英语摘要为语料来源，就其对自称语及其三个子类——第一人称代词、第三人称和抽象主体——的使用特征展开跨文化、跨学科和跨学位的实证对比研究，并深度挖掘其中隐含的社会、文化、认知等方面的因素。

一、研究总结

（一）自称语的整体使用特征和分布特征

其一，中美学生在自称语的整体使用上存在明显的文化差异，中国学生的作者身份构建意识相对薄弱，在学位论文中表现出较低的参与度，没能像美国学生那样凸显自己的学术贡献、积极推销自己的研究成果；而美国学生则表现出较高的参与度，通过自称语手段表述内容，呈现自我，与读者积极互动，以推介自己的观点。其二，学科属性影响自称语的使用频率，中美人文社会学科领域使用自称语的频率高于自然科学学科。其三，中国硕士生和博士生在自称语的使用频率上呈现出的跨学位差异性要大于美国硕博士生，这种差异性极有可能是由语言文化差异所致。其四，中美硕博士生基本上就自称语的语言形式选择和功能达成一致，大部分自称语的使用频率都呈现出相同的分布特征——"抽象主体">"第一人称">"第三人称"，在跨文化、跨学科和跨学位维度表现出较明显的趋同性特征。

概而言之，在影响自称语的使用因素中，语言文化属性的影响力最大，其次是学科的规范性，影响力最小的是学位的规约性。非英语本族语学生极有可能受到母语文化的影响，其英语驾驭能力并没有随着学术积累出现明显改善。

（二）第一人称代词的使用特征

其一，中美学生群体在第一人称的语用功能上基本达成一致，没有表现出明显的跨文化差异性。他们都为追求学术研究的客观性和科学性而采取了与研究内容保持一定距离的语言策略，减弱了语篇参与程度。其二，相较于美国硕博士生，中国硕博士生对第一人称代词的使用频率存在较大的学科差异性。其三，学习者身份仍然是影响第一人称代词使用频率的重要因素。相较于博士生这一较为成熟的学术新手作者群体，硕士生在第一人称的使用和作者身份的凸显上更为谨慎。综上所述，母语语言文化背景对第一人称使用情况的影响力要大于学科影响力和学位影响力。

（三）第三人称的使用特征

其一，中美学生都最少使用了第三人称形式，就其语用功能基本达成一致，均采用了间接隐性的语言策略以减弱作者参与程度，倾向于构建较低风险的作者身份。这与其学术新手与学习者身份是相吻合的。然而，中国学生更倾向于采用间接隐性的语言策略，以减弱自己的语篇参与程度，呈现出跨文化差异性，这表明母语文化的规范力对第三人称的使用频率还是产生了较大影响。其二，第三人称在中美人文社会学科群体中的使用频率普遍高于相应的自然科学学生群体，存在比较明显的学科差异性，这表明学科规范力对第三人称产生了较大的影响。其三，中美硕士生和博士生就第三人称的语用功能基本达成一致，跨学位的同质性特征大于异质性特征，但中国人文社会学科内部却存在非常明显的跨学位差异性。

概而言之，母语语言文化似乎比学科规范和学历层次对第三人称的使用产生了更大的影响。

（四）抽象主体的使用特征

中美学生群体对抽象主体的使用频率在跨文化、跨学科和跨学位维度都表现出同质性特征大于异质性特征的趋势。不过，中美博士生比硕士生似乎更能适度使用抽象主体以实现更积极的人际互动。

二、教学启示

本研究结果对我国英语学术论文写作教学具有借鉴和启示。第一，学术写作是作者与读者之间的一种学术互动和交流，也是展示自我、构建作者身份的学术话语行为。自称语是作者与读者以及学术界展开有效交流的简洁有力的修辞手段,适时、适度、适当的自称语有助于增强作者的说服力,凸显作者的学术贡献和学术权威性。在英语学术论文写作教学中,应加强学生对自己作为作者身份的批判性意识,适度显性表达个人观点,积极建构个人学术身份。第二,教师可以尝试将语言学,尤其是 ESP、EAP 领域的最新研究成果融入课堂教学,采用案例分析,帮助学生深度了解自称语的语用功能,与时俱进。第三,注重语类分析和英汉语义语用对比阐释,帮助学生熟悉所属学科话语社区以及特定语篇类型的语言规范,引起学生对有效输入的足够关注,进而加工内化为知识,减少语用错误,解决语言僵化现象。第四,建议学习者使用英英字典,帮助他们掌握语料库的基本使用方法,从而准确掌握英语释义,避免语义机械对应,强化词汇深度及语义丰富性。

参考文献

ARNAUDET M L, BARRETT M E, 1984. Approaches to academic reading and writing [M]. Englewood Cliffs:Prentice Hall Regents.

BIBER D, JOHANSSON S, LEECH G, et al. , 1999. Longman grammar of spoken and written English [M]. Beijing:Beijing Foreign Languages Teaching and Research Press.

CANDARLI D, BAYYURT Y, MARTI L, 2015. Authorial presence in L1 and L2 novice academic writing:cross - linguistic and cross - cultural perspectives [J]. Journal of English for academic purposes (20):192 - 202.

DAHL T, 2004. Textual metadiscourse in research articles:A marker of national culture or of academic discipline? [J]. Journal of pragmatics (36):1807 - 1825.

DAY R, GASTEL B, 1998. How to write and publish a scientific paper [M]. Phoenix:Oryx Press.

DUENAS M P, 2007. "I/we focus on ...":A cross - cultural analysis of self - mentions in business management research articles [J]. Journal of English for academic purposes (6):143 - 162.

FLOWERDEW L, 2001. The exploitation of small learner corpora in EAP materials design [C] // GHADESSY A M, ROSEBERRY R L (eds.). Small corpus studies and ELT. Amsterdam:John Benjamins, 363 - 379.

GRAETZ N, 1985. Teaching EFL students to extract structural information from abstracts [C] // PUGH A K, ULIJN J M (eds.). Reading for professional purposes. Leuven,Belgium:ACCO, 123 - 135.

HALLIDAY M A K, HASAN R, 1976. Cohesion in English [M]. London:Longman.

HARPER COLLINS, 2007. Collinscobuild advanced dictionary of American English [Z]. New York:Harper Collins Publishers.

HARWOOD N, 2005. "We do not seem to have a theory... The theory I present here attempts to fill this gap": Inclusive and exclusive pronouns in academic writing [J]. Applied linguistics, 26 (3): 343 – 375.

HATCH J A, HILL C A, HAYES J R, 1993. When the messenger is the message: Readers' impressions of writers' personalities [J]. Written communication, 10 (4): 569 – 598.

HOEY M P, 2001. Textual interaction [M]. New York: Routledge.

HORNBY A S, 2016. Oxford advanced learner's dictionary [Z]. 9th ed. 北京: 商务印书馆.

HU G, GAO F, 2015 Disciplinary and paradigmatic influences on interactional metadiscourse in research articles [J]. English for specific purposes (39): 12 – 25.

HUNSTON S, 1993. Evaluating and ideology in scientific writing [C] //GHADESSY M (ed.). Register analysis: Theory and practice. London: Pinter, 57 – 73.

HYLAND K, 2000. Disciplinary discourses: Social interactions in academic writing [M]. London: Longman.

HYLAND K, 2001. Bringing in the reader: Addressee features in academic writing [J]. Written communication (4): 549 – 574.

HYLAND K, 2002. Directives: Power and engagement in academic writing [J]. Applied linguistics (2): 215 – 239.

HYLAND K, 2003. Self – citation and self – reference: Credibility and promotion in academic publication [J]. Journal of American society for information science and technology (3): 251 – 259.

HYLAND K, 2004. Metadiscourse in academic writing [J]. Applied linguistics, 25 (2): 156 – 177.

HYLAND K, 2005. Representing readers in writing: Student and expert practices [J]. Linguistics and education (4): 363 – 377.

HYLAND K, 2008. Persuasion, interaction and the construction of knowledge: representing self and others in research writing [J]. International journal of English studies, 8 (2): 1 – 23.

HYLAND K, 2009. Writing in disciplines: research evidence for specificity [J]. Taiwan international ESP journal, 1 (1): 5 – 22.

HYLAND K, JIANG F, 2017. Is academic writing becoming more informal? [J]. English for specific purposes 9 (45): 40 – 51.

HYLAND K, TSE P, 2005. Evaluative that construction—Singnaling stance in research abstracts [J]. Functions of language (1): 156 – 177.

IGE B, 2010. Identity and language choice "We equals I" [J]. Journal of pragmatics (42): 3047 – 3054.

IVANIČ R, 1998. Writing and identity: The discousal construction of identity in academic writing [M]. Amsterdam: John Benjamins.

IVANIČ R, CAMPS D, 2010. I am how I sound: Voice as self－representation in L2 writing [J]. Journal of second language writing, 10 (1): 3－33.

JASZEZOLT K M, 2013. First－person reference in discourse: Aims and strategies [J]. Journal of pragmatics (48): 57－70.

KARAHAN P, 2013. Self－mention in scientific articles written by Turkish and non－Turkish authors [J]. Procedia－social and behavioral sciences, 70 (1): 305－322.

KUHI D, TOFIGH M, BAHAIE R, 2013. Writers' self－represntation in academic writing: The case of computer engineering research articles by English versus Iranian writers [J]. International journal of research studies in language learning, 2 (3): 35－48.

KUOC H, 1999. The use of personal pronouns: Role relationships in scientific journal articles [J]. English for specific purposes, 18 (2): 121－138.

LEECH G, SVARTVIK J, 1974. A communicative grammar of English [M]. London: Longman Group Ltd.

LESTER J, 1993. Writing research papers: A complete guide [M]. New York: Harper Collins Publishers.

LOFFLER－LAURIAN A M, 1980. L'expression dulocuteur dans les discours scientifiques. "JE", "NOUS", et "ON" dans quelques texts de chimie et de physique [J]. Revue de linguistique romane (44): 135－157.

LUZÓN M J, 2009. The use of "we" in a learner corpus of reports written by EFL engineering students [J]. Journal of English for academic purposes (8): 192－206.

LYONS J, 1977. Semantics [M]. Cambridge: CambridgeUniverstiy Press.

MARTINEZ I A, 2005. Native and non－native writers' use of first person pronouns in the different sections of biology research articles in English [J]. Journal of second language writing (14): 174－190.

MILLS G, WATER J A, 1986. Technical writing [M]. (5th ed. Fort Worth: Harcourt Brace Jovanovich.

MYERS G, 1989. The pragmatics of politeness in scientific articles [J]. Applied linguistics, 10 (1): 1－35.

NEUFELDT V, GURALNIK D B, 1996. Webster's new world college dictionary [Z]. Upper Saddle River: Prentice Hall.

NYSTRAND M, 1989. A social－interactive model of writing [J]. Written communication, 6 (1): 66－85.

OKAMURA A, 2003. How do British and Japanese scientists use "we" and verbs in biology, chemistry and physics papers? [J]. The economic journal of takasaki city university of economics (46): 49－62.

PETCH-TYSON S, 1998. Writing/reader visibility in EFL written discourse [C] //GRANGER S (ed.). Learner English on computer. London: Routledge, 107-118.

QUIRK R, GREENBAUM S, LEECH G, SVARTVIK J, 1985. A comprehensive grammar of the English language [M]. London: Longman.

SHELDON E, 2011. Rhetorical differences in RA introductions written by English L1 and L2 Castilian Spanish writers [J]. Journal of English for academic purposes (10): 238-251.

SPENCER C, ARBORN B, 1996. Foundations of writing: Developing research and academic writing skills [M]. Lincolnwood: National Textbook Co.

SWALES J, 1990. Genre analysis: English in academic and research settings [M]. Cambridge: Cambridge Vniversity Press.

SWALES J, FEAK C, 2009. Abstracts and the writing of abstracts [M]. Michigan: The University of Michigan Press.

TANG R, JOHN S, 1999. The "I" in identity: Exploring writer identity in student academic writing through the first person pronoun [J]. English for specific purposes (18): S23-S39.

The Merriam-Webster dictionary of synonyms and antonyms, 1992 [Z]. Massachusetts: Merriam-Webster INC.

THOMPSON G, 2001. Interaction in academic writing: Learning to argue with the reader [J]. Applied linguistics, 22 (1): 58-78.

THOMPSON G, THETELA P, 1995. The sound of one hand clapping: The management of interaction in written discourse [J]. Text, 15 (1): 2-38.

TROYER M, 2017. "This is what I know": Use of the first person in sixth grade argumentative writing [J]. Linguistics and education (38): 24-32.

VASSILEVA I, 2000. Who is the author? A contrastive analysis of authorial presence in English, German, French, Russian and Bulgarian academic discourse [M]. Sankt Augustin: Asgard Verlag.

VOLOSHINOV V N, 1995. Marxism and philosophy of language, bakhtinian thought—An introductory reader [M]. DENTITH S, MATEJKA L, TITUNIK I R (tran s.). London: Routledge.

WIDDOWSON H G, 1979. Explorations in applied linguistics [M]. London: Oxford University Press.

WILLIAMS I A, 2010. Cultural differences in academic discourse: Evidence from first-person verb use in the methods sections of medical research articles [J]. International journal of corpus linguistics, 15 (2): 214-239.

ZAREVA A, 2013. Self-mention and the projection of multiple identity roles in TESOL graduate student presentations: The influence of the written academic genres [J]. English for specific purposes,32（2）：72-83.

埃米尔·本维尼斯特,2008.普通语言学问题[M].王东亮,译.北京：生活·读书·新知三联书店.

高霞,2015.基于中外科学家可比语料库的第一人称代词研究[J].外语教学（2）：30-34.

葛冬梅,杨瑞英,2005.学术论文摘要的体裁分析[J].现代外语（2）：138-146.

黄大网,钟圆成,张月红,2008.第一人称代词的话语功能：基于中外科学家材料科学论文引言的对比研究[J].中国科技期刊研究（5）：804-808.

吉晓霞,2010.社会科学和自然科学学术论文中第一人称代词的对比研究[J].金陵科技学院学报（社会科学版）（4）：60-65.

李海军,吴迪龙,2006.科技英语文体的嬗变与科技论文的英译[J].上海翻译（3）：28-31.

李民,肖雁,2018.英语学术语篇互动性研究——以第一人称代词及其构建的作者身份为例[J].西安外国语大学学报（2）：18-23.

李娜,李忠庆,2013.学术文章中的"写作者声音"——基于语料库的跨学科和语言的对比研究[J].解放军外国语学院学报（4）：17-23,40.

李萍,2002.人称代词"we"在科技论文中的语用功能[J].四川外语学院学报（4）：78-80,88.

李棠,2016.第一人称代词及作者角色对比研究——基于自然科学和社会科学论文摘要语料库[J].牡丹江大学学报（11）：89-91.

李小坤,2012.英语学位论文的语类特征研究：以语言学硕士学位论文为例[D].杭州：浙江大学.

连淑能,2010.英汉对比研究[M].北京：高等教育出版社.

梁少兰,葛广纯,黄埔卫华,等,2006.人称代词在中外医学作者撰写的英文医学科研论文前言部分中的使用[J].第四军医大学学报（21）：2014-2016.

柳淑芬,2011.中英文论文摘要中作者的自称语与身份构建[J].当代修辞学（4）：85-88.

娄宝翠,王莉,2020.学习者学术英语写作中自我支撑与作者身份构建[J].解放军外国语学院学报（1）：93-99.

陆元雯,2009.基于语料库的科技论文英文摘要的人称代词与语态研究[J].中国科技期刊研究（6）：1167-1170.

梅美莲,2002.中英文前言作者自称语语用对比研究[J].西安外国语学院学报（3）：27-30.

欧阳护华,唐适宜,2006.中国大学生英语议论文写作中的作者身份[J].解放军外国语学院学报（2）：49-53.

秦枫，陈坚林，2013. 人际意义的创建与维系——研究生英语科技论文的互动问题研究
　　［J］. 外语教学（4）：56-60.

王晶晶，吕中舌，2017. 理工科博士生学术英语写作中的作者自我指称语研究［J］. 外语
　　界（2）：89-96.

王淑雯，何晟，2021. 英语石油科技论文写作［M］. 青岛：中国石油大学出版社.

吴格奇，2010. 英语研究论文结论部分作者立场标记语对比研究［J］. 西安外国语大学学
　　报（4）：46-50.

吴格奇，2013. 学术论文作者自称与身份构建——一项基于语料库的英汉对比研究［J］.
　　解放军外国语学院学报（3）：6-11.

吴格奇，潘春雷，2010. 汉语学术论文中作者立场标记语研究［J］. 语言教学与研究
　　（3）：91-96.

吴忠华，庞继贤，2009. 英语研究论文中作者自我身份建构分析——以第一人称代词使用
　　为例［J］. 外语教育（9）：78-83.

徐昉，2011. 中国学生英语学术写作中身份语块的语料库研究［J］. 外语研究（3）：
　　57-63.

徐昉，2013. 二语学术写作介入标记语的使用与发展特征：语料库视角［J］. 外语与外语
　　教学（2）：5-10.

徐昉，2015. 二语学术语篇中的作者立场标记研究［J］. 外语与外语教学（5）：1-7.

阎建玮，罗卫华，2015. 中外期刊论文英文摘要第一人称使用对比研究［J］. 洛阳师范学
　　院学报（9）：102-104.

杨欣然，2015. 二语学术写作中的自我指称与作者身份建构［J］. 外语与外语教学（4）：
　　50-56.

于涛，2017. 英语本科生学术写作中的自我指称与身份建构［J］. 天津外国语大学学报
　　（6）：15-21.

云红，2009. 论文摘要中作者身份的显与隐——一项基于2008医学与语言学国际学术期刊
　　的修辞性研究［J］. 外语教学（5）：29-32.

张曼，2008. 中外摘要中第一人称代词用法的对比研究［J］. 上海翻译（2）：31-36.

张玫，2009.《科学》杂志摘要语态及第一人称代词使用的实证研究［J］. 上海翻译（3）：
　　32-35.

张秀荣，李增顺，2011. 科技论文中第一人称代词使用频率及语篇功能的实证研究［J］.
　　西安外国语大学学报（2）：18-21.

赵娜，2018. 中外医学论文中作者身份构建的对比研究［J］. 中医指导报（23）：124-
　　127，133.

周丽艳，2017. 独作科技论文第一人称复数代词的语用效果［J］. 北方民族大学学报（哲学
　　社会科学版）（6）：140-144.

第七章 中美博士学位论文摘要中的认知副词对比研究
——以语言学与石油天然气工程学科为例[①]

第一节 引言

学术语篇"关注学术语境中特定群体的具体交际需要和实践"(focuses on the specific communicative needs and practices of particular groups in academic contexts)(Hyland & Hamp–Lyons, 2002: 2)。学术论文作者在向读者客观展现研究成果的基础上,需言明自身观点,以取得读者在感情上的认同(Hyland & Jiang, 2018)。这就意味着作者、主题及读者之间要进行动态交互,表达作者意图,实现交际目的(Bhatia, 2008)。副词是作者传递其观点、立场、态度和评价的主要手段之一(Biber et al., 1999; Biber, 2006)。然而,英语副词具有较强的异质性,是"传统词类中最模糊不清、最令人困惑不解的一种词类"(Quirk et al., 1985: 438)。在学术研究领域,"副词仍然是语法领域保存得最好的秘密,其真实身份尚未得到揭示"(Adverbs are the best–kept secret of the grammar world. their true identity is cleverly hidden in plain view)(Casagrande, 2010: 37)。对于非英语母语者而言,副词更是难以习得掌握(Hyland & Milton, 1997; De Haan, 1999; Götz & Schilk, 2011)。本节基于自建语料库,对比分析中美语言学和石油天然气工程(简称石工)领域博士学位论文英语摘要中的认知副词使用情况,以期为中国英语学术论文写作教学提供借鉴与启示。

[①] 本章部分内容由作者王淑雯与其指导的2020级MA硕士研究生鲍家宇同学共同完成。

第二节 文献综述

"认知"(epistemic)源自与"knowledge"语义相同的希腊词汇"epistēmē",尤指科学知识(scientific knowledge)。在学术话语领域,"认知"反映作者对其所言内容的承诺或对知识的态度(Chafe, 1986; Palmer, 1986),认知手段(epistemic devices)是作者用来评价命题并与持怀疑态度的读者磋商知识主张的重要媒介(Hyland, 2005)。恰当的认知表达有助于建构语篇的评价性和互动性,传递作者对命题信息的态度和立场,实现学术交流的目的。认知副词(epistemic adverb)是重要的认知手段之一。

认知副词语义多元,语用丰富(Wierzbicka, 2006; Danielewiczowa, 2012),在表达命题信息及来源的同时,还传递了作者对命题信息的确定性、可靠性和局限性的评价态度,或对知识及信息来源的态度,构建观点的可能性和必要性(Chafe, 1986; Palmer, 1986; Hoye, 1997; Huddleston & Pullum, 2002; Hyland, 1998; Biber et al., 1999; Nuyts, 2001、2006; Ojea, 2005; Wierzbicka, 2006; Simon - Vandenbergen & Aijmer, 2007),在一定程度上有助于作者将其立场态度客观化,暗示其立场是基于一定证据的,传递了期待其立场被视为合理的愿望(Wierzbicka, 2006),具有隐性劝说功能,有助于实现人际意义(Lyons, 1977; Palmer, 1990; Halliday, 1994)。

然而,副词的类属是语法领域最具争议的概念(Kiss, 2009)。Simon - Vandenbergen 和 Aijmer(2007)认为认知副词是确信副词的子类,而 Biber 等(1999)则认为认知副词涵盖了确信副词(本研究采用此观点)。Chafe(1986)及 Simon - Vandenbergen 和 Aijme(2007)认为认知副词是言据副词的子类,Palmer(1986)以及 Aikhenvald(2004)认为认知副词与言据副词是平行关系,而 Quirk 等(1985)、Biber 等(1999)、Huddleston 和 Pullum(2001)、Kärkkäinen(2003)、McCready 和 Ogata(2007)以及 Rozumko(2016、2017)认为认知副词包含言据副词(本研究采用此观点)。

一些国内外学者对认知副词在学术语篇中的使用情况展开分析。Simon - Vandenbergen 和 Aijmer(2007)、Rozumko(2017)对英语本族语学者的人文社会学科和自然科学学科的学术论文展开跨学科研究,指出人文社会学科中的认知副词使用频率高于自然科学。Yang 等(2015)分析了25篇英语本族语作者医学研究论文中 possibly、probably 和 perhaps 等认知副词的语用功能,但并未进行定量统计，也未进行类属研究。国内一些学者讨论了中外学（习）者使用认知副词的异同。例如，潘璠（2012）对比了中外学者发表的机械专业期刊论文中立场副词的使用特征，指出中国作者显著少用立场副词，过多使用确定性立场副词，且表现出口语化倾向。徐昉（2015）在对比中国本、硕、博士英语专业学位论文与国际语言学期刊论文中作者的立场标记语使用特征时，指出中国学习者显著多用 usually，较少使用态度副词。但她将认知形容词和认知副词合在一起汇报使用频率，并未单独研究认知副词。娄宝翠和姚文婷（2019）对比了国内应用语言学硕士学位论文与国际期刊论文中立场副词的使用特征，指出中国学习者显著多用表达言据意义的认知立场副词，表达命题内容确定性程度相对较高。王淑雯（2020）发现，尽管中外学者石油天然气实验研究论文中的情态副词使用频率没有显著性差异，但中国学者显著多用取向情态副词，表现出较强的主观意象，显著少用概率情态副词，在表达研究结果的可能性、或然性方面显得有些主观、武断。韩金龙和罗钦杨（2022）对比认知立场副词在中美应用语言学博士学位论文结论部分的使用特征，发现中美群体的使用频率没有显著性差异且词汇种类相差不大，但中国博士生存在用词搭配欠丰富以及语用错误等现象。

综上所述，国内外学者对认知副词的研究已经取得了一些成果，但大多数研究或讨论个别副词的语义语用功能，或统计单一学科认知副词的使用特征，或展开跨文化对比研究，从跨学科、跨文化视角探讨认知副词的研究较为匮乏。有鉴于此，本章节研究以语言学和石油天然气工程两个学科的中美博士学位论文英语摘要为研究对象，探讨中美博士生使用认知副词时表现出的跨文化、跨学科特征，以期我国英语学术论文写作和教学提供借鉴和启示。

第三节 研究设计

一、语料库建设

本研究从"CNKI 中国博士学位论文全文数据库"和"ProQuest 学位论文全文数据库"中选取 2016—2021 年外国语言学及应用语言学（简称"语言学"）和石油天然气工程（简称"石工"）两个学科的 400 篇中、美博士学位论文英语摘要，并以之为研究对象。

第一，学科选取依据。语言学是重要的人文学科，从某种程度上讲，中国语言学博士生代表了国内英语学习者的最高水平，他们撰写的英语摘要更能观察出近年来中国学术英语教育教学取得的成果和可能依然存在的问题。石工是重要的自然科学学科，与语言学之间存在较大的学科差异，而石油天然气是国家发展不可或缺的战略资源，其开发、利用、保护、安全等均是国际社会共同关心的问题。

第二，语料的研究类型选取依据。语言学语料选自实证研究。实证研究是人文社会学科领域越来越普遍采用的研究范式，通常有三种研究方法，即定量研究（用数字呈现数据，用统计方法分析数据，类似于自然科学的实验研究，通过对研究对象的观察、实验和调查，归纳事物的本质属性或推断其发展规律）、定性研究（用文字呈现并描述数据）和混合法（同一研究同时采用了定量研究和定性研究）。科学的唯一目的是发现自然规律或存在于事实中的普遍关系，这需要观察和实验，由此获得的知识是实证知识，只有被实证科学所证实的知识才能成功地运用到人类实践的各个领域（梯利，2015）。石工语料选自实验研究。"实验研究是采用实验方法就科学领域的某一个专题进行研究，并对实验数据进行分析推理得出结论的论文"（王淑雯、何晟，2018：90）。人文社会学科领域的实证研究采用的定量研究方法源自自然科学，而实验研究是自然科学最常见的研究类型之一。西方科学的发展基础之一是通过系统的实验找出因果关系（Price，1962）。知识的获取需要对事实进行观察、实验、分析、比较、归纳、演绎等。由此可见，实证研究与实验研究都具有理性、分析性、概括性、推断性和系统性等特征。因此，本研究以实证（以定量研究为主，定性研究为辅）/实验研究论文作为研究对象有助于减少语篇类型（如思辨类、述评类、书评类等论文）对研究数据的干扰，提高研究结果的效度。

第三，作者的母语背景。主要根据作者的姓氏拼写和致谢语判断作者的母语背景，以减少变量干扰，中国博士生的母语为汉语，美国博士生则是英语本族语者。

净化后的语料库库容为3367632形符，根据国家和学科分建四个子库（见表7-1）。

表7-1　中美语言学和石工博士学位论文英语摘要语料库

项目	篇数	库容	总计
中国语言学博士论文摘要语料库（简称CLA）	100	94571形符	184279形符
中国石工博士论文摘要语料库（简称CPA）	100	89708形符	
美国语言学博士论文摘要语料库（简称ALA）	100	34769形符	74932形符
美国石工博士论文摘要语料库（简称APA）	100	40163形符	
合计	400	3367632形符	

二、分析框架

本研究参照Quirk等（1985）、Halliday（1994）、Biber等（1999）、Simon-Vandenbergen和Aijmer（2007）提出的认知副词概念和类属，以及Hyland（1998）、Huddleston和Pullum（2002）、McEnery和Kifle（2002）、Wierzbicka（2006）等总结罗列的词项，依据词典释义和相似度描述，提炼出101个认知副词词项，根据语义范畴分为四类：确信（certainty）、态度（attitude）、频率（usuality）和言据（evidentiality）。"确信"指作者对命题信息真实性的确定或怀疑程度（Biber et al.，1999：382），如 certainly，probably，likely 等。研究者选择实证/实验对象，对所观察获取的数据展开阐释和逻辑推断，研究结果通常带有不确定性或存疑。确信副词有助于研究者与学术共同体成员进行学术交流磋商，实现人际互动。"态度"表达作者对理论、方法、概念、观点及论点的情感态度和评价（Biber et al.，1999；Hyland，2005），如 importantly、significantly、crucially 等。研究者显性或隐性地对前人的研究成果或自己的研究发现及研究价值展开适度评价，说服学术共同体成员认同自己的观点。"频率"指"单位时间内某种事情发生的次数"[《现代汉语词典（第4版）》，2002：975]，相当于"有时是，有时不是"，如 often，usually，rarely 等。"人类对客观世界的认知具有局限性、渐进性和无限性，实证/实验研究是基于一次或多次人工干预状态下的数据分析和推断，研究结果并不具备普适性和绝对性，真值状况也有待未来进一步验证"（王淑雯，2020：23）。"言据"说明信息来源，并表达作者对信息的认知状态（Mushin，2013），如 reportedly，obviously，clearly 等。研究者需表明自己的研究设计或研究发现有据可依，凸显其认知水平和专业素养。

三、研究问题

本研究拟围绕以下五个问题，将定量研究与定性研究相结合，从跨文化和跨学科两个维度对比分析中美语言学和石工学科博士学位论文摘要中认知副词的使用情况。

1）中美博士生的认知副词整体使用特征有何异同？
2）中美博士生的确信认知副词使用特征有何异同？
3）中美博士生的态度认知副词使用特征有何异同？
4）中美博士生的频率认知副词使用特征有何异同？
5）中美博士生的言据认知副词使用特征有何异同？

第四节 结果与讨论

一、认知副词总体使用特征

统计显示，中国博士学位论文摘要（包括中国语言学博士学位论文摘要和石工博士学位论文摘要）和美国博士学位论文摘要（包括美国语言学博士学位论文摘要和石工博士学位论文摘要）对认知副词及其四个子类的使用表现出跨文化与跨学科维度的共性与差异性（见表7-2）。

表7-2 认知副词统计

项目	中国博士学位论文摘要（简称CA)						美国博士学位论文摘要（简称AA)					
	原始频数		标准化词频		百分比（%）		原始频数		标准化词频		百分比（%）	
类型	CLA	CPA	CLA	CPA	CLA	CPA	ALA	APA	ALA	APA	ALA	APA
确信副词	246	163	26.01	18.17	54.07	46.66	61	70	17.54	17.43	39.35	41.92
	合计 409		CA 22.19		平均 50.36		合计 131		AA 17.48		平均 40.64	
态度副词	67	102	7.08	11.37	14.73	30.45	44	61	12.65	15.19	28.39	36.53
	合计 169		CA 9.17		平均 22.59		合计 105		AA 14.02		平均 32.46	
频率副词	129	52	13.64	5.80	28.35	15.52	44	35	12.65	8.71	28.39	20.96
	合计 181		CA 9.82		平均 21.94		合计 79		AA 10.54		平均 24.68	
言据副词	13	18	1.37	2.01	2.86	5.37	6	1	1.73	0.25	3.87	0.60
	合计 31		CA 1.68		平均 4.12		合计 7		AA 0.93		平均 2.24	

续表

项目\类型	中国博士学位论文摘要（简称 CA）					美国博士学位论文摘要（简称 AA）				
	原始频数		标准化词频		百分比（%）		原始频数		标准化词频		百分比（%）	
	CLA	CPA	CLA	CPA	CLA	CPA	ALA	APA	ALA	APA	ALA	APA
总计	455	335	48.11	37.34	100.0	100.0	155	167	44.58	41.58	100.0	100.0
	合计 790		CA 42.87		平均 100.0		合计 322		AA 42.97		平均 100.0	

注：标准化词频采用 1 万词为单位的词频统计。下同。

跨文化维度统计显示，中国博士生以及中国石工博士生使用认知副词的标准化词频虽略低于美国语言学和石工博士生，但没有显著差异（$\chi^2 = 0.0013$，$p = 0.971 > 0.05$；$\chi^2 = 1.2936$，$p = 0.255 > 0.05$），中国语言学博士生使用认知副词的整体标准词频虽略高于美国语言学博士生，但也无显著差异（$\chi^2 = 0.6757$，$p = 0.411 > 0.05$）。这表明，在人文社会学科和自然科学领域，中美博士生在认知副词的语用功能使用上基本达成一致。

四类认知副词的分布也并不均衡。中国博士学位论文摘要以及中国语言学博士学位论文摘要均表现出"确信＞频率＞态度＞言据"的分布特征，美国博士学位论文摘要、中国石工博士学位论文摘要和美国石工博士学位论文摘要为"确信＞态度＞频率＞言据"，美国语言学博士学位论文摘要为"确信＞态度＝频率＞言据"。其中，中国博士学位论文摘要、中国语言学博士学位论文摘要和中国石工博士学位论文摘要以及美国博士学位论文摘要、美国语言学博士学位论文摘要和美国石工博士学位论文摘要中使用频率和比例最高的都是确信认知副词，最低的都是言据认知副词，这与实验/实证型论文摘要的语类特征相吻合——研究者需汇报研究结果并予以简单阐释。

跨学科维度的统计发现，中国语言学博士生比中国石工博士生显著多用认知副词（$\chi^2 = 12.5069$，$p = 0.000 < 0.05$），存在学科差异，且展现了不同的分布特征：中国语言学博士学位论文摘要表现为"确信＞频率＞态度＞言据"，而中国石工博士学位论文摘要则是"确信＞态度＞频率＞言据"。美国语言学博士生与美国石工博士生对认知副词的整体使用不存在学科差异（$\chi^2 = 0.3918$，$p = 0.531 > 0.05$），且显示了相似的分布特征："确信＞态度≥频率＞言据"。

Fløttum 等（2006）认为学科对学术语篇写作形式的决定性影响大于作者的母语影响。Simon-Vandenberen 和 Aijmer（2007）、Hyland（2014）以及 Rozumko（2017）指出，认知副词的使用频率存在学科差异，人文社会学科比自然科学多用认知副词。但本研究发现，母语背景对认知副词的使用仍然产生较大影响，学科差异在中国语言学博士学位论文摘要与中国石工博士学位论文摘要中表现突出，而在美国语言学博士学位论文摘要和美国石工博士学位论文摘要中几乎没有产生太大影响。这说明副词对非英语本族语者而言确实难以驾驭，但论文的研究类型对认知副词及其子类的影响似乎大于语言背景和学科领域。如果人文社会学科和自然科学的研究采用了相似的研究方法，那么不同学科中认知副词的使用频率则可能表现出趋同特征。

二、确信认知副词对比分析

确信认知副词显示命题信息或论断的可靠性程度以及对命题真值的承诺程度，既可使论文更具客观性和严谨性，又可保护作者、读者及学术共同体成员的学术面子，表现出作者与读者平等对话的态度，有利于建构良好的人际关系。研究发现：

1）中国博士生和美国博士生、中国语言学博士生和美国语言学博士生、中国石工博士生和美国石工博士生都最高频使用了确信认知副词。然而，相较于美国博士生和美国语言学博士生，中国博士生和中国语言学博士生都过多使用确信认知副词（$\chi^2 = 5.6896$，$p = 0.017 < 0.05$；$\chi^2 = 7.6982$，$p = 0.006 < 0.05$）。这与 Gilquin 等（2007）、Bartley 和 Hidalgo-Tenorior（2016）、潘璠（2012）、张庆华（2012）、娄宝翠和姚文婷（2019）的研究结果基本一致：相较于本族语学（习）者，非本族语学（习）者过多使用确信认知副词。然而，中国石工博士学位论文摘要与美国石工博士学位论文摘要之间并无跨文化维度的显著性差异（$\chi^2 = 0.0851$，$p = 0.771 > 0.05$）。此外，中国语言学博士生比中国石工博士生显著多用确信认知副词（$\chi^2 = 12.7850$，$p = 0.000 < 0.05$），表现出学科差异，而美国语言学博士学位论文摘要与美国石工博士学位论文摘要之间却无学科差异（$\chi^2 = 0.0014$，$p = 0.970 > 0.05$）。这表明，母语背景对确信认知副词的影响大于学科背景。

2）确信认知副词的丰富性大致相当，中国博士生使用了 25 个词项，美国博士生使用了 26 个词项。然而，只有中国博士生使用了 surely、absolutely 和 definitely 这三个不用于或很少用于学术论文的词项。张庆华（2012）研究发现，中国大学生对 surely 和 absolutely 的使用显著多于美国大学生，表现出口语化倾向。

Surely 的语义是 You use surely to emphasize that you think something should be true, and you would be surprised if it was not true. 或 without a doubt。所传递

的作者信念缺少确凿证据（Simon‑Vandenbergen & Aijmer，2007），是自我确认语（self‑validation），即说者/作者想证明自己的假设是正确的（Downing，2001）；还具有挑衅性（fighting word），有对着干的意思，当说者/作者使用该词时，隐含了"作者比读者知道得多"之意，给人以高高在上、傲然睥睨之感，且不接受质疑，表现出拒绝与读者协商的态度倾向。

例 1 Moreover, with Chinese language environment and few language materials produced in Mongolian for English learning, that Chinese language has little similarities with Mongolian language will **surely** cause difficulties in the third foreign language learning. （CLA 60）

例 1 作者借助 surely 对于汉语与蒙古语之间的相似性进行了推理判断，并做出了评价，传递了作者较强的确信程度（be certain or almost certain about something），但语气较为生硬。中国博士生使用 surely 极有可能是受到母语"当然"的负迁移影响，将"当然"等同于"surely"。但实际上，英汉语义和语用还是存在差异的，"当然"所肯定的内容是建立在说者/作者现有知识、经验基础之上的推理、判断，语气比较郑重（吴婷燕，2015）；而 surely 则是缺少确凿证据的推测。

Absolutely 的语义是 Some people say absolutely as an emphatic way of saying yes or of agreeing with someone. They say absolutely not as an emphatic way of saying no or of disagreeing with someone，隐含了作者对信息的绝对承诺，且带有口语化特征，在学术语篇中应回避使用。

例 2 The primary contributor to the translation of Mo Yan's novels in the English world is **absolutely** American translator Mr. Ge Wenhao, for his unique translation view and translation strategies are properly used in the translation of Mo novels. （CLA 50）

例 2 作者用 absolutely 表达了强烈的赞同（a way of strongly saying"yes"），在表达高等级确信程度的同时，也表现出拒绝与读者协商的倾向，态度较为强硬，可能不利于与读者之间建立良好的人际关系。

Definitely 与 absolutely 的语义非常接近，其释义为 If something has been definitely decided, the decision will not be changed. 隐性传递了"不会改变"、"不可能错"（with no chance of being wrong）之意，隐含了作者信念是"唯一真实、合理、可靠的"（the only true, reasonable or reliable one）（Downing，2001：

277)、"已确定"及"不会更改"的语义倾向（Simon‒Vandenbergen & Aijmer，2007），但这种坚定信念是基于经验而非确凿的证据（Simon‒Vandenbergen & Aijmer，2007），主观性较强，语气生硬，没有给读者留下对话协商空间。

例3　Statistics show that Chinese and English **definitely** owns tendentious characteristics in terms of the above correlations, but there is no absolute typological division between the two languages.（CLA31）

例4　Syntactically, they **definitely** take the argument structure with the non‒agentive argument as the subject and the agentive argument implied.（CLA78）

在例3和例4中，中国语言学博士生使用definitely传递了较强的主观确信和绝对的承诺，拒绝承认其观点具有可争论性，也拒绝与持有不同观点的读者进行磋商讨论，表现出否认话语外多种声音存在的意识。

这表明中国博士生在使用这些确信认知副词时受到了母语负迁移的影响，并未完全掌握其语义潜势、语用功能和语域特征。Hyland（2014）指出，学习者在表达对命题的确定性方面存在困难。"人类对世界的认知是动态发展的，新的事实或证据有可能推翻之前的假设或理论"（王淑雯，2020：24），恰当使用确信认知副词不仅可以使言语表达委婉含蓄，降低作者对信息真值的绝对承诺，还可以显示作者承认对其研究发现或结果存在其他可能的解读，表现出与读者积极协商的学术态度，体现了作者客观谨慎的学术立场，有助于实现学术交流的目的。

3）中美博士生最高频使用的5个确信认知副词存在异同性（见表7‒3）。

表7‒3　高频确信认知副词统计

项目	词项	原始词频	标准化词频	项目	词项	原始词频	标准化词频
CA	mainly	206	11.18	AA	highly	21	2.80
	relatively	48	2.60		commonly	17	2.27
	highly	33	1.79		relatively	14	1.87
	strongly	19	1.03		primarily	11	1.47
	mostly	17	0.92		strongly	10	1.33

续表

项目	词项	原始词频	标准化词频	项目	词项	原始词频	标准化词频
CLA	mainly	140	14.80	ALA	highly	9	2.59
	relatively	23	2.43		primarily	7	2.01
	mostly	13	1.37		largely	6	1.73
	highly	10	1.06		commonly	4	1.15
	strongly	9	0.95		relatively	4	1.15
CPA	mainly	66	7.36	APA	commonly	13	3.24
	relatively	25	2.79		highly	12	2.99
	highly	23	2.56		relatively	10	2.49
	slightly	11	1.23		strongly	7	1.74
	strongly	10	1.11		primarily	4	1.00

在跨文化维度，中国博士生和美国博士生都高频使用了 highly 和 relatively，且没有显著性差异（$\chi^2 = 2.6182$，$p = 0.106 > 0.05$；$\chi^2 = 1.2080$，$p = 0.272 > 0.05$）。但中国博士生、中国语言学博士生和中国石工博士生均较多使用 mainly（$\chi^2 = 70.2082$，$p = 0.000 < 0.05$；$\chi^2 = 44.7377$，$p = 0.000 < 0.05$；$\chi^2 = 22.8283$，$p = 0.000 < 0.05$），这与娄宝翠和姚文婷（2019）、陈庆斌（2021）的研究结果基本一致。美国博士生、美国语言学博士生和美国石工博士生则更倾向于使用与 mainly 语义高度相似的 primarily（$\chi^2 = 7.7688$，$p = 0.005 < 0.05$；$\chi^2 = 4.8093$，$p = 0.028 < 0.05$；$\chi^2 = 3.5885$，$p = 0.058 > 0.05$）。该词的语义范畴大于 mainly，一个义项接近 mainly，释义为 You use primarily to say what is mainly true in a particular situation. 另一个义项则近似于 at first 和 originally。我们在检索 COCA 学术语料库时发现，primarily 比 mainly 更常用于学术论文。这说明母语背景对确信认知副词的选择仍有影响。

另外，中国博士生比美国博士生显著少用 commonly（$\chi^2 = 18.5921$，$p = 0.000 < 0.05$），该词的义项之一是强调知识的共享性（shared by two or more groups），有助于引起学术共同体成员的共鸣，建构良好的人际关系。义项之二是表明高频率（often or usually），表明信息的普遍性，显示归纳性逻辑倾向。

例 5 This dissertation investigates code-switching (CS), the concurrent use of more than one language in conversation, **commonly** observed in bilingual speech. (ALA25)

例 6 Therefore, on the basis of the previous research of scholars at home and abroad, we adopt the introspection method **commonly** used in cognitive linguistics to improve the dynamic categorization theory of language firstly. (CLA 12)

例 7 **Commonly**, pipelines operated by oil and gas producers carry multiple fluids simultaneously with slug flow as a dominant flow pattern. (APA 27)

例 5 和例 7 强调了信息的普遍性，例 6 则强调了知识的共享性。

在跨学科维度，中国语言学博士生与中国石工博士生、美国语言学博士生与美国石工博士生分别使用了 4 个相同的高频词项，即 mainly, relatively, highly 和 strongly。中国语言学博士生与中国石工博士生仅在 mainly 和 highly 的使用频率上表现出学科差异（$\chi^2 = 22.8618$，$p = 0.000 < 0.05$；$\chi^2 = 5.8354$，$p = 0.016 < 0.05$），表明中美博士生对这些词汇的运用呈现出了趋同性，学科差异性不大。而美国语言学博士生和美国石工博士生对五个高频确信副词的使用均未表现出学科差异。这表明母语背景对中美博士生用词倾向的影响要大于学科差异。

Simon－Vandenberen 和 Aijmer（2007）指出，一些副词在人文社会学科高频出现，而在自然科学学科却低频使用。但本研究发现，如果人文社会学科和自然科学学科选择了相似的研究方法，那么学科差异对确信认知副词的使用并不会产生太大影响。不过，中国博士生应适度使用确信认知副词，减少学术观点的武断性，提高其可协商性，增强语域敏感性、语义准确性和语用适切性。

三、态度认知副词对比分析

态度认知副词传递作者对命题或论断的情感期待并做出评价，直接或间接对读者产生影响。实验/实证论文通常会具有一定的应用价值或应用前景，适度评价有助于建构个人学术身份，凸显个人学术成果的价值。

统计显示，在跨文化维度，相较于美国博士生和美国语言学博士生，中国博士生和中国语言学博士生都较少使用态度认知副词（$\chi^2 = 11.8269$，$p = 0.001 < 0.05$；$\chi^2 = 9.1994$，$p = 0.002 < 0.05$），表现出文化差异。这可能是因为，"国内应用语言学领域广泛采用社会科学实证研究方法比国外滞后 20 年

左右，变化趋势也相对缓慢。到 20 世纪末，才出现少量实证研究"（文秋芳、林琳，2016：843）。而国外语言学领域早期就开始效仿自然科学研究，设计实验，采用量化研究，确定因果关系，运用统计方法来认识世界；同时为揭示研究对象的复杂性、动态性和不确定性，质性研究同样被纳入语言学的实证研究中。因此，国外语言学领域的实证研究相较于国内研究更加成熟。潘璠（2012）通过对机械专业期刊论文的调查发现，中国作者使用的立场态度副词整体偏少，对学术语篇人际意义的表达缺乏充分认识，影响了国际学术圈对论文的认可和接受。徐昉（2015）也发现中国学生显著少用态度副词。但中国石工博士学位论文摘要与美国石工博士学位论文摘要之间并没有表现出跨文化维度的显著性差异（$\chi^2 = 3.2260$，$p = 0.072 > 0.05$）。这可能是因为，自然科学领域主要是实验科学，中国石工博士生比较熟悉实验研究，对态度认知副词的运用更接近于该领域的美国博士生。在跨学科维度，中国语言学博士生比中国石工博士生显著少用态度副词（$\chi^2 = 9.2283$，$p = 0.002 < 0.05$），表现出学科差异，而美国语言学博士学位论文摘要与美国石工博士学位论文摘要之间却无学科差异（$\chi^2 = 0.8546$，$p = 0.355 > 0.05$）。这说明，相似的研究方法会使得态度认知副词在不同学科领域中的使用出现趋同性，但对研究方法的熟悉度以及语言学实证研究方法内部的不均衡性（即量化研究和质性研究的占比分布）则可能会导致一定的学科差异。

中美博士生使用的态度认知副词的词汇丰富程度是一致的（均使用了 18 个词项），但却表现出词汇选择的倾向性。其中中国博士生特有的词项包括 surprisingly、inevitably、favorably 和 seriously，美国博士生特有的是 naturally、crucially 和 sufficiently。这表明，母语背景会影响态度认知副词的词项选择。根据 Biber 等（1999：974）对态度副词的分类，中国博士生倾向于使用标示感情或情绪的态度认知副词，如 inevitably 的语义是 If something will inevitably happen, it is certain to happen and cannot be prevented or avoided. 表达了作者的迫切期待，但未能有效承担自己的义务去显性评价研究的具体价值，从而丧失了建构个人身份的机会。

例 8　Data processing, due to the detection process will **inevitably** be affected by the test equipment and the environment, etc., the final collected magnetic flux leakage data will carry noise.（CPA 9）

例 9　When translating them into English, this dissertation aims to faithfully convey the most important idea of the original, sometimes **inevitably** at the expense of elegance and grace of the original or even neglecting some less important points. (CLA 8)

例8和例9的中国博士生用 inevitably 以较为权威的语气直接表达自己对命题的态度。这与 Allison（1995）、徐宏亮（2007）、徐昉（2015）以及娄宝翠和姚文婷（2019）的研究发现相同——学习者倾向于使用较为权威的语气表达观点态度。这表明，恰当使用态度认知副词对中国博士生来说还是具有挑战性的。

美国博士生则倾向于使用标示态度和评价的态度副词，如 naturally 的语义是 If one thing develops naturally from another, it develops as a normal consequence or result of it，隐含依循事物本质之意，表明作者依赖命题信息的外部因素对命题做出的评价是合理客观的。

例10　Capillary trapping is a physical mechanism by which CO_2 is **naturally** immobilized in the pore spaces of aquifer rocks during geologic carbon sequestration operations, and thus a key aspect of estimating geologic storage potential. (APA 31)

例11　The dual permeability method (DPM) is implemented into the Finite Element Model (FEM) to investigate fracture deformation and closure and its impact on gas flow in **naturally** fractured reservoir. (APA 35)

例12　Previous studies have showed that laboratory perceptual training using highly variable **naturally** produced stimuli (HVNP) can improve L2 learners perceptions (e.g., Lively, Logan & Pisoni, 1993). (ALA 64)

例10～例12的作者借助 naturally 表明自己对研究对象或命题信息的评价与预期相符（as may be expected），顺理成章（as a normal, logical result of sth.）且客观合理（something is very obvious and not at all surprising in the circumstances），在论证中可以缓和语气，使读者更容易接受作者的观点。

Sufficiently 的语义是 If something is sufficient for a particular purpose, there is enough of it for the purpose，表明个人基于信息的充分性（to an adequate degree）而传递的态度评价。

例13　However, the additional complexity of the model and the associated increase in the computational efforts may not balance the gain in accuracy **sufficiently** to warrant application in general purpose reservoir simulation. (APA 54)

例 14　The starting point of this dissertation is the observation that pronouns that are obligatorily dependent on a **sufficiently** local antecedent are persistently silent.（ALA 24）

例 15　Second, results clearly demonstrate learning a tone language as an L2, i. e., Mandarin Chinese, by L1 speakers of English shapes the perception of a non‐native tone language, i. e., Thai. Exposure to and accordingly encoding of Mandarin tones appear to be **sufficiently** robust to shape the naive perception of Thai tones.（ALA 49）

例 13~例 15 的作者借助 sufficiently 显性传递了个人态度，努力劝说读者认同其观点。

最高频使用的 5 个态度认知副词存在同质性和异质性特征（见表 7-4）。

表 7-4　高频态度认知副词统计

项目	词项	原始词频	标准化词频	项目	词项	原始词频	标准化词频
CA	significantly	68	3.69	AA	significantly	28	3.74
	importantly	31	1.68		successfully	15	2.00
	seriously	13	0.71		crucially	6	0.81
	successfully	11	0.60		properly	5	0.67
	necessarily	5	0.27		necessarily	4	0.54
CLA	significantly	18	1.90	ALA	significantly	5	1.44
	importantly	11	1.16		successfully	5	1.44
	necessarily	4	4.23		crucially	3	0.86
	successfully	4	4.23		necessarily	3	0.86
	properly	3	0.32		sufficiently	3	0.86
CPA	significantly	50	5.57	APA	significantly	23	5.73
	importantly	20	2.23		successfully	10	2.49
	seriously	10	1.11		properly	4	1.00
	successfully	7	0.78		crucially	3	0.75
	inevitably	2	0.22		adequately	2	0.50

表 7-3 显示，中美博士生都高频使用了 significantly、successfully 和 necessarily，但中国博士生较多使用了与 significantly 语义相近的 importantly

($\chi^2 = 6.6743$, $p = 0.010 < 0.05$),却没有使用另一个语义相似、更具评价功能的 crucially ($\chi^2 = 14.7560$, $p = 0.000 < 0.05$)。美国博士生、美国语言学博士生和美国石工博士生则都借助 adequately、properly、successfully、sufficiently 等词汇明示作者对命题的态度和立场,显性评价学术成果的具体价值,主动建构个人学术身份。

例 16   We use fine – scale streamline information to transform heterogeneous geomodels into a dual – continuum coarse model that preserves the global flow pathways **adequately**. (APA 14)

例 17   We demonstrate that dual – porosity coarse models predict the breakthrough time accurately and reproduce the post – breakthrough response **adequately** while single – porosity models overestimate arrival time and oil recovery. (APA14)

例 18   Without this consideration, relevant prediction such as CO_2 traveling time to reach beneath caprock cannot **adequately** be addressed. (APA 96)

例 19   Interaction is a significant and dynamic aspect of human language use, however, investigations into the emergence and evolution of language do not **adequately** consider how interaction facilitates such processes. (ALA 27)

例 20   These calculations, allowing the reservoir performance and management to be **properly** evaluated. (APA 7)

例 21   Petroleomics has utilized Fourier transform ion cyclotron resonance mass spectrometry FT – ICR MS) to **successfully** link the chemical composition of conventional petroleum crude oil to the behavior of that feed during production and processing. (APA 15)

例 22   This dissertation investigates why individuals differ in their success in learning language——in particular, why some second language (L2) learners learn more quickly and more **successfully** than others——by examining the correlation between ability in statistical learning tasks involving a nonadjacent dependency and success in processing filler – gap constructions in English and Korean. (ALA 48)

例 16 ~ 例 22 的美国博士生以分析和实证的手段获得对认知对象的认识、评价和推断,并借助这些态度认知副词 adequately、properly 和 successfully 将主体意向与本体认知相结合。

一些中国博士生也能够借助具有积极语义倾向的态度认知副词传递其对命题或论断的情感期待并做出评价，与学术共同体成员建构良好的人际关系。

例23 These textbooks not only emphasized the systematic construction of knowledge, but also pay attention to student psychological needs and cognitive structure; not only focused on how to display the declarative knowledge **properly** and **eloquently**, but also on how to **tactfully** insert operational knowledge in through; not only pursued the optimization and transferability of thinking and experience of teachers, but also resonance of such thinking and experience with students and their applications. (CLA 59)

例23作者通过积极性态度认知副词properly、eloquently（语义为well expressed and effective in persuading people）和tactfully（语义是careful not to say or do anything that could upset someone）既高度评价了教材质量，又与编者建构了良好的人际关系。

综上所述，文化背景会极大影响作者使用态度认知副词的频率，语言背景可能会影响作者的选词倾向、语义适切性和语用功能，但对英语本族语者而言，采用相似研究方法的人文社会学科和自然科学学科不会在态度认知副词的使用上产生学科差异。

四、频率认知副词对比分析

频率认知副词传递的语义介于绝对断言和完全否定之间，表达的是时间上的不确定性，属于经验意义的范畴（Fawcett，2008）。研究者断言的事情并非百分之百为真，只是表现出一种趋向。中美博士生对频率认知副词的使用表现出以下四个特点。

第一，中美博士生、中美语言学博士生、中美石工博士生对频率认知副词的使用没有显著性差异。这与王淑雯（2020）对中外学者使用频率认知副词的研究结果一致。这表明中美博士生就频率认知副词的语义内涵和语用功能达成一致，对研究发现表现出客观开放的态度，符合研究论文追求客观性和多声性（Bakhtin，1981；Hyland，2012）的特征。此外，美国语言学博士学位论文摘要与美国石工博士学位论文摘要之间未表现出学科差异（$\chi^2 = 2.7475$，$p = 0.097 > 0.05$），而中国石工博士生却比中国语言学博士生显著少用频率认知副词（$\chi^2 = 28.8674$，$p = 0.000 < 0.05$），存在学科差异。这说明，学科差异可

能与中国学习者对研究方法的熟悉程度有一定的关系。

第二，词汇丰富程度大致相当（中国博士生使用了 16 个词项，美国博士生使用了 14 个词项），但在词汇选择方面表现出差异性。其中，中国博士生比美国博士生显著少用 often（$\chi^2 = 12.6341$，$p = 0.000 < 0.05$）。我们检索 COCA 发现该词高频用于学术语域（546.15/每百万）；Hu 和 Cao（2011）、郭骅和马磊（2016）以及陈庆斌（2021）发现中国学者比英语本族语学者显著少用 often。这可能是因为中国学习者误认为 often 具有口语倾向（文秋芳、丁言仁，2004）。这表明中国博士生的语域意识有待提高。

第三，中国博士生、中国语言学博士生、中国石工博士生与美国博士生、美国语言学博士生、美国石工博士生最高频使用的 5 个频率副词均为 often, always, usually, generally 和 frequently。王淑雯（2020）发现中外学者使用最多的都是 usually 和 generally。文秋芳和丁言仁（2004）、徐昉（2015）指出，中国学习者显著多用 usually 等，且没有把握好频率副词的总体语域特征。

然而，本研究发现，仅 often 表现出跨文化差异，但无学科差异，其余四个词项均未在跨文化和跨学科维度表现出显著差异。这可能是因为中国博士生经过比较严格的学术训练，能够掌握频率副词的语义内涵和语用功能，较为合理地对数据进行归纳或推断，表现出客观严谨的学术态度。

第四，我们根据语义将频率副词分为肯定（如 often, always 等）和否定（如 seldom, rarely 等）两类（见表 7-5）。

表 7-5 频率认知副词统计

项目 频率副词	中国博士（CA）学位论文摘要						美国博士（AA）学位论文摘要					
	原始频数		标准化词频		百分比（%）		原始频数		标准化词频		百分比（%）	
	CLA	CPA	CLA	CPA	CLA	CPA	ALA	APA	ALA	APA	ALA	APA
肯定	113	45	11.95	5.02	87.6	86.5	42	34	12.08	8.47	95.5	97.2
	合计 158		CA 8.57		平均 87.0		合计 76		AA 10.14		平均 96.3	
否定	16	7	1.69	0.78	12.4	13.5	2	1	0.58	0.25	4.5	2.8
	合计 23		CA 1.25		平均 13.0		合计 3		AA 0.400		平均 3.7	
总计	129	52	13.64	5.80	100.0	100.0	44	35	12.66	8.71	100.0	100.0

表 7-5 显示，中美博士生均倾向于使用具有肯定语义的频率认知副词，而较少使用否定语义的频率副词，且没有跨文化和跨学科差异。这是因为人类对世界的探索是一种信息加工过程，是在"肯定—否定—再肯定—再否定"的过程中螺旋推进、不断丰富的。而在事物的发展过程中，相对于肯定来说，

否定是较后的也是较高的环节。否定的环节包含着肯定的环节，有着更为丰富的内容，从而更能体现事物发展的辩证性质（肖前，1994）。研究论文主要述评相关成果、汇报研究发现、发现自然规律、运用人类实践等，也是建构人际关系、论证观点、说服读者、丰富认知、推动学科发展的过程，因此以肯定为主，以否定为辅。

但中国语言学和石工博士生均使用了 never 这一表绝对否定的副词，语气过于强硬，语用掌控能力略显不足。

例 24　How to classify the quantifiers into sub-classes is a problem which has **never** been settled so far.（CPA 57）

例 25　It can be imagined that how difficult for those who are from pastoral areas and have **never** known about Chinese or English before but to begin English learning without any base.（CLA60）

例 24 和例 25 的作者利用 never 否认了学科领域存在相关研究，这可能会导致质疑——作者是否对该领域的文献进行了穷尽性检索和分析，从而威胁自己的学术面子；此外，绝对否定相关成果在某种程度上意味着夸大其词，降低自己研究的信度，也不利于与学术共同体成员建构良好的人际关系。

综上所述，中美博士生对频率认知副词的使用在跨文化维度和跨学科维度都趋于一致，但中国博士生还需加强对某些频率副词的特定语义潜势和语域特征的掌握。

五、言据认知副词对比分析

言据认知副词传递了基于某种显而易见的证据的确信（They convey certainty based on some kind of evidence which is there for everyone to see）（Simon-Vandenbergen & Aijmer, 2007：147），即命题信息有据可依。

言据认知副词在中美博士学位论文摘要、中美语言学博士学位论文摘要以及中美石工博士学位论文摘要中的使用频率都是最低的，而且中美博士生以及中美语言学博士生之间没有表现出跨文化维度的显著性差异（$\chi^2 = 2.0337$，$p = 0.154 > 0.05$；$\chi^2 = 0.2133$，$p = 0.644 > 0.05$），但娄宝翠和姚文婷（2019）发现中国语言学硕士生比本族语学者显著多用言据副词。这可能是因为本研究的研究对象是中美博士生，他们的学术教育水平是平等的。此外，中国语言学与中国石工的博士学位论文摘要、美国语言学与美国石工的博士学位论文摘要之间均未表现出学科差异（$\chi^2 = 1.0929$，$p = 0.296 > 0.05$；$\chi^2 = 4.3505$，

$p=0.037>0.05$）。这表明相似的研究方法有可能会降低学科差异导致的语言差异。

依据频率由高到低，中国博士生使用的三个言据认知副词依次是 obviously、clearly 和 evidently，美国博士生则依次是 clearly、evidently 和 supposedly。其中，中国博士生比美国博士生显著多用 obviously（$\chi^2=5.6930$，$p=0.017<0.05$），表现出口语化特征，而美国博士生则最高频使用 clearly（$\chi^2=0.148619$，$p=0.700>0.05$）。这与王淑雯（2020）的研究结果一致。Rozumko（2017）通过对 160 篇研究论文中的副词使用频率统计发现，clearly 是最高频使用的副词之一，而且有些副词与特定学科有关，如 clearly 主要用于物理学、语言学、社会学和医学领域。Obviously、clearly 和 evidently 的语义非常相似，都表示对事件状态的感知或基于证据的推测。不过，obviously 的语义是 You use obviously when you are stating something that you expect the person who is listening to know already. 以及 You use obviously to indicate that something is easily noticed, seen, or recognized。聚焦团结取向（solidarity-oriented）及读者取向（addressee-oriented），强调视觉上可感知的事实，传递共享信息，暗示信息对所有人而言都是显而易见的，作者的观点对读者而言是可推断的（Aijmer, 2002），但却忽视了证据的清晰性（Simon-Vandenbergen & Aijmer, 2007）。

例26 The numerical simulation of stress and strain in K1224 landslide show that the pipeline displacement of three directions is basically synchronous with landslide; the stress near the turning point of the pipeline is **obviously** greater than that of the straight pipeline section. (CPA 33)

例27 Besides, verb-framed and satellite-framed patterns are more or less parallel in Chinese while verb-framed patterns are **obviously** dominant in English. (CLA 31)

例26 和例27 的中国博士生对于 obviously 所传递的语义倾向、语用功能和语域特征并不清晰，表现出口语化、证据模糊和说服力低等特征。

Clearly 的语义是 in a clear, distinct, or obvious manner, 以及 without doubt or obscurity, 强调权威取向（authority-oriented）及作者取向（writer-oriented），表明证据是确凿显性的，反映作者对自己观点的高度认可（Barbaresi, 1987; Rozumko, 2018），多用于书面语（Simon-Vandenbergen & Aijmer, 2007）。

例 28　**Clearly**, this is a laborious and impractical task particularly for SAGD, which is a computationally burdensome and complicated modeling process.（APA 82）

例 29　In contemporary French, the hesitation in the choice between ere and avoir as an auxiliary verb in compound verb forms i. e. the passed compose) of certain intransitive verbs i. e. timber), especially in non-standard varieties of French, **clearly** demonstrates the gap that exists between normative French and everyday spoken French.（ALA 13）

例 30　The above studies **clearly** show the mechanism of A 1 - water reaction of dissolvable aluminums alloys.（CPA 47）

例 31　Third, through the study of Tanjing's different translation versions, we find that in addition to the text level factors, the translated text is **clearly** influenced by the translator's cultural identity.（CLA 9）

Evidently 则隐含了"以一种易见或易懂的方式"（in a way that is easy to see or understand）及"就我们所知的传闻信息"（according to what we know, especially from hearsay）（Simon - Vandenbergen & Aijmer, 2007：161），表明作者所作的陈述是基于他者提供的信息，从而将自己与命题信息隔离开，削弱对命题真值的承诺。

例 32　From this perspective, a question is raised about the genesis of English do - support: given that the present - day phenomenon is **evidently** composed of several separate subcases, why should its cause be attributed solely to the loss of V - to - T raising?（ALA 3）

例 33　Moreover, these elements will **evidently** affect the total sulfur recovery efficiency.（CPA 48）

综上，中美博士生都能够掌握言据副词的语义、语用功能及语域特征，能够较好地与读者展开学术互动，但中国博士生需提高语域意识，掌握英语词汇所特有的语义内涵和语用功能。

第五节　小结

本研究采用语料库研究范式，以中美语言学与石油天然气工程实证/实验型博士学位论文英语摘要为研究对象,建构分析框架,将定量研究与定性研究相结合,从跨文化和跨学科两个维度对比分析了中美博士生对认知副词及其四个子类——确信认知副词、态度认知副词、频率认知副词和言据认知副词——的使用特征,探究了其背后隐含的社会、文化和认知因素。研究发现:

1)跨文化维度。中美博士生对认知副词的整体使用没有表现出显著差异,这说明他们都掌握了实证/实验论文摘要的语类特征——客观性和多声性,积极传递个人信念。而且,中美学生群体对频率认知副词和言据认知副词的使用没有表现出文化差异性。此外,四种认知副词的分布都不均衡,最高频使用的都是确信认知副词,最低频使用的都是言据认知副词。然而,中国博士生过多使用确信认知副词增加了论文的主观性趋向,而较少使用态度认知副词则不利于扩大自己的学术声音。这表明母语背景对认知副词的使用仍然会产生影响。中国石工博士生对确信认知副词和态度认知副词的使用频率比中国语言学博士生更接近于本族语作者,这可能是因为自然科学研究长期使用实验方法,中国石工博士生已非常熟悉此类研究,而实证研究在国内人文社科领域的普及相对较晚,中国语言学博士生的掌握程度略显不足。

2)跨学科维度。中国语言学博士生和中国石工博士生对认知副词以及确信认知副词、态度认知副词和频率认知副词的使用都表现出学科差异,而美国语言学博士生和美国石工博士生对认知副词及其四个子类的分布和使用频率都未表现出学科差异。这一方面表明了非本族语学习者对认知副词的运用并不稳定,另一方面也说明论文研究类型对认知副词及其子类的影响似乎大于语言背景和学科领域。如果人文社会学科和自然科学学科的研究采用了相似的研究方法,那么英语本族语学习者对认知副词的使用会表现出趋同性。

3)词汇丰富程度。中美博士生使用的认知副词丰富度基本一致,但中国博士生表现出中介语特征,还需提高对某些副词的语义内涵和语用功能的掌控,减少表意不准、语域模糊的现象。

副词是一个尚未被深入涉及的系统,相关研究得出的结论都是尝试性的而非结论性的(Chomsky,1995)。本研究对我国英语学位论文写作教学具有借鉴和启示。首先,如果采用相同或相似的研究方法,不同学科的论文也会表现出相同或相似的语言使用特征,这可以作为开展 ESP、EAP 教学的重要参考。在教学中,可以根据研究类型(如实验型、实证型、思辨型、综述型、书评类等)对相同学科或不同学科领域的论文进行分析,引导学习者熟悉所属学科话语社区以及特定研究类型的语言特征。其次,引导学生有意识地关注认知副词的语义内涵、语用功能和语域特征,进行认知和加工,从而尽快将正确的语言运用内化为内在知识，提高语言的准确性和语用的适切性。最后，用浅显易懂的语言将学术话语分析领域的研究成果和语言学知识融入英语学术论文写作教学中，帮助学习者"知其然"，更"知其所以然"，尽快掌握学术语篇的语言特征。

参考文献

AIJMER K, 2002. Modality in advanced Swedish learners' written interlangauge [C] // GRANGER S, HUNG J, PETCH - TYSON S (eds.). Computer learner corpora, second language acquisition and foreign language teaching. Amsterdam: John Benjamin, 55 - 76.

AIKHENVALD A, 2004. Evidentiality [M]. Oxford: Oxford University Press.

BAKHTIN M M, 1981. The dialogic imagination: Four Essays [M]. HOLQUIST M (ed.). EMERSON C, HOLQUIST M. (trans.). Austin: University of Texas Press.

BARBARESI L M, 1987. "Obviously" and "certainly": Two different functions in argumentative discourse [J]. Folia linguistica, 21 (1): 3 - 24.

BARTLEY L, HIDALGO - TENORIO E, 2016. "Well, I think that my argument is..." or modality in a learner corpus of English [J]. Revista espanola de linguistica aplicada, 29 (1): 1 - 29.

BHATIA V K, 2008. Genre analysis, ESP and professional practice [J]. English for specific purposes, 27 (2): 161 - 174.

BIBER D, 2006. Stance in spoken and written university registers [J]. Journal of English for academic purposes, 5 (2): 97 - 116.

BIBER D, JOHANSSON S, LEECH G, et al., 1999. Longman grammar of spoken and written English [M]. London: Longman.

CASAGRANDE J, 2010. It was the best of sentences, it was the worst of sentences: A writer's guide to crafting killer sentences [M]. Berkeley: Ten speed Press.

CHAFE W, 1986. Evidentiality in English conversation and academic writing [C] //CHAFE W, NICHOLAS J (eds.). Evidentiality: The linguistic coding of epistemology. Norwood NJ: Ablex Pub Corp, 261 - 272.

CHOMSKY N, 1995. Language and nature [J]. Mind, 104 (413): 1 - 61.

DANIELEWICZOWA M, 2012. Wgłąbspecjalizacji znaczeń. Przysłówkowe metapredykaty atestacyjne. [Probing into specialization of meanings. adverbial attestation metapredicates] [M]. Warszawa: Katedra Lingwistyki Formalnej UW.

DE HAAN F, 1999. Evidentiality and epistemic modality: Setting boundaries [J]. Southwest journal of linguistics (18): 83 - 101.

DOWNING A, 2001. "Surely you knew!": Surely as a marker of evidentiality and stance [J]. Functions of language, 8 (2): 251 - 282.

FAWCETT R P, 2008. Invitation to systemic functional linguistics through the Cardiff grammar: An extension and simplification of Halliday's systemic functional grammar [J]. Helicon (6): 55-136.

FLØTTUM K, DAHL T, KINN T, 2006. Academic voices [M]. Amsterdam: John Benjamins Publishing Company.

GILQUIN G, GRANGER S, PAQUOT M, 2007. Learner corpora: The missing link in EAP pedagogy [J]. Journal of English for academic purposes, 6 (4): 319-335.

GÖTZ S, SCHILK M, 2011. Formulaic sequences in spoken ENL, ESL and EFL: Focus on British English, Indian English and learner English of advanced German learners [C] //MUKHERJEE J, HUNDT M (eds.). Exploring second-language varieties of English and learner Englishes: Bridging a paradigm gap. Amsterdam: John Benjamins, 79-100.

HALLIDAY M A K, 1994. An Introduction to functional grammar [M]. 2nd ed. Beijing: Foreign Language Teaching and Research Press.

HOYE L, 1997. Adverbs and modality in English [M]. New York: Addison Wesley Longman.

HU G, CAO F, 2011. Hedging and boosting in abstracts of applied linguistics articles: A comparative study of English- and Chinese-medium journals [J]. Journal of pragmatics, 43 (11): 2795-2809.

HUDDLESTON R, PULLUM G K, 2002. The Cambridge grammar of the English language [M]. Cambridge: Cambridge University Press.

HYLAND K, 1998. Hedging in scientific research articles [M]. Amsterdam & Philadelphia: John Benjamins Publishing Company.

HYLAND K, 2005. Metadiscourse: Exploring writing in interaction [M]. London: Continuum.

HYLAND K, 2012. Disciplinary identities: Individuality and community in academic discourse [M]. Cambridge: Cambridge University Press.

HYLAND K, 2014. Academic written English [M]. 上海: 上海外语教育出版社.

HYLAND K, HAMP-LYONS L, 2002. EAP: Issues and directions [J]. Journal of English for academic purposes, 1 (1): 1-12.

HYLAND K, MILTON J, 1997. Qualification and certainty in L1 and L2 students' writing [J]. Journal of second language writing, 6 (2): 183-205.

HYLAND K, JIANG F, 2018. "We believe that…": Changes in an academic stance marker 1965-2015 [J]. Australian journal of linguistics, 38 (2): 1-23.

KÄRKKÄINEN E, 2003. Epistemic stance in English conversation [M]. Amsterdam & Philadelphia: John Benjamins.

KISS É K, 2009. Adverbs and adverbial adjuncts at the interfaces [M]. Berlin & New York: Mouton de Gruyter.

LYONS J, 1977. Semantics [M]. Cambridge: Cambridge University Press.

MCENERY T, KIFLE N, 2002. Epistemic modality in argumentative essays of second – language writers [C] //FLOWERDEW J (ed.). Academic discourse. London: Longman, 182 – 195.

MCCREADY E, OGATA N, 2007. Adjectives, stereotypicality, and comparison [J]. Natural language semantics, 15 (1): 35 – 63.

MUSHIN I, 2013. Making knowledge visible in discourse: Implications for the study of linguistic evidentiality [J]. Discourse studies, 15 (5): 627 – 646.

NUYTS J, 2001. Epistemic modality, language, and conceptualization: a cognitive – pragmatic perspective [M]. Amsterdam & Philadelphia: Benjamins.

NUYTS J, 2006. Modality: Overview and linguistic issues [C] //FRAWLEYW (ed.). The expression of modality. Berlin & New York: Mouton de Gruyter, 1 – 26.

OJEA A, 2005. A syntactic approach to logical modality [J]. Atlantis, 27 (1): 53 – 64.

PALMER F R, 1986. Mood and modality [M]. Cambridge: Cambridge University Press.

PALMER F R, 1990. Modality and the English modals [M]. London: Longman.

QUIRK R, GREENBAUM S, LEECH G, et al., 1985. A comprehensive grammar of the English language [M]. Cambridge: Cambridge University Press.

ROZUMKO A, 2016. Adverbs of certainty in a cross – linguistic and cross – cultural perspective: English – Polish [J]. Languages in contrast, 16 (2): 239 – 263.

ROZUMKO A, 2017. Adverbialmarkers of epistemic modality across disciplinary discourses: A contrastive study of research articles in six academic disciplines [J]. Studia anglica posnaniensia, 52 (1): 73 – 101.

ROZUMKO A, 2018. The functions of clearly in academic discourse: From an adverb of manner to a discourse marker [J]. Studialinguistica universitatis iagellonicae cracoviensis, 135 (1): 47 – 57.

SIMON – VANDENBERGEN A – M, AIJMER K, 2007. The semantic field of modal certainty: A corpus – based study of English adverbs [M]. Berlin: Walter de Gruyter.

SWAN T, 1988. Sentence adverbials in English: A synchronic and diachronic investigation [M]. Oslo: Novus.

WIERZBICKA A, 2006. English: Meaning and culture [M]. New York: Oxford University Press.

YANG A, ZHENG S Y, GE G C, 2015. Epistemic modality in English – medium medical research articles: A systemic functional perspective [J]. English for specific purposes (38): 1 – 10.

陈庆斌, 2021. 学术期刊论文摘要中作者立场标记的对比研究 [J]. 外语学刊 (2): 41 – 47.

郭骅, 马磊, 2016. 中外社会学期刊论文摘要的人际互动元话语研究 [J]. 西安外国语大学学报 (4): 39 – 43.

韩金龙，罗钦杨，2022. 中美博士学位论文认知立场副词对比研究［J］. 中国 ESP 研究（29）：1-9.

娄宝翠，姚文婷，2019. 学习者学术英语写作立场副词的使用特征［J］. 河南师范大学学报（3）：114-120.

潘璠，2012. 语用视角下的中外学术论文立场副词对比研究［J］. 解放军外国语学院学报（5）：9-12.

梯利，2015. 西方哲学史［M］. 葛力，译. 北京：商务印书馆.

王淑雯，2020. 中国学者与英语本族语学者英语科研论文中情态副词的对比研究——以石油天然气实验研究论文为例［J］. 山东外语教学（5）：19-30.

王淑雯，何晟，2018. 中美学者英语研究论文的语境文化特征对比研究——以石油天然气实验研究论文为例［J］. 外语界（1）：88-96.

文秋芳，丁言仁，2004. 中国英语专业学生使用频率副词的特点［J］. 现代外语（2）：150-156.

文秋芳，林琳，2016. 2001—2015 应用语言学研究方法的使用趋势［J］. 现代外语（6）：842-852.

吴婷燕，2015. 从确信类评注副词到转折关系连词——以"固然""诚然"与"当然"为例［J］. 国际汉语学报（1）：224-234.

肖前，1994. 马克思主义哲学原理［M］. 北京：中国人民大学出版社.

徐昉，2015. 二语学术语篇中的作者立场标记研究［J］. 外语与外语教学（5）：1-7.

张庆华，2012. 确定性与可能性：中国学生口笔语中两类副词人际元话语使用研究［J］. 当代外语研究（5）：32-37.

中国社会科学院语言研究所词典室，2002. 现代汉语词典（第 4 版）［Z］. 北京：商务印书馆.

第八章 结 论

第一节 引言

本书从理论层面论证了语类研究的合理性、科学性和可行性,从实证研究层面建构了中美实验/实证型硕博学位论文英语摘要的宏观语步结构,以及情态动词、自称语和认知副词等微观语言形式在中美硕博士学生群体中所呈现出的跨文化、跨学科和跨学位等层面的同质性和异质性特征。

本章将总结上述研究的主要结论,审视本研究的创新之处,并对未来研究提出展望和可行性建议。

第二节 结果与启示

本书研究结果与启示包括理论探究和实证研究两个层面。

一、理论探究

语类作为一组可辨认的交际事件,其交际目的能够为所属学术和职业话语社团成员所共同识别和理解,通常具有高度结构化和规约化的特征(Bhatia,1993)。因此,人们对交际行为的组织是否得体或成功,部分取决于对语类掌握和运用的熟练程度(Swales,1990)。学术作者必须具备语类知识才能在特定领域或学科话语社团积极得体成功地进行交流(Tardy,2009)。而交际目的相对一致的语类通常会拥有相对一致或相似的宏观结构特征和微观语言特征,掌握这些特征有助于学习者理解特定语篇并提高写作质量(Kintsch & van Dijk,1978)。语类意识、语类知识和语类能力都是可以培养、习得的(Martin,2003)。语类分析具有扎实多元的理论底蕴、科学合理的研究方法,可以挖掘学术语篇在宏观结构和微观语言形式维度所呈现的语类特征,解释语篇建构和语言选择的理据及功能,探索其背后隐含的社会文化因素和心理认知因素,揭示不同文化和学科背景下实现交际目的语篇结构规范、语言形式特点和使用策略。

二、实证研究

本书的第四章至第七章以中美实验/实证型硕博学位论文摘要(共2800篇)为研究对象,建构28个子语料库,将定量研究与定性研究相结合,从宏观语步结构和微观语言形式两个维度对语料展开跨文化、跨学科和跨学位对比研究。

(一) 宏观语步结构

语步分析的目的是服务教学,因为它能够为特定的写作任务提供适切的语篇布局、逻辑顺序和语言选择,能够帮助学术新手意识到某一特定语类中词汇语法特征和语步结构的独特性(Nagao,2019)。本研究以1400篇中美石工、化工、教育学和语言学等学科领域的实验/实证型硕博学位论文英语摘要为研究对象,发现中美学生群体都掌握了实验/实证型学位论文摘要特有的修辞方式,建构了相似或相同的语步模式,如IPMRC、IPMSRC、IPMRCE、IPMRE等五语步或六语步模式。这表明,相同或相似的研究类型促使不同社会文化、学科背景和学历层次的学生群体采用了相似的摘要组织结构,从而使摘要语篇呈现出相似的宏观结构类型和序列。该研究结果在一定程度上揭示了中美实验/实证型硕博学位论文摘要的语篇深层交际目的和语步结构的共核部分,丰富了学位论文摘要的语步研究在理论层面和实证层面的成果。

(二) 微观语言形式

本研究选择中美实验/实证型硕博学位论文摘要中的情态动词、自称语和认知副词等三种微观语言形式作为研究主题,从跨文化、跨学科和跨学位三个层面展开对比探究。

1. 情态动词的使用特征

情态动词因其"句法、语义和语用功能的复杂性"(Hinkel,2009:670),在所有英语语法体系中"是最重要的,但同时也是最难的语法"(Palmer,1979:1)。在学术语篇中,情态动词是实现作者的身份、地位、态度、动机以及对事物的判断、评价等人际功能的重要语言形式,在传递命题信息,表达说者/作者对命题或事件不同程度的态度、判断和推测，以及许可、意愿等情态意义，从而直接或间接对听者/读者产生影响等方面发挥着重要功能。本研究以中美计算机和教育学领域的 800 篇实验/实证型硕博学位论文英语摘要为研究对象，从跨文化、跨学科和跨学位三个维度对比探讨了情态动词的使用特征。研究发现，中美硕博士生对核心情态动词的整体使用、分布情况以及量值等级使用等方面都呈现出跨文化、跨学科和跨学位的同质性与异质性并存的特征，但母语语言文化对情态动词的负面影响大于学科差异和学位差异的影响。

2. 自称语的使用特征

自称语是语篇作者在学术写作中有效地建构作者身份，实现作者与读者以及学术共同体之间有效交流的语言策略之一（Ivanic，1998；Kuo，1999；Tang & John，1999；Hyland，2001、2002、2003、2008；Hyland & Tse，2005；Duenas，2007；Kuhi et al.，2013；Zareva，2013；Hyland & Jiang，2017；柳淑芬，2011；李娜、李忠庆，2013），恰当使用自称语能够推动作者在学术领域展现学术成果，树立学术权威（Duenas，2007）。本研究以中美硕博士生在人文社会学科（包括语言学、教育学和法学）和自然科学学科（包括医学、化学工程与技术以及石油与天然气工程）的 2400 篇学位论文英语摘要为语料来源，就自称语及其三个子类——第一人称代词、第三人称和抽象主体——的使用特征展开跨文化、跨学科和跨学位的对比研究。研究发现，在影响自称语使用的因素中，语言文化属性的影响力最大，其次是学科规范性，影响力最小的是学位的规约性，非英语本族语学生尤其可能受到母语文化的影响，其英语驾驭能力并没有随学术积累而呈现明显改善，在建构作者身份过程中略显消极被动。

3. 认知副词的使用特征

认知副词作为重要的认知手段之一，在表达命题信息及来源的同时，还传递了作者对命题信息的确定性、可靠性和局限性的评价态度，或对知识及信息来源的态度，构建观点的可能性和必要性，在一定程度上有助于作者将其立场态度客观化，暗示其立场是基于一定证据的，传递了期待其立场被视为合理的愿望（Wierzbicka，2006），具有隐性劝说功能，有助于实现人际互动意义（Lyons，1977；Palmer，1990；Halliday，1994）。本研究以 400 篇中美语言学与石油天然气工程实证/实验型博士学位论文英语摘要为研究对象，建构分析框架，将定量研究与定性研究相结合，从跨文化和跨学科两个维度对比分析了中美博士生对认知副词及其四个子类——确信认知副词、态度认知副词、频率认知副词和言据认知副词——的使用特征。研究发现，中国博士生对认知副词的运用并不稳定，表明母语背景对认知副词的使用仍然会产生消极影响。由于采用了相似的研究方法，美国博士生对认知副词及其四个子类的使用情况均没有呈现学科差异性，但中国石工博士生对确信认知副词和态度认知副词的使用频率比中国语言学博士生更接近于本族语作者。中美博士生所使用的认知副词词汇丰富程度基本一致，但中国博士生表现出中介语特征，还需提高对某些副词的语义内涵和语用功能的掌控，减少表意不准、语域模糊的现象。

第三节　研究创新

本研究有四个创新之处。其一，对象上，本研究选取了国内外学界少有探讨的硕博学位论文英语摘要作为研究对象，从"CNKI 中国硕博学位论文全文数据库"和"ProQuest 学位论文全文数据库"选取了 2016—2021 年共 2800 篇人文社会学科（包括语言学、法学和教育学）和自然科学学科（包括石油天然气工程、医学、计算机科学、化学工程与技术）实验/实证型硕博学位论文的英语摘要（中美每个学科硕博学位论文英语摘要各 100 篇）为语料来源，保证了研究语料的时效性、充分性和可比性，丰富了学术语篇语类研究的多样性。其二，内容上，本研究从宏观语步结构和微观语言形式两个维度，展开基于大数据的中美实证/实验型硕博学位论文英语摘要在跨文化、跨学科和跨学位等方面呈现的语类特征的分析，并探究其背后的认知、文化和功能动因。在宏观维度建构了学位论文摘要的语步模式；在微观维度探讨了情态动词、自称语和认知副词等语言形式的使用特征。研究内容更加全面完整，对硕博学位论文摘要的考察更加全面深入。其三，视角上，鉴于学位论文的亚语类多样性，本研究结合对比语言学、社会语言学、系统功能语言学、认知语言学、语义学、语用学、二语习得等相关理论，展开多学科、多理论、多视角的阐释研究，探讨学位论文摘要在宏观语步结构和微观语言形式两个维度的共核部分及差异性，探索不同语言背景、文化背景、学科规范和教育背景对学位论文摘要的影响。研究阐释更加深入，结论更具说服力。其四，方法上，本研究采用语料库研究范式，按国家（中美）、学科（人文社会学科和自然科学学科）、学位（硕士和博士）等标准严格分类，自建 28 个中美硕博学位论文英语摘要语料库子库，总库容量高达 1561799 形符；将文献研究、个案分析等定性研究方法与数据统计、抽样分析等定量研究方法相结合，确保研究结果的信度、效度、针对性、可操作性和可验证性。研究方法更加科学、系统、全面。

这些研究定位凸显了中美实证/实验型硕博学位论文摘要的语类学特征，探索学位论文摘要的语言共核成分，探究同学科跨学位、同学科跨文化以及跨学位跨学科跨文化等方面的同质性和异质性特征，能够丰富学术语篇语类研究的多样性，为我国高等教育和学科建设提供理论支撑和实证支持，为EAP教学提供有益的借鉴和启示，为提高我国国际学术话语权提出决策建议。

第四节　研究展望

一、基于语料库的期刊论文摘要与学位论文摘要的对比研究

未来研究可以采纳本研究所设置的语料选择标准，将近5年内各学科领域影响因子较高的英语期刊（实验/实证型）论文摘要作为研究对象，建立大型英语期刊论文摘要语料库。然后，借鉴本书所建构的宏观语步构成要素及语步结构，以及情态动词、自称语和认知副词等微观语言形式的分析框架，结合本书提供的研究视域和多元研究方法，对英语期刊论文摘要展开语类特征的跨文化和跨学科对比研究，或就英语期刊论文摘要与本书的硕博学位论文英语摘要研究成果展开跨语类对比研究，从而进一步丰富语类研究的多样性，更加系统全面地发现中国学者和学生在英语学术论文写作中存在的问题和不足。也可以按照研究对象的语篇类型，如思辨类、述评类、书评类等，作为选取语料和建设语料库的分类标准，就其语类特征展开更为具体、系统、全面的对比分析。

二、基于双语语料库的中国硕博学位论文摘要翻译研究

中国学生的学位论文摘要基本上都是将中文摘要直接翻译为英文摘要，在翻译过程中鲜有考虑语类、社会、文化、认知、语义、语用等因素，译本的可读性较差。如何提高中国学生的学术翻译质量是我国学术英语教学关注的问题之一。未来研究可以建立中国硕博学位论文摘要的中英语双语语料库，通过英汉对比分析，发现中国学生在摘要翻译中普遍存在的语言问题，提出相应的翻译策略，为培养提高学生的学术翻译能力提供借鉴。

参考文献

BHATIA V K, 1993. Analyzing Genre: Language Use in Professional Settings [M]. London:

Longman Press.

DUENAS M P, 2007. "I/we focus on...": A cross-cultural analysis of self-mentions in business management research articles [J]. Journal of English for academic purposes (6): 143-162.

HALLIDAY M A K, 1994. An introduction to functional grammar [M]. 2nd ed. Beijing: Foreign Language Teaching and Research Press.

HINKEL E, 2009. The effects of essay topics on modal verb uses in L1 and L2 academic writing [J]. Journal of pragmatics (41): 667-683.

HYLAND K, 2001. Humble servants of the discipline? Self-mention in research articles [J]. English for specific purposes (3): 207-226.

HYLAND K, 2002. Directives: Power and engagement in academic writing [J]. Applied linguistics (2): 215-239.

HYLAND K, 2003. Self-citation and self-reference: Credibility and promotion in academic publication [J]. Journal of American society for information science and technology (3): 251-259.

HYLAND K, 2004. Metadiscourse in academic writing [J]. Applied linguistics, 25 (2): 156-177.

HYLAND K, 2008. Persuasion, interaction and the construction of knowledge: representing self and others in research writing [J]. International journal of English studies, 8 (2): 1-23.

HYLAND K, JIANG F, 2017. Is academic writing becoming more informal? [J]. English for specific purposes, 9 (45): 40-51.

HYLAND K, TSE P, 2005. Evaluative that construction—Singnaling stance in research abstracts [J]. Functions of language (1): 156-177.

IVANIČ R, 1998. Writing and identity: The discousal construction of identity in acadmemic writing [M]. Amsterdam: John Benjamins.

KINTSCH W, VAN DIJK T A, 1978. Toward a model of text comprehension and production [J]. Psychological review, 85 (5): 363-394.

KUHI D, TOFIGH M, BAHAIE R, 2013. Writers' self-represntation in academic writing: The case of computer engineering research articles by English versus Iranian writers [J]. International journal of research studies in language learning, 2 (3): 35-48.

KUOC H, 1999. The use of personal pronouns: Role relationships in scientific journal articles [J]. English for specific purposes, 18 (2): 121-138.

LYONS J, 1977. Semantics [M]. Cambridge: Cambridge University Press.

MARTIN P M, 2003. A genre analysis of English and Spanish research paper abstracts in experimental social sciences [J]. English for specific purposes (1): 25-43.

NAGAO A, 2019. The SFL genre-based approach to writing in EFL contexts [J]. Asian-Pacific journal of second and foreign language education (1): 14-26.

PALMER F R, 1979. Modality and the English modals [M]. London & New York: Longman.

PALMER F R, 1990. Modality and the English Modals [M]. London: Longman.

TANG R, JOHN S, 1999. The "I" in identity: Exploring writer identity in student academic writing through the first person pronoun [J]. English for specific purposes (18): S23-S39.

TARDY C M, 2011. The history and future of genre in second language writing [J]. Journal of second language writing, 20 (1): 1-5.

WIERZBICKA A, 2006. English: Meaning and culture [M]. New York: Oxford University Press.

ZAREVA A, 2013. Self-mention and the projection of multiple identity roles in TESOL graduate student presentations: The influence of the written academic genres [J]. English for specific purposes, 32 (2): 72-83.

李娜, 李忠庆, 2013. 学术文章中的"写作者声音"——基于语料库的跨学科和语言的对比研究 [J]. 解放军外国语学院学报 (4): 17-23, 40.

柳淑芬, 2011. 中英文论文摘要中作者的自称语与身份构建 [J]. 当代修辞学 (4): 85-88.